高等职业教育园林类专业系列教材

园林企业经营管理 第4版

YUANLIN QIYE JINGYING GUANLI

主　编　朱明德

副　编　闫　妍　廖伟平

副　编　彭　欢　汪　泉

主　审　陈大军

重庆大学出版社

内容提要

本书是高等职业教育园林类专业系列教材之一。全书根据高等职业院校园林类专业人才的培养目标和要求,以园林企业经营管理为对象,从供给需求理论和现代企业管理理论出发,分别介绍了企业的创立、企业的管理思想、企业的组织和现代企业制度,重点讨论了园林企业经营管理的内容和方法。全书共3个模块,内容包括园林企业经营战略管理、园林企业经营决策管理、园林企业人力资源管理、园林企业营销管理、园林绿化项目管理、园林企业生产管理、园林企业资产管理、园林企业内部控制、园林企业文化管理及园林企业经营诊断等。其中包括目标、相关知识、案例及分析、复习思考题、实训步骤等部分,以培养学生分析问题和解决实际问题的能力。同时,还配有电子课件和二维码,可扫书中二维码学习。

本书可作为高等职业技术学院园林类专业的教科书,还可作为成人教育的培训教材,也可供园林、园艺、林业等相关专业的管理人员参考。

图书在版编目(CIP)数据

园林企业经营管理 / 朱明德主编. -- 4版. -- 重庆:
重庆大学出版社,2024.1
高等职业教育园林类专业系列教材
ISBN 978-7-5689-1513-7

Ⅰ.①园… Ⅱ.①朱… Ⅲ.①园林—农业企业管理—
高等职业教育—教材 Ⅳ.①F326.13

中国国家版本馆 CIP 数据核字(2023)第 199230 号

园林企业经营管理
(第4版)

主　编　朱明德
副主编　闫　妍　廖伟平　彭　欢　汪　泉
主　审　陈大军

策划编辑:何　明
责任编辑:何　明　　版式设计:莫　西
责任校对:关德强　　责任印制:赵　晟

*

重庆大学出版社出版发行
出版人:陈晓阳
社址:重庆市沙坪坝区大学城西路21号
邮编:401331
电话:(023)88617190　88617185(中小学)
传真:(023)88617186　88617166
网址:http://www.cqup.com.cn
邮箱:fxk@cqup.com.cn(营销中心)
全国新华书店经销
重庆长虹印务有限公司印刷

*

开本:787mm×1092mm　1/16　印张:13.75　字数:354千
2006年9月第1版　2024年1月第4版　2024年1月第13次印刷
印数:22 501—25 500
ISBN 978-7-5689-1513-7　定价:46.00元

编委会名单

主　任　江世宏

副主任　刘福智

编　委（以姓氏笔画为序）

编写人员名单

主　编　朱明德　上海农林职业技术学院

副主编　闫　妍　上海农林职业技术学院

　　　　廖伟平　广东科贸职业学院

　　　　彭　欢　江西环境工程职业学院

　　　　汪　泉　河南农业职业学院

参　编　张树宝　黑龙江林业职业技术学院

　　　　郁佳妹　上海市松江区社区学院

　　　　阮　煜　杨凌职业技术学院

主　审　陈大军　国家林业和草原局管理干部学院

第4版前言

本书自 2006 年 9 月出版以来,在全国多个高职院校反复选用,反映良好。然而在使用的过程中也发现了一些不足,如重点内容还不是十分突出,个别地方的操作性还不太强等。为了与时俱进,跟上社会对园林一线管理类人才要求的变化,兼顾与本专业其他课程的关系,进一步聚焦重点和强化园林企业管理重点环节的实操,更加适应当前的高职教育发展要求,特进行了本次修订。

在修订过程中进一步明确了本教材的定位,即依据国家高职教育对培养高技能人才的基本要求,以人为本,职业导向,重在工作过程。既要满足直接培养高技能人才的需要,也要考虑到人才发展规律和高职教学学时的限制。结合我国园林企业规模小、企业组织结构以直线形为主等现状,将本教材定位于便于实现"初步具备园林类企业管理类岗位职业能力的要求"的课程目标。通过本教材的学习,学生能够:具备现代企业的管理思想;了解园林的作用和供求的特点;熟悉我国园林企业的特征和园林企业管理的主要内容;参与园林企业的人力资源管理和园林项目管理工作,实施生产管理,了解企业战略管理、财务管理、内部控制和企业文化建设;初步学会花木产品的常用营销技术。

修订时,我们在保持第 3 版突出高职教育着重培养学生综合能力的特点,反映园林企业管理的新理论、新知识、新方法和新特点,广泛吸收国内外经济管理和企业管理经验,注重教材的实践性、适用性和针对性等特点的基础上,进一步提高了教材的实用性。本版将园林企业经验管理的重点内容整合集中在模块 2 园林企业创立与运行内,并按照项目化教学要求编写,将其他部分归于拓展部分,以方便不同院校按各自人才培养特点要求选择教学。拓展部分还增补了园林企业经营管理中大数据应用方面的内容,以增强学生的后劲。

本书由上海农林职业技术学院的朱明德担任主编,并负责全书统稿。国家林业和草原局管理干部学院的陈大军教授担任本教材的主审。上海农林职业技术学院的闫妍、广东科贸职业学院廖伟平、江西环境工程职业学院彭欢、河南农业职业学院汪泉担任副主编。编写分工如下：模块1，模块2中的项目1、项目3中的任务1、项目4、项目5，模块3中的第7部分"大数据技术在园林企业管理中的应用"由朱明德编写；模块2项目2中的任务1、模块3的第1部分"园林企业经营战略管理"由廖伟平、汪泉、彭欢编写；模块2中的项目6、模块3中的第2部分"园林企业质量管理与技术管理"和第3部分"园林企业资产管理"由廖伟平、彭欢编写；模块3中的第4部分"园林企业内部控制"、第5部分"园林企业文化管理"、第6部分"园林企业经营诊断"由闫妍、阮煜编写；模块2项目2中的任务2由张树宝编写；模块2项目3中的任务3由郁佳妹编写；闫妍协助统稿，负责模块3结构调整和改写部分案例，以及模块2项目3中的任务2、任务4的编写。

衷心期望继续得到广大读者、同行、专家的批评指正。

编　者

2023 年 10 月

目　录

模块 3　拓展部分

模块 1

绪　论

园林供求与园林企业管理特点

园林的作用

0.1 园林及园林企业的概念

0.1.1 园 林

园林由园和林组成。园是指"四周常围有恒篱,种植树木、花卉或蔬菜等植物和饲养展出动物的绿地"。林指丛聚的树木,也包括花圃、花坛、草坪、草地等。

我国是世界上园林发展最早的国家之一,殷商时代就已经有了园林的雏形。在历史上,园林因内容和形式的不同曾有过不同的名称。我国殷周和西亚的亚述地区,称狩猎和游赏的境域为囿和猎苑。秦汉称供帝王游憩的境域为苑或宫苑,属官署或私人的称园、园池、宅园、山庄等。"园林"一词始见于西晋以后的诗文中,唐宋以后广泛运用。园林在历史进程中随着社会生活的需要不断丰富,由最早的宫苑、庭园发展为城市公园、绿地;并由一个个公园构成了由各种绿地组成的城市园林绿地系统。现代意义上的园林,是指在一定地域内运用工程和艺术手段,通过改造地形、种植相关树木花草、营造建筑与小品、布置园路、设置水景等途径创造而成的自然环境和游憩境域。它既包括城市绿地的建设以及对原有植被的维护工作,也包括以经营生产为目的的果园、花圃、苗圃等。

随着历史的发展,园林的功能也从早期的仅供人游憩,发展到不只是供人游憩而更是注重生态、环境保护等功能的发挥。现代园林一般具有下列功能:

(1)调节气候,保护环境 园林植物具有强大的蒸腾作用,可不断向空气中输送水蒸气,提高空气湿度。据分析,绿地的相对湿度要比非绿化区高出 10% ~ 20%。植物叶面的蒸腾作用能调节气温、吸收太阳辐射热,对改善城市小气候具有积极的作用。研究资料表明,当夏季城市气温为 27.5 ℃时,草坪表面温度为 20 ~ 24.5 ℃。在冬季,铺有草坪的足球场的表面温度则比裸露的球场表面的温度高 4 ℃左右。带状绿地是城市的绿色通风走廊,可将城郊的自然气流引入城内。园林植物还能起到净化空气、防毒除尘、降低噪声和监测环境的作用。

（2）安全防护 园林设施特别是园林绿地具有蓄水保土、防震防火、防御放射性污染和备战防空等多种防护作用。

（3）美化市容 园林把城市与自然紧密地联系起来，起到美化市容、增加城市建筑艺术效果、丰富城市景观的作用。多层次、多功能的人工植物群落，千姿百态、色彩丰富，配合适当的园林建筑和城市雕塑，能够形成良好的景观，满足人们的审美情趣和游憩需求。

（4）提供游憩空间 园林场所自然条件好，又安排了各类游憩活动设施，成为人们锻炼身体、消除疲劳、恢复精力的好去处。

（5）文化教育功能 园林是进行文化宣传，开展科普教育的场所，如公园中常设有各种展览馆、陈列馆、纪念馆、博物馆等。还有专类公园如动物园、植物园、水族馆等，它使人们在游憩参观中受到社会科学、自然科学和爱国主义教育。

（6）增加相关产业的经济收入 城市园林会使房屋的价格增加，促进房地产业的发展。一所坐落在园林中的住宅，估价比一般住宅高两倍，有树木的房屋地价可增加 5% ~ 15%，在公园或公共绿地附近的住宅价格可提高 15% ~ 20%。城市园林还能改善投资环境，增加引资吸引力。

（7）增加就业岗位 生态园林从苗木培育到种植管理和养护，都需要大量的劳动力，从而增加了就业岗位。

0.1.2 园林企业

园林企业及其特征

园林企业一般是指从事园林建设、生产、流通或服务等经济活动，以园林产品或劳务满足社会需要进行自主经营、自负盈亏、承担风险、实行独立核算、具有法人资格的基本经济单位。

我国的园林企业有的是从农业企业发展而来，有的是从事业单位转制而来，有的是从其他行业中分离而来（如房地产），有的是其他企业走多样化之路而投资成立。从出资者性质看，有的是国有企业，有的是民营企业；有内资企业也有外资企业；有以经营花木为主的企业，有以建造园林工程为主的企业，有以养护为主的企业，也有以园林风景设计为主的企业。虽然园林企业比较多样，但综合起来看，园林企业一般有以下特征：

（1）园林企业的发展有明显的周期性 由于园林的发展依附于城市的发展，而城市的发展往往具有阶段性和明显的周期性。因此，就总体而言，园林企业的数量规模和质量的发展都是随着城市的高速发展而高速发展，随着城市稳步发展而稳步发展的。因此，园林企业的发展也与城市的发展一样，显示出明显的阶段性和周期性。

（2）受宏观经济波动的影响很大 由于园林的需求属精神层面的需求，是较高层次的需求，在宏观经济较好、人们的预期收入较高的条件下，人们对园林产品的需求会成倍增加。因此，在宏观经济调整期间，人们对园林产品的需求则会明显下降。

（3）规模小 我国的园林企业很多属于个体小规模投资企业，缺乏规模效应，往往资金不足、信息不灵、市场与价格选择能力比较低。大企业可以凭借资金、技术优势和固有的销售网络等条件向中小企业发动挑战，有些竞争者会利用低价和地域性销售优势抢占市场；同时，小企业活动分工往往不够确定，部门间的协调和配合难度较大。随着企业内外环境中不确定和不可预测因素的增加,企业的复杂性增加,经营风险增大。

(4)竞争激烈　在资金、技术、法律等方面,园林企业的门槛很低,除园林工程方面需要资质以外,其他的几乎"人人"可以进入,因此,企业之间的竞争非常激烈。

(5)园林企业产品具有多样性　园林企业一方面提供绿化、公园等公共物品,这类产品具有涵养水源、保持水土、防风固沙、调节气候的作用,还可作生物产品的基因库,对改善城市生态环境、维护城市生态平衡起着重要的作用,并有美化城市、为人们提供闲暇休闲场所、改善城市居民生活质量的功效;另一方面,园林企业同时也生产供家庭、个人所需的苗木、花卉等法人产品。不管是公共物品还是法人产品,园林企业的产品大多为活物。这一特点决定了园林企业经营内容的丰富性、资金运动的复杂性和效益的多样性。

(6)从业人员文化水平较低　园林是从农业分离出来的,加上许多园林产品的技术含量较低,企业规模又小,使园林企业的从业人员,尤其是一线的生产养护人员文化技术素养较低。

0.2　园林的需求和供给

需求往往是指在一定的时空条件和价格条件下具有支付能力并愿意购买某种商品的数量。供给是指在一定的时空条件下,在一定价格水平上愿意而且能够提供出售的商品数量。需求和供给是使市场经济运行的力量。

0.2.1　需　求

园林的需求与供给

1)需求的表示方法

需求的表示方法主要有需求表和需求曲线。

需求表表示在每一可能的价格下商品需求量的汇总。需求表可直观地表明价格与需求量之间的对应关系。

表0.1描述了某一时期内,对某种商品的个人需求和市场需求:当价格为 1 元/kg 时,甲、乙、丙……个人的需求量分别为 8 kg,7 kg,15 kg,…整个市场的需求量为 110 t;当价格为 2 元/kg时,甲、乙、丙……个人的需求量分别为 6 kg,5 kg,13 kg,…整个市场的需求量为 90 t;以此类推,当价格涨到 6 元/kg 时,整个市场的需求量降为 60 t。

用图示法把需求表中需求量和商品价格之间的关系表示出来,就可以得到一条曲线。这种表示需求量和商品价格关系的曲线,称为需求曲线。如图 0.1 所示,以纵轴表示商品价格,以横轴表示市场需求量,根据表 0.1 所列数字,可以作出市场需求曲线 D。类似地,也可以作出个人需求曲线。

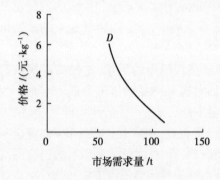

图0.1　市场需求曲线

表0.1　个人需求量和市场需求量

价格/(元·kg⁻¹)	需求量				
	个人需求量/kg				市场需求量/t
	甲	乙	丙	…	
6	2	1	4	…	60
5	3	2	6	…	62.5
4	4	3	7	…	67.5
3	5	4	8	…	77.5
2	6	5	13	…	90
1	8	7	15	…	110

从图0.1可以明显看到,需求曲线的斜率为负值。这说明,在影响需求的其他因素既定的条件下,商品的需求量与其价格之间存在着反向的依存关系,即:商品价格上升,需求量减少;商品价格下降,需求量增加。这就是所谓的需求规律。

显然,需求规律与人们的日常经验是相吻合的。但需要指出的是,需求规律是对一般情况和一般商品而言的。需求曲线在通常情况下是一条负向倾斜的曲线,但也有可能出现一些例外的情形。

2)影响需求的因素

(1)价格　需求量随着价格上升而减少,随着价格下降而增加,需求量与价格负相关。价格与需求量之间的这种关系对经济中大部分物品都是适用的,对园林产品也是如此。需求量与价格负相关称为需求定理:在其他条件相同时,一种物品价格上升,该物品的需求量减少。

(2)收入　收入下降则需求减少。收入较低意味着总的支出减少。相比生活必需品,人们对园林产品的需求会下降得更快。

(3)相关物品的价格　通常人们在购买商品时,心中是有一个参考价格的,这个参考价格可能是过去对该商品的经验价格,也可能是与其他相关商品(替代品或互补品)的相对价格。因此,在其他条件不变时,相关商品价格的变动就可能影响到对该商品的需求。假如存在A和B两种相关商品,商品A的需求对相关商品B的价格变化会做出两种可能的反应:

①商品A的需求变动方向与商品B的价格变动方向相反,即商品A的需求随着商品B的价格升高而减少,随着商品B的价格下降而增加,A和B是互补品。

②商品A的需求变动方向与商品B的价格变动方向一致,即商品A的需求随着商品B的价格升高而增加,随着商品B的价格下降而减少,A和B为替代品。

(4)嗜好　消费者在做购买决策时,往往希望以同样的花费来达到最大的满足程度,就是以相同的投入取得最大的效用。如果喜欢,消费者会买得多一些,否则,就少买或不买。构成嗜好的因素很多,有生理因素、社会文化因素、经济因素,其中社会文化因素尤其难以把握。

(5)预期　消费者对未来的预期影响园林产品的需求。例如,预期收入上升,就有可能购买更多的园林产品。

（6）购买者的数量　购买园林产品的人增多，会引起园林产品价格上升，从而抑制部分消费者对园林产品的需求。

（7）政府决策　园林需求受政府决策者的决策目的影响很大。例如，如果决策者的目的是满足城市生态需求和居民的福利需要，那么他（们）往往会把园林作为城市建设的基础设施；但如果决策者的目的是追求生产总值，他们可能倾向于把园林投资转移到更能盈利的项目上去。园林需求还受到决策者本人的道德观念、经历、知识结构及心理素质的影响。具有环境保护、医疗卫生等职业经历的决策者，往往对园林需求施加正面影响；相反，仅具有人事保卫、集约生产等职业经历的决策者，较有可能对园林需求施加负面影响。具有生态知识、生理知识的决策者，往往对园林需求施加正面影响；而不具有相关知识的决策者则可能意识不到有关问题的重要性。具有审美、谦虚、好学气质的决策者，可能因嗜好、倾听专家意见或自学有关知识而对园林需求施加正面影响。决策者的情绪、本能有时也对决策有影响。

由于园林产品还有一部分是公共产品，因此，它的需求还受到宏观经济决策和社会闲暇时间的影响。

0.2.2　供　给

1）供给的表示方法

供给的表示方法主要有供给表和供给曲线。

供给表表示在每一可能的价格下商品供给量的汇总。供给表直观地表明了价格与供给量之间的对应关系。

表 0.2 为某种商品的市场供给量：当价格为 1 元/kg 时，市场供应量很少，只有 10 t；当价格为 2 元/kg 时，市场供应量为 53 t；以此类推，当价格涨到 6 元/kg 时，整个市场的供给量为122.5 t。

用图示法把供给表中所列数据表现出来，即可得市场供给曲线 S，如图 0.2 所示。供给曲线表示商品供给量与价格的关系曲线。

表 0.2　市场供给量

价格/(元·kg⁻¹)	供给量/t
6	122.5
5	115
4	100
3	77.5
2	53
1	10

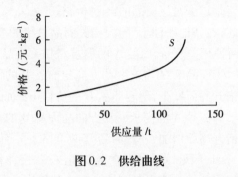

图 0.2　供给曲线

从图 0.2 中可以看到，供给曲线的斜率为正值。这说明，在影响供给的其他因素既定的条件下，商品的供给量与其价格之间存在着正向的依存关系，即：商品价格上升，供给量增加；商品价格下降,供给量减少。这就是供给规律。但供给规律也有例外。

2)影响园林供给的因素

(1)价格　一般来说,一种商品的价格越高,生产者提供的商品数量就越多;相反,商品的价格越低,生产者提供的商品数量就越少。即商品本身价格的变化引起供给量同方向变动。

(2)生产成本　即生产要素的价格。在商品本身价格不变的条件下,生产要素价格的提高会使生产成本相应上升,利润则会减少,从而使得生产者的供给量减少;相反,生产要素价格的下降,其相应的生产成本也会随之下降,利润就会增加,从而使得生产者的供给量增加。

(3)生产的技术水平　在生产资源既定的条件下,生产技术水平的提高,会促进资源的充分利用,降低生产成本,增加利润,从而促使生产者增加商品的供给量。

(4)相关商品的价格　在一种商品的价格不变,而其他相关商品的价格发生变化时,该商品的供给量会发生变化。在生产条件相近或可以变通的条件下,或者说,生产资本容易转移的行业在商品的替代性很强时,如果相关商品的价格上升了,那么,生产者很可能被吸引到这些相关商品的生产中去,在一定的价格下,会减少原产品的产量。例如,对某个生产百合和郁金香的企业来说,在百合价格不变和郁金香价格上升时,该企业就可能增加郁金香的种植面积而减少百合的生产和供给。

(5)生产者对未来的预期　如果生产者预期商品的价格会上升,就会增加商品的供给量;如果生产者预期商品的价格会下降,就会减少商品的供给量。

(6)生产者的经营目标　一般情况下,假定生产者的经营目标是实现利润最大化,即生产者供给多少商品数量,取决于他们提供的商品能否给自己带来最大的利润。如果生产者除经济目标外,还有其他目标,如政治或社会道义等目标,那么市场供给就会有所不同。

3)供给与需求的均衡

图0.3以郁金香种球为例,表示市场供给曲线与市场需求曲线的结合。需要注意的是,供给和需求曲线相交于一点,这个点被称为市场均衡点。均衡点对应的价格称为均衡价格,对应的供给量称为均衡供给量。

在均衡点,买者愿意而且能够购买的数量正好与卖者愿意而且能够出售的数量平衡。均衡价格有时也称市场出清价格,因为在这种价格时,市场上的每一个人都得到满足:买者买到了想买的所有东西,而卖者卖出了想卖的所有东西。

买者与卖者的行动自然而然地使市场向供给与需求的均衡点变动。为了说明原因,我们考虑当市场价格与均衡价格不重叠时,会出现什么情况。

首先假设市场价格高于均衡价格,如图0.4(a)所示。此时存在物品的过剩:在现行价格时卖者不能卖出他们想卖的所有物品。他们对过剩的反应是降低商品的价格。价格要一直下降到市场达到均衡时为止。

现在再假设市场价格低于均衡价格,如图0.4(b)所示。在这种情况下,每个郁金香种球的价格是

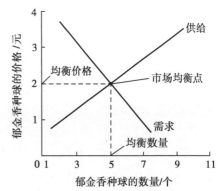

图0.3　供给与需求的均衡

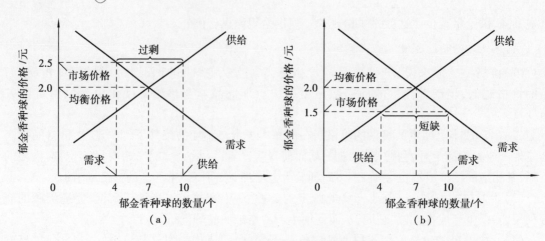

图0.4　市场价格与均衡价格不重叠

(a)市场价格高于均衡价格　(b)市场价格低于均衡价格

1.5元,物品需求量超过供给量。存在物品短缺:需求者不能按现行价格买到他们想买的一切。例如,当郁金香种球市场出现短缺时,买者不得不争购现有的少量郁金香种球的机会。由于太多的买者抢购太少的物品,因此,卖者可以做出的反应是提高自己的价格而不会失去销售量。随着价格上升,市场又一次向均衡方向变动。

许多买者与卖者的活动会自发地把市场价格推向均衡价格。一旦市场价格达到均衡价格,所有买者和卖者都得到满足,也就不存在价格上升或下降的压力。在不同市场上达到均衡价格的快慢是不同的,这取决于价格调整的快慢。但是,在大多数自由市场上,由于价格最终变动到均衡水平上,因此,过剩与短缺都只是暂时的。实际上,这种现象如此普遍地存在,以至于人们已将其称为供求定理:任何一种物品价格的调整都会使该产品的供给与需求达到平衡。因此,可得出以下结论:

①均衡价格和均衡产量与需求呈同方向变动。

②均衡价格与供给呈反方向变动,而均衡产量与供给呈同方向变动。

0.3　园林企业管理的内容和特点

0.3.1　园林企业管理的概念

企业管理是根据企业的特性及其生产经营规律,按照市场反映出来的社会需求,对企业的生产经营进行计划、组织、领导、控制等活动,充分利用各种资源,不断地适应市场变化,满足社会需求,同时求得企业自身发展和职工利益的满足。企业的管理目的就是合理利用资源,实现企业目标,在满足社会需求的同时获得更多的利润。

企业管理的主要任务有以下两个方面:

(1)合理组织生产力　这是企业管理最基本的任务。合理组织生产力有两个方面的含义:

①使企业现有的生产要素得到合理配置与有效利用。具体来说,就是要把企业现有的劳动资料、劳动对象、劳动者和科学技术等生产要素合理地组织到一起,恰当地协调各要素之间的关

系和比例,使企业生产组织合理化,从而实现物尽其用,人尽其才。

②不断开发新的生产力,不断改进劳动资料,不断改进生产技术,不断地采用新的技术来改造生产工艺和流程,不断发现新的原材料或原有材料的新用途,不断对职工进行技术培训,不断引进优秀科技人员与管理人员。

(2)维护并不断改善生产关系　企业管理的另一个重要任务就是维护其赖以生产、存在的社会关系。生产关系具有相对稳定性,在相当长的一个历史阶段内,其基本性质可以保持不变,而生产力却是非常活跃、不断变革的因素,必然会与原有的生产关系在某些环节、某些方面发生矛盾。这时,为了保证生产力的发展,完全有必要在保持现有生产关系基本不变的前提下,通过改进企业管理的手段、方法和途径对生产关系的某些环节、某些方面进行调整与改善,以适应生产力不断发展的需要。

园林企业管理
的职能

0.3.2　园林企业管理的职能

企业管理的具体职能既包括由劳动社会化产生的属于合理组织社会化大生产的职能,又包括由这一劳动过程的社会性质所决定的属于维护生产关系方面的职能。具体有 7 个方面,即计划、组织、领导、控制、协调、激励及创新。

1)计　划

计划就是通过调查研究,在预测未来、方案选优的基础上,确定目标及安排实现这些目标的措施的过程。计划最重要的和最基本的作用在于使员工了解他们所要求的目标和应完成的任务,以及实现目标过程中应遵循的指导原则。计划是企业管理的首要职能。企业计划主要包括企业人事计划、企业市场销售计划、企业生产计划及企业财务计划等。

2)组　织

组织就是将管理系统的各要素、各部门在空间和时间的联系上合理地组织起来,形成一个有机整体的活动。

组织工作中对职权的设置以及职权的授予必须遵循以下 6 个基本原则:

(1)权限分明　企业中从最高管理职位到最低下属,每个职位的权限分得越清楚,决策的责任就越清楚,组织内部的沟通乃至企业管理就越有效。

(2)按预期结果授权　对每位管理人员的授权必须适当,以保证他们有能力实现预期的结果。

(3)责任的绝对性原则　上级管理人员将任务和相应的职权分派给下级,可是上级管理者所承担的责任是绝对存在的。尽管下级人员就其工作也要承担起责任,但上级管理者却不能因此而免责。

(4)权责对等原则　工作的责任不应大于也不应小于所授予权限的范围。

(5)指挥统一性原则　下级应只对一个上级负责,这个原则贯彻得越彻底,指令相互矛盾的问题就越少,每个人的责任感就越强。

(6)权力层次原则　每位管理人员必须在其责权能力范围内作出决定,而不应也不必请示上级作出决定。

组织工作的另一个重要方面是部门的划分。设计部门结构最为重要的是：必须做到职能明确。把某一职位或部门预期要达到的目标规定得越明确，对其应该进行的工作、所授予的权限及与其他职位的相互关系规定得越明确，那么，每一个有责任感的个人就越能为实现企业目标作出充分的贡献。

组织工作还有其他一些原则，如平衡原则、灵活性原则、有利于领导原则等。

3) 领 导

领导是管理系统内的负责人员，按照组织体系进行调度，调解各部门之间的联系，并对企业员工施加影响，使企业员工为部门和企业的目标作出贡献。领导的原则有目标协调一致原则、激励原则、领导原则、信息沟通的明确性原则、信息沟通的完整性原则、补充使用非正式组织原则。

4) 控 制

控制就是在检查管理系统实际运行情况的基础上，将实际运行与计划进行比较，找出差异，分析产生差异的原因，并采取措施，纠正差异的过程。控制与计划密切相关：控制要以计划为依据，而计划要靠控制来保证实现预期目标。

企业管理控制应遵循下列原则：

（1）标准控制原则 有效控制需要客观的、精确的和合适的标准。必须制订简单的、可考核的方式来衡量一项计划方案是否完成。控制是通过人来完成的，即使是最出色的主管也不得不受到人这一因素的影响，有时实际业绩受到个性迟钝或者能说会道者的文过饰非，或因下属善于"兜售"低劣业绩而得以隐瞒。因此，客观、良好的业绩标准，因其公正和合理，就比较有可能为管理人员所接受，易于执行。

（2）关键点控制原则 有效控制必须选择那些对评价业绩有关键意义的因素。管理人员大可不必追踪计划执行的每个细节。他们必须了解的是：计划已经在执行之中了。他们不必在意那些无关大局的细微偏差，而只需集中注意那些表明已脱离计划的任何重要偏差和与最终业绩有关的突出因素。因此，控制是否有效，在很大程度上取决于所选择的关键控制点。

（3）例外原则 主管人员越是把控制工作集中于重大的例外情况，他们的控制工作就越有效。这条原则需要同关键点控制原则结合起来，但又不能相互混淆。关键点控制原则是确认有待留意的那些控制点，而例外原则是留意在这些点上所产生偏差的规模。

（4）控制的灵活性原理 在出现失误或出现未曾预见的变化时，如果仍要使控制有效，就需要在设计的控制系统中保持灵活性。按照这条原理，控制不必十分死板地同计划结合在一起，因为如果整个计划失败，或发生突变，控制便会变得毫无作用。这条原理适用于计划的失败，而不是按照计划进行工作的失败。

（5）采取措施的原则 只有当脱离计划的已知偏差，通过适当的计划、组织和领导工作得到了纠正，才能证明控制得当。在实际的工作中，这个简单的道理却常常被人遗忘。如果控制工作不辅之以措施，则控制工作只是管理部门人力和时间的浪费而已。假如在已有和预计业绩中发现偏差，则要提出改进措施，或者重新制订计划。若要以制订追加计划的方式使计划的执行纳入正轨，则可能要求企业内部的重组，要求更换下属或培训下属人员，使之胜任所要求的工作。

5) 协 调

在企业管理活动中，不可避免地会遇到各式各样的矛盾与冲突，这就需要协调。这是管理的重要职能,是在管理过程中引导组织之间、人员之间建立相互协作和主动配合的良好关系,有效利用各种资源,以实现企业共同预期目标的活动。

协调可分为企业内部协调、对外协调、纵向协调和横向协调。管理协调就是正确处理人与人、人与组织以及组织与组织间的关系。

6)激 励

激励是激发人的动机,诱导人的行为,使其发挥内在潜力,为追求欲实现的目标而努力的过程。激励是管理的重要手段,特别是现代管理强调以人为中心,如何充分开发和利用人力资源,如何调动企业职工的积极性、主动性和创造性,是至关重要的一个问题。这就要求管理者必须学会在不同的情境中采用不同的激励方法,对具有不同需要的职工进行有效的激励。激励的形成机制表现为个人需求和它所引起的行为,以及这种行为所期望实现的目标之间的相互作用关系。

7)创 新

所谓创新,是事物内部新的进步因素通过矛盾斗争战胜旧的落后因素,从而推动事物向前发展的过程。创新是一切事物向前发展的根本动力。在现代管理活动中,创新是创造与革新的合称。所谓创造,是指新构想、新观念的产生;而革新则是指新观念、新构想的运用。从这个意义上讲,创造是革新的前导,革新是创造的继续,创造与革新的整个过程及其成果就表现为创新。因此,创新是通过创造与革新达到更高目标的创造性活动,是管理的一项基本职能。

管理指导思想简介　　管理基本方法

0.3.3 园林企业管理的主要内容

园林企业管理涉及的内容很多,概括起来有以下3个方面:

1)合理组织生产力

这是一个重要内容,就是对劳动力、劳动手段和劳动对象在一定的时间和空间上进行合理组织,使企业的生产过程得以顺利进行。具体包括:企业生产过程的组织与管理,企业人力资源的开发、利用和管理,园林企业的技术开发和管理(如企业设备管理、物资管理、技术开发、产品质量管理),以及资源培育、开发和利用,企业财务管理等。

2)处理、完善和发展社会主义生产关系

这方面的内容主要是正确处理企业内部各种协作关系和分配关系,以及企业与外部各种关系,如企业与国家、部门、地区之间的关系,企业与其他企业的关系,以及企业与用户的关系等。具体包括企业产品的市场营销、物资与设备的采购、资金的筹措、企业领导制度与责任制度的建立、企业的经营形式、企业的利益分配等。

3)上层建筑方面

上层建筑方面主要是研究企业如何树立正确的经营思想和经营方针,如何更好地贯彻党和国家的路线、方针和政策,以及法律、法令、法规和规章等。

园林企业管理的主要内容具体包括:园林企业经营战略管理、园林企业经营决策管理、园林企业人力资源开发与管理、园林企业营销管理、园林企业生产管理、园林企业资产管理、园林企业内部控制、园林企业文化管理等。

0.3.4　园林企业管理的特点

园林企业管理除了一般企业管理所具有的盈利性、自主性和风险性之外,还有以下 3 个方面的特点:

(1)园林企业管理职能的发挥要考虑到城市发展的要求　园林业的发展依附于城市的发展和人们生活水平的提高。园林是对城市建设过程中自然环境遭到破坏的补偿。也就是说,因人口集中、工业生产、交通运输和广播通信集中,环境受到破坏,烟尘、废气、污水、噪声、射线过度,使得园林的边际效用大大提高。所谓边际效用,是指最后增加的一个单位有效生产量所具有的效用,即该生产量在多大程度上满足人的欲望或需要。例如,城市居民的绿化面积通常小于农村居民,故增加一个单位的绿化面积就能为城市居民提供较大程度的满足,因此,园林的边际效用对城市居民来说就比较大。这正如对于沙漠中的旅行者来说,一杯水的效用就很大,而对于在清澈江河边上的人来说,一杯水就没有什么效用。除此之外,还应考虑生产可能性,所谓生产可能性,是指在一定的资源条件下可能生产的最大产量。由于农村人均土地多于城市,可能建设及维持的绿化面积大于城市,因此生产可能性较大(如果资源条件很差,水旱灾害太多,则这种可能性较小,这导致南部沿海各省的庭院建设高于内地)。因此,园林企业职能的发挥要充分考虑到城市发展的要求。

(2)园林企业管理要同时适应公共物品和法人产品管理的要求　园林企业的产品既有公共物品,又有法人产品。公共物品既无排他性又无竞争性。这就是说,不能剥夺人们使用一种公共物品的权利,而且一个人使用一种公共物品并不影响另一个人对它的使用。例如,国防是一种公共物品,不可能剥夺任何一个人享有国防带来的好处,而且当一个人享受国防的好处时,并不影响其他任何一个人享受国防的好处。公共物品不受市场规律调节,而法人产品则是依法注册的集团(单位)或个人通过市场所提供的合法产品与劳务。法人产品往往受到市场调节,公共产品则可以不受市场调节。

(3)园林企业管理是活物管理　活物管理把生产建设(提供有效生产量)的过程和园林经营(提供实现效益量)的过程紧密衔接在一起。因园林业主要依靠植物,故在基本建设中涉及绿地规划、设计及植物栽植养护;而在园林服务中也涉及植物(以及动物)养护及布局调整。这与一般的产品生产和供销之间界限分明的情况有所不同,也与一般的基建和服务(如旅店、博物馆及其他文化设施等)之间界限分明的情况十分不同。

【复习思考题】

1.关键概念解释
(1)园林　(2)需求　(3)供给　(4)企业管理
2.思考题
(1)现代园林的主要功能有哪些?
(2)园林企业一般有哪些特点?
(3)影响园林产品需求和供给的主要因素有哪些?
(4)企业管理有哪些职能?
(5)园林企业管理有哪些特点?

模块 2

园林企业创立与运行

项目 1 创立园林企业

任务 1 企业的创立与延续

企业的创立与延续　企业经营决策

[目标]

1. 在熟悉企业设立可行性分析的步骤和方法基础上,学会企业的创设;
2. 了解企业年检的主要内容,能够在网上申报企业年检。

1. 企业的概念

关于企业的概念,国内外至今还没有一个统一的表述。通常所说的企业,一般是指从事生产、流通或服务等活动,为满足社会需要进行自主经营、自负盈亏、承担风险、实行独立核算、具有法人资格的基本经济单位。

一个企业应具备以下基本的要素:

①拥有一定数量、一定技术水平的生产设备和资金。

②具有开展一定规模的生产和经营活动的场所。

③具有一定数量的生产者和经营管理者。

④从事社会商品的生产、流通等经济活动。

⑤进行自主经营,独立核算,并具有法人地位。

⑥生产经营活动的目的是获取利润。

企业是一个经济组织,这是企业同其他社会组织相区别的一个重要方面。

企业具有 6 个方面的基本特征,即经济性、营利性、财产独立性、组织完备性、社会性及合法性。

2. 企业的创立

企业经营管理的逻辑起点是企业的创立。企业是在一定的社会、政治、经济、技术、法律条件下建立与发展起来的,它的创建不是一般单纯的项目建设,而是涉及多方面的综合工程。

1）企业设立的可行性分析

在市场经济体制下,企业面对着复杂多变、竞争激烈的市场环境,进行自主经营、自负盈亏,就应考虑各方面的条件,进行可行性分析,否则企业在今后的经营中就有可能陷入困境。

可行性分析是一种现代科学的管理方法。其具体步骤一般包括调查研究、方案设计、方案可行性分析及组织实施4个阶段:

(1)调查研究阶段 这一阶段要对设立企业的内、外部条件进行分析。企业的生存和发展必然受到客观环境的控制和影响,对外部的条件作恰当的综合分析,合理预测未来的发展趋势,是设立企业成功的关键所在。不断变化的外部条件虽然能给新企业的设立带来机会,但也需要具有一定的固有条件,这些机会才能充分利用,使企业的设立成为可能。

(2)方案设计阶段 这一阶段的主要工作目的是设计出企业设立的具体方案,供进一步研究论证。方案设计阶段主要做好以下几项工作:企业具体模式的设计;企业生产方式的设计;确定产品的市场范围和服务对象;企业人事安排等。

(3)方案可行性分析阶段 企业设立方案可行性分析具有涉及面广、相关因素多、风险大、影响远的特点。组建企业可行性研究的内容主要包括:产业政策、市场潜力和企业的规模;资源、原材料、燃料、电力、运输及公用设施情况;技术状况和环境保护;资金构成、资金筹措和经济效益评价;企业组织结构和管理体制的设计;利润的测算与分配;等等。

(4)组织实施阶段 主要是依据可行性研究报告,在修改、完善设计方案的基础上具体组织实施。

2）基本的设立程序

企业类型不同,其设立的程序也就不同,但基本程序是一样的,都包括以下两个阶段:

(1)筹备 筹备是企业设立的实质准备过程。筹备工作是以企业创立人的名义进行的,筹备阶段所应享有的权利和履行的义务以及由筹备行为不当而产生的法律责任,均由创办人承担。企业设立的筹备工作通常包括以下内容:第一,设计企业的目标、宗旨、经营范围和名称,这项内容是向政府部门申请登记注册的必需项目;第二,进行企业设立的可行性分析,其目的是使投资决策能够建立在科学性和可靠性的基础之上;第三,资金筹措,这是使企业能够按计划设立并能够投入运转所需要的固定资产和流动资产的筹措,其来源主要是创立人的出资、其他出资人的出资和金融机构的贷款等;第四,定点和建设,即选定企业的地址,并在其地址上进行必要的基础建设;第五,人员招聘,这是指为企业的营运招聘经营管理人员和操作人员;第六,组织物资供应,即寻找和建立企业营运所必需的各种资源、原材料和交通手段。

(2)申请设立登记 申请设立登记也称申请注册,是企业设立的形式准备过程。通过这一过程,企业的设立得到了政府的许可或承认,设立的企业便可在法律的保护之下从事各种经营活动。申请设立登记应由创办人出面办理。

3）公司的设立登记程序

根据法律规定,不同企业有不同的具体设立登记程序,具有代表性的企业是公司,它又包括有限责任公司和股份有限公司两大类,本书主要讲述公司制企业的设立与登记。

(1)公司的名称 公司名称是公司人格特定化的标志,公司名称具有唯一性和排他性,公司以自身的名称区别于其他经济主体。按照法律规定,公司的名称一般由4部分构成:一是公司注册机关的行政级别和行政管理范围;二是公司的行业经营特点,即公司的名称应显示出公司的主要业务和行业性质;三是商号,它是公司名称的核心内容,也是唯一可由当事人自主选择的内容,商号应由两个以上的汉字或少数民族文字组成;四是公司的法律性质,凡依法设立的公司,必须在公司名称中标明"有限责任公司"或"股份有限公司"字样。

例如,现有 5 个企业的名称分别为天博花木有限公司、郑州进出口有限公司、南京万达有限公司、青岛农丰园林机械公司及上海金衡园林股份有限公司。根据企业名称构成要求分析,在这 5 个公司名称中,只有 1 个公司名称符合法定要求。其中,第 1 个公司名称缺少公司注册机关的行政级别和行政管辖范围;第 2 个公司名称缺少公司的商号;第 3 个公司名称缺少该公司的行业或经营特点;第 4 个公司名称没有注明公司的法律性质;第 5 个公司名称符合法定要求。

(2)有限公司设立登记　设立有限公司必须具备下述条件:第一,股东必须符合法定的人数。我国《中华人民共和国公司法》(简称《公司法》)规定,有限公司由 2 人以上和 50 人以下的股东出资设立,但国家授权的投资机构或者国家授权的部门可单独设立国有独资公司,是有限公司设立的一种特殊形式。第二,以生产经营为主的公司,注册资本不得少于人民币 50 万元,以商品批发为主的公司不得少于人民币 50 万元;以商业零售为主的公司不得少于人民币 30 万元;科技开发、咨询、服务性公司不得少于人民币 10 万元。第三,具备股东共同制订的章程。第四,具备合法的公司名称和健全的组织机构。第五,有固定的生产经营场所和必要的生产条件。

有限公司股东可用货币出资,也可用实物、工业产权、非专利技术和土地使用权作价出资。对作为出资的实物、工业产权、土地使用权等,必须进行评估作价。以工业产权、非专利技术作价出资的金额不得超过有限公司注册资本的 20%,国家对高新技术成果有特别规定的除外。股东应足额缴纳章程规定的出资额。股东以货币出资的,要将出资及时存入公司开设的银行账户;以实物、工业产权、非专利技术和土地使用权作价出资的,要及时办理财产转移手续。股东不按章程要求出资的,应承担违约责任。股东的出资在公司登记后不得抽回。股东的全部出资到位以后,必须经法定的验资机构验资并出具证明。

股东的全部出资经法定机构验资后,由全体股东指定的代表或者共同委托的代理人向公司登记机关申请设立登记,提交公司登记申请书、公司章程、验资证明等文件。法律、法规规定需要由有关部门审批的,应在申请登记时提交批准文件。

公司登记机关对符合《公司法》规定条件的,准予登记,并颁发公司营业执照。公司营业执照签发之日,就是有限公司成立之日。设立有限公司的同时设立分公司的,也应当向工商登记机关申请登记,并向公司登记机关领取分公司的营业执照。

设立有限责任公司的一般程序如图 1.1 所示。

申请设立登记应提交的文件有:企业董事长签署的公司设立登记申请书;全体股东指定代表或者共同委托代理人的证明;国家有关部门的批准文件(法律、法规规定设立有限责任公司必须报经审批的文件);公司章程;具有法定资格的验资机构出具的验资证明;股东的法人资格证明或者自然人身份证明;载明公司董事、监事、经理的姓名、住所的文件以及有关委派、选举或者聘用的证明;公司法定代表人任职文件和身份证明;企业名称预先核准通知书;公司住所证明等。

(3)股份公司的设立与登记　设立股份公司应具备下述条件:第一,必须有 5 个以上的发起人,其中有过半数的发起人在中国境内有住所,国有企业改制为股份公司,发起人可以少于 5 人,但应采取募集的方式设立;第二,发起人认缴和社会公众募集的股本达到法定的最低限额(《公司法》规定,股份公司注册资本的最低限额为 1 000 万元,上市公司注册资本的最低限额为

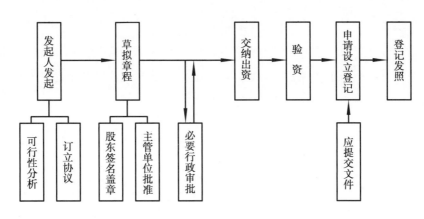

图1.1　设立有限责任公司的一般程序

5 000万元。股份公司的注册资本是指在公司登记机关登记时实收股本总额);第三,具备由发起人制订、并经创立大会通过的公司章程等文件。

股份公司的设立,可采取发起设立或者募集设立的方式。

发起设立是指发起人认购公司第一次应发行的全部股份而设立的公司而不必向社会公众募集股份。发起人按认购的股份缴纳股款,股款的缴纳可以是货币、实物、工业产权、非专利技术和土地使用权等,但工业产权和非专利技术的作价金额不得超过注册资本的20%。

募集设立是指发起人认购公司第一次应当发行的一部分股份,其余向社会公开募集而设立的公司。我国《公司法》规定,以募集方式设立股份公司的,发起人认购的股份不得少于公司股份总数的35%,其余部分应向社会公开募集。募集设立的步骤如下:

①获得证券管理部门批准。按照《公司法》规定,在公开募集前,必须向国务院证券管理部门提出申请,并得到批准。需要报送的主要文件有:地方政府或者中央企业主管部门的批准发行申请的文件;批准设立股份公司的文件;发行授权文件;公司章程;招股说明书等。

②公开招募股份。经过批准后,公司要公告招股说明书,以募集股份。

③认股人认领股份。认股人在认领股份的时候,要填写认股书,在认股书上填写认股数量、金额及认股人住所,并要签字盖章。填写认股书后,认股人有按照要求交纳股款的义务。但发行人逾期没有募足股份总额时,认股人有权撤回所认购的股份。

④履行出资。包括发起人交纳股款、发起人向认股人催缴股款、到指定的银行交纳股款3个环节。

⑤召开设立大会,设置机构。发起人在股款募足后,应在30天内召开公司设立大会,有代表股份总数一半以上的认股人参加时,大会才可以举行。由设立大会选举产生董事会和监事会成员,通过公司章程,对设立公司的费用进行审核等。

⑥注册登记。董事会应当于设立大会结束30天内向登记机关报送文件,申请登记。要报送的主要文件有:批准设立公司的文件;设立大会记录;公司章程;董事会和监事会成员及其住所;法定代表人;筹资审计报告;等等。

若符合条件,则核准登记,颁发营业执照,公司正式成立,认股人成为公司的正式股东。营业执照签发日期,就是公司的成立日期。至此,公司法人正式成立,可以以公司法人的名义开展各项经营活动。

3. 企业年检

企业年检是登记主管机关对企业法人依法按年度复核企业资质的行为。企业年检通过表明该企业可以进行次年的企业经营活动;企业年检不通过表明该企业不能进行次年的经营活动。年检的时间一般定在每年的 3 月 1 日至 6 月 30 日。

1)企业年检的内容

企业年检的主要内容有以下 4 个方面:

①企业法人登记事项的执行和变动情况。

②投资情况。年检中检查的企业投资情况,主要是指企业以股东身份向其他公司法人的投资,或以联营者的身份在联营企业法人中的出资。

③资产负债及损益情况。企业必须如实地在资产负债表和损益表中反映生产经营情况和资产的运用效益情况,向有关部门申报,接受其监督管理和指导。

④投资者出资情况。投资者按照企业章程或协议规定,准时足额投入企业的资金数额。

2)企业年检程序

①企业提交年检材料。企业申报年检应当提交下列材料:

a. 年检报告书。企业年检报告书包括:登记事项情况,备案事项情况,对外投资情况,以及设立、撤销分支机构情况和经营情况。

b. 企业指定的代表或者委托代理人的证明。

c. 营业执照副本。

d. 经营范围中有属于企业登记前置行政许可经营项目的,加盖企业印章的相关许可证件、批准文件的复印件。

e. 国家市场监督管理总局规定要求提交的其他材料。企业法人应提交年度资产负债表和损益表;公司和外商投资企业还应提交由会计师事务所出具的审计报告;企业有非法人分支机构的,还应提交分支机构的企业营业执照副本复印件。

②企业登记机关受理审查企业年检材料。

③企业缴纳年检费,目前年度检验费为 50 元。

④登记主管机关对下列情形之一的企业,不予通过年检:

a. 企业实收资本未能达到法律、行政法规规定的最低限额的。

b. 企业实收资本虽然达到法律、行政法规规定的最低限额,但与注册资本相差悬殊的。

c. 有其他严重违法、违规行为的。

登记主管机关对不予通过年检的企业,依照《中华人民共和国企业法人登记管理条例》(以下简称《企业法人登记管理条件》)及其实施细则和《中华人民共和国公司登记管理条例》(以下简称《公司登记管理条例》)有关规定进行处罚。对于通过年检的企业,企业登记机关在营业执照副本上加盖年检戳记,并发还营业执照副本。

4. 企业的变更

1)企业变更的形式

(1)合并　合并是指两个或两个以上的企业依照法律、法规的规定程序变为一个企业的行为。其形式有吸收合并和新设合并两种。吸收合并是指接纳一个或一个以上的企业加入本企业,加入方解散并取消原法人资格,接纳方存续。新设合并是指企业与一个或一个以上的企业合并成为一个新企业,原合并各方解散,取消原法人资格。

(2)分立　分立是指一个企业依法分为两个或两个以上的企业的行为。企业分立也有两种方式:一是派生分立,即企业以一部分财产和业务另设一个新企业,原企业存续;二是新设分立,即企业以全部财产和业务新设两个或两个以上企业,原企业解散。

(3)其他事项的变更　其他事项的变更是指企业在国家工商行政管理机关已登记的其他事项的变更。如改变企业名称、住所、经营场所、法定代表人、经济性质、经营范围、经营方式、注册资本、经营期限以及增设或者撤销分支机构等。

2)企业变更的程序

(1)报经有关部门批准　根据《企业法人登记管理条例》的规定,企业办理变更登记前,须报经政府主管部门或原审批机关批准。其中企业合并或分立的,应就财产、债权、债务等事项由合并或分立各方达成协议。

(2)办理变更登记手续　根据《企业法人登记管理条例》的规定,企业要求变更的,应在有关部门批准后30日内,向工商行政管理机关申请变更登记。办理变更登记时,应提交由其法定代表人签署的变更登记申请书、批准文件等有关文件、资料。因合并和分立致使原企业终止的,还应申请办理注销登记。

(3)公告　企业办完变更登记事项后,应及时将变更情况予以公告。

5. 企业的终止

企业终止是指企业作为法律主体资格的丧失,企业丧失权利能力和行为能力,不能再继续从事生产经营活动。企业终止时,必须保护其财产,依法清理债权债务。

1)企业终止的原因

企业终止的原因有以下4种:

(1)违反法律、法规,被责令撤销　企业必须依照法律、法规的规定从事生产经营活动,如果违反了法律、法规的规定,就有可能受到行政处罚,直至被撤销。

(2)依照法律、法规的规定决定解散　企业的解散与被责令撤销不同。企业的解散应由企业的所有者决定。其解散的原因一般有以下5种:企业存续届满;企业设立的宗旨已经实现或者企业经营的业务已经完成;企业章程规定的其他解散事由已出现;企业因合并或分立需要解散;企业的所有者决定解散。

(3)依法被宣告破产　企业因经营管理不善造成严重亏损、不能清偿到期债务,经人民法院审理决定,可依法宣告企业破产。一经宣告破产,企业即告终止。

(4)其他原因　其他原因是指上述3种原因之外的,由法律、法规规定的企业终止的原因,以及由企业章程、协议规定的其他终止原因。

2)企业终止的程序

(1)做出企业终止的正式决定或裁定　企业终止时,要依法做出正式的决定或裁定,这种决定或由企业做出,或由人民政府、企业主管部门、工商行政管理部门做出。企业破产裁定由人民法院做出。

(2)成立清算组,对企业财产进行清算　企业终止时,要成立清算组,对企业财产进行清算。根据不同的终止原因,清算组的组成也不同。企业正常解散的,由企业或其出资者、股东自行组织清算;因违法而被责令解散的,由政府有关部门组织清算;企业破产的,由人民法院组织清算。清算期间,企业正常的权利能力终止,不得再从事生产经营活动,只能由清算组在清算范围内代表企业从事活动。

(3)向登记机关办理企业注销登记　企业被核准注销后,由登记机关撤销或吊销其企业法人营业执照,收缴执照的正本、副本和企业公章,将注销情况通知其开户银行,并进行公告。

【实训步骤】

(1)学生分组,建议5~6人一组,模拟开设一家园林企业(含小组成员每人模拟出资额,总额不低于20万元),并为该模拟企业定名。

(2)上中国市场监督管理局网下载企业名称登记表和开业登记表格,并填妥。

(3)准备开设企业所需的其他所有书面材料。

(4)学生将完整材料交教师,教师根据当年工商管理部门要求审核学生材料,做出修改或通过的决定,直至全部小组通过。

(5)学生利用计算机机房局域网完成企业年检申报,教师审核"通过"。

任务2　确定企业组织机构框架

确定企业组织
结构框架

[目标]

根据学生小组制订的企业规模和发展计划,确定企业组织机构框架。

1.组织与组织结构

1)组　织

组织是人类集体协作的产物。人类在生存和发展过程中会碰到许多复杂艰巨的问题,这些问题只有通过集体协作才能够解决,靠个人的力量是无法解决的。美国管理学家切斯特·巴纳德将个人无法完成的原因分为两类:一是个人生理上的限制,二是个人所面对的自然环境的限制。他举了一个推巨石的例子来说明这两种限制的区别。一个人去推一块巨石,如果失败了,可以有两种说法:第一,巨石对人来说太大;第二,人对巨石来说太小。前者说明自然环境的限制,后者说明人生理上的限制。当人们合力去推这块巨石,并且获得成功,他们就会认识到集体的力量大于个人的力量,他们之间就建立起一种协作关系。因此,组织的形成是人类为了克服个人能力的限制而有意集体协作的结果,当人们发现依靠集体的力量能够完成个人单独无法完成的目标和能够满足个人更多的需求时,便会通力合作,这样组织也就产生了。

组织是具有既定目标和正式结构的社会实体。"社会实体"是指由两个或两个以上的人组成的组织;"既定目标"指组织是为获得预期成果而设定的目标;"正式结构"则表示组织任务是组织成员分工负责并完成的。根据上述概念,组织具有以下4个特征:

(1)目的　每个组织都有目的,没有目的的组织是不存在的。有些组织的目的容易描述,如企业组织的目的就是以利润的多少来表示的;但对如教育、宗教和家庭等非营利性组织来说,还无法用直接的利润标准来评价它们的成果。不过,这些组织的意图与企业组织的利润动机是一致的,即以最少的资源投入提供符合需要的产出。

(2)人员 组织是由人组成的,没有一个组织是没有人的。没有人就不可能达到组织的目的,为了达到组织的目的,需要许多人而不是单独一人去取得成果,这就是要形成组织的原因。组织之所以能够完成个人单独无法完成的目标,是因为组织能够按照与常规数学不同的逻辑发挥作用。从常规数学的角度看,1 加 1 等于 2,但从组织数学的角度看,1 加 1 大于 2。组织的这种作用被称为"协同作用",即集体努力的结果比个人单独努力时的结果总和要大。

(3)管理 要达到组织的目的必须经过许多人的努力,这个过程的结果形成组织的等级制度,即有些人是领导,有些人是下属。那些在管理性职位上任职的人,担负着管理整个组织或组织内部某个部门的责任,换句话说,他们的责任就是进行管理。

(4)文化 管理是在一定的文化中进行的。文化是人类的行为和信念在长期的共同生产和生活中逐渐形成的一种模式。每个民族都有自己独特的文化。组织为了在与外界的交往过程中保持凝聚力和一致性,在其民族文化的影响下,也会发展出一套为该组织成员所特有的"次文化"。

2) 组织结构

组织结构是指职权与职责的关系,工作及工人分组。一般而言,组织结构是为了协调组织中不同成员活动而形成的一个框架机制。为了保证组织结构设计的有效性,在设计或建立组织结构时,要考虑以下一些因素:

(1)战略因素 战略目标决定组织机构,不同的战略要求不同的组织机构。战略影响组织结构又有两个层次:一是不同的战略要求开展不同的业务和管理活动,由此影响到管理职能和部门的设计;二是战略重点的变化会引起企业业务活动重心的转移,相应地就要求各管理职能部门之间的关系作出调整。一般来说,对单一经营发展战略的组织,应采用集权的职能型组织结构,而对多种经营发展战略的组织,则应采取产品事业部的组织结构。

(2)规模因素 组织规模对组织结构设计有明显的影响作用。组织由小到大的发展过程中需要经过若干阶段,不同的阶段需要设计出不同的适合其发展规模的组织机构。例如,企业在创立时期,组织结构常常是简单、灵活而集权的,随着员工的增多和组织规模的扩大,企业由创业初期的松散结构转变为正规、集权的职能型结构。

(3)技术因素 任何一个组织都需要应用一定的技术,成功的企业是那些能够根据技术的要求而采取合适的结构设计的企业。一般来说,制造业企业可分为 3 类:单件生产、大批量生产和连续生产。每一类企业都有其特定的结构形式,单件生产和连续生产适合采用非正规、分权式的组织结构,而大批量生产的工作简单化、标准化,比较适合采用集权式的组织结构。

(4)环境因素 环境是组织结构设计必须考虑的因素,组织结构设计要适应环境的变化。环境的变化可能使组织中各部门的地位及相互关系发生变化,某些部门的地位变得重要起来或者变得相对逊色,需要增设一些部门或者要削减、合并一些部门,稳定环境下的组织结构往往是层级严密的正规化组织结构;反之,则采取比较柔性的结构,如矩阵制、虚拟型等。

2. 企业组织结构的设计

企业组织结构设计有 3 种情形:一是新设立的组织需要进行组织结构设计;二是原有组织结构因内外环境变化需要重新评价和设计;三是组织结构需要进行局部的调整和完善。但无论何种情况,组织结构设计的基本内容是一致的,基本上都要涉及岗位设计、部门化、指挥链、管理跨度与层次、集权与分权、规范化等关键要素。具体工作程序如下：

（1）确定组织设计的基本方针　根据企业的战略、任务、目标以及企业的外部环境和内部条件，确定企业组织设计的基本思路。

（2）职能分析和岗位设计　职能分析与岗位设计是进行组织设计的基础，是组织根据自身的任务和目标设置各项管理职能及其结构，并把它们层层分解为各项具体的管理业务和工作岗位，明确各岗位所拥有的职责权限和任职资格的过程。进行职能分析要明确企业应具备的基本职能并理顺各职能相互之间的关系，要在各项基本职能中找出关键职能。各个组织所处的行业特点不同，关键职能也有所不同。以企业为例，有的企业将质量管理作为关键职能，如园林工程、机械制造业和家电业；有的企业以技术开发作为关键职能，如计算机、互联网等高新技术企业；有的企业把市场营销作为关键职能，如花木企业、食品工业等。

（3）部门划分　部门是组织的细胞，部门设置直接关系组织的健康和组织运作绩效。部门划分就是根据一定标准把工作岗位组合在一起。根据企业经营实际情况，可以按职能、产品、地区、用户、技术或设备划分部门。

（4）确定指挥链　指挥链是指从组织高层延伸到基层的这样一条持续的职权线。它界定了谁向谁报告工作，帮助员工回答"我遇到问题时向谁请示"，或者"我对谁负责"这类问题。

（5）管理幅度与管理层次　组织设计中的一个基础内容是管理层次和管理幅度的确定。管理幅度是指一个领导者能够直接有效地指挥下级的人数。对于一个组织来说，管理幅度的大小主要取决于人员素质、组织环境、工作内容与性质、信息沟通的状况等。若主管或部属能力强、下属的工作性质类似、信息沟通渠道畅通、组织环境稳定，管理幅度可以加大；反之，管理幅度就要缩小。

管理层次是指在一个组织内部从最高管理者到最基层管理者的行政等级的数目。管理层次从表面上看，只是组织结构的层次数量，但其实质是组织内部纵向分工的表现形式。各个层次将担负不同的管理职能。对于一个组织来说，管理层次的多少往往要根据组织规模而定。

组织规模、管理层次与管理幅度三者之间是相互制约的关系：组织规模 = 管理幅度 × 管理层次。在组织规模一定的条件下，管理层次与管理幅度成反比，管理幅度越宽，所需要的管理层次就越少；反之，管理幅度越窄，所需要的管理层次就越多。一般习惯于将这种管理幅度较窄、管理层次较多的组织结构，称为锥形结构（见图 1.2）；将管理幅度较宽、管理层次较少的组织结构，称为扁平结构（或 M 形结构）（见图 1.3）。锥形结构的优势在于管理严密，分工明确，上下级易于协调，便于严格监督和控制。但其管理层次多，增加了费用开支，信息沟通时间长，决策传达的时效性和准确性差，不利于调动下属的积极性。目前，随着企业组织规模越来越庞大，外部环境快速的变化，这就要求企业快速应变，具有极强的适应性。很多企业采取扁平化的组织结构，在这种结构中，信息交流速度快，成员有较多的自主性和创造性。

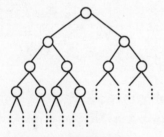

图 1.2　锥形组织结构

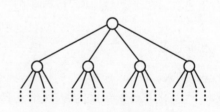

图 1.3　扁平组织结构

（6）集权与分权　集权是指决策权在组织系统中较高层次的一定程度的集中。分权是指决策权在组织系统中较低层次的一定程度的分散。正确地处理集权与分权的关系对组织的发展至关重要。有些组织管理往往"一统就死，一放就乱"，如何在集权与分权之间找到最佳的平衡点，做到"集而不死，分而有序"，是每位管理人员力图追求的目标。

（7）结构框架的设计　这是结构设计的最主要部分，它包括纵向的管理层次设计和横向的部门设计，以形成企业组织的框架。同时，要设计信息交流、综合、协调等方式和制度，使组织形成一个有机整体。

（8）运行保障的设计　它包括管理规范设计和管理人员的设计。管理规范设计主要设计管理规章制度、工作程序、管理工作标准和岗位职责。管理规范保证了各个层次、部门和岗位按照统一的要求和标准进行配合和行动。管理人员的设计根据组织结构本身的要求配备相应数量和质量的各级管理人员和培训员工。

（9）反馈和修正　组织设计完成之后，便进入了运行状态，在运行过程中，会暴露出许多漏洞和矛盾，把这一切都作为反馈信息，促使领导者重视审视原有的组织设计，根据出现的情况对组织结构做出及时调整，使组织结构在运行过程中得到不断修正和完善。

3. 企业组织结构的主要形式

组织结构随着管理思想、技术和环境的变化而变化。从传统管理到现代管理，有多种组织结构形式：直线制、直线职能制、事业部制、矩阵制、集团控股型及虚拟型等。

1）直线制

组织中只有一套纵向的行政指挥系统，不设专门的职能机构的组织形式。直线制是一种最古老的企业管理组织形式。它需要企业领导精明能干，具有多种管理专业知识和生产技能知识（见图1.4）。

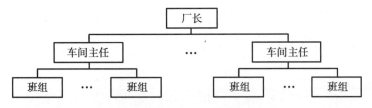

图1.4　直线制组织结构图

直线制组织结构的优点在于管理结构简单、权责明确、领导隶属关系简单、管理费用低、命令统一、决策迅速、指挥灵活、解决问题迅速、维护纪律和秩序比较容易。但是，这种组织形式管理工作简单粗放，没有专业管理分工，对领导的技能要求高，领导容易陷入实务主义，不能集中精力解决组织的重大问题，也不利于后备管理人员的选拔。直线制适用于组织规模小、人员不多、生产管理比较简单的小型企业。

2）直线职能制（U形组织机构）

这种组织形式以直线制为基础，在各级行政领导下设置相应的职能部门，即在直线制组织统一指挥的原则下，增加了参谋机构（见图1.5）。

直线职能制组织形式既保证了集中统一的指挥，又能发挥各种专家业务管理的作用。但是，这种组织形式也有其局限性，各职能机构自成体系，不重视信息的横向沟通，出现问题时容易产生纠纷；若职能部门权力过大，容易干扰直线指挥命令系统；此外，职能部门缺乏弹性，对环

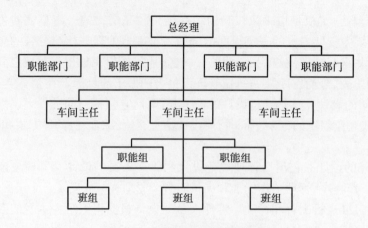

图 1.5　直线职能制组织结构图

境变化的反应迟钝。这种组织形式比较适合于复杂但相对来说较稳定的企业组织,尤其是规模较大的企业组织。

目前,我国的园林企业大多采用直线制组织结构或直线职能制组织结构。

3)事业部制(M 形组织机构)

事业部制最初由美国通用汽车公司的斯隆创立,又称"斯隆模型""联邦分权制"。它被称为组织管理的一次革命。事业部制是欧美和日本大型企业所采用的典型组织形式。

事业部制是在一个企业内对具有独立产品市场或地区市场并拥有独立利益和责任的部门实行分权化管理的一种组织结构形式。其具体做法是:按产品、地区、销售渠道或顾客在总公司下分设若干事业部或分公司,使它们成为自主经营、独立核算、自负盈亏的利润中心,总公司只保留方针政策的制订、重要人事任免等重大问题的决策权,其他权利(尤其是供、产、销和产品开发方面的权利)尽量下放。这样,总公司就成为投资决策中心,事业部是利润中心,而下属的生产单位则是成本中心(见图 1.6)。

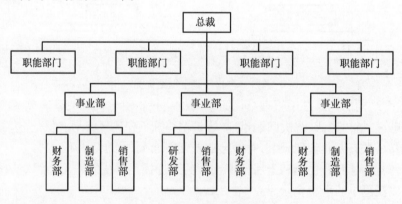

图 1.6　事业部制组织结构图

一般来说,事业部制的优点在于:第一,事业部制使最高层管理者摆脱日常的行政和管理事务,更多地考虑整个企业集团的战略问题,能集中力量制订公司总目标、总方针、总计划及各项政策;第二,有利于每个事业部集中资源在特定范围(如某一产品、某一区域等)内生产经营,对环境变化作出迅速和正确的反应,充分发挥主观能动性,自主管理其日常的生产经营活动;第三,各事业部能相对自立,可独立地开展生产经营活动,从而有利于培养综合型高级经理人才。

但各事业部都设立职能管理机构,容易造成职能重复,管理费用上升。各事业部拥有各自独立的经济利益,容易产生不良竞争,由此可能引发不必要的内耗,使总公司协调的任务加重。事业部制组织结构有利于公司的扩张,但相对不利于整体力量的调配使用,因此不适宜在动荡、不景气的环境下使用。事业部制比较适合规模大、产品多、市场分散的大型企业、跨国公司、多元化经营企业。

4)矩阵制

矩阵制是把业务资源和职能资源结合起来,将按职能划分的垂直领导系统和按产品(项目)划分的横向领导系统有机结合在一起的组织结构(见图1.7)。

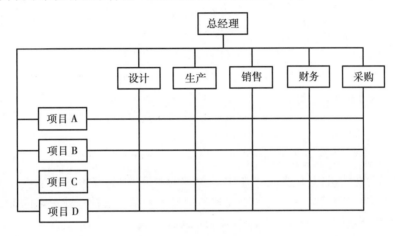

图1.7 矩阵制组织结构图

矩阵制组织形式是在直线职能制垂直形态组织系统的基础上,再增加一种横向的领导系统。矩阵制组织是为了改进直线职能制横向联系差、缺乏弹性的缺点而形成的一种组织形式。它的特点表现在围绕某项专门任务成立跨职能部门的专门机构。例如,组成一个专门的产品(项目)小组从事新产品的开发工作,在研究、设计、试验、制造各个不同阶段,由有关部门派人参加,力图做到条块结合,以协调有关部门的活动,保证任务的完成。这种组织结构形式是固定的,人员却是变动的,项目小组和负责人也是临时组织和委任的,任务完成后就解散,有关人员回原单位工作。因此,这种组织结构非常适用于横向协作和攻关项目。

矩阵制形式加强了横向联系,克服了职能部门相互脱节、各自为政的现象,专业人员和专用设备能得到充分利用。它具有较大的弹性,可随项目的开发与结束进行组织或解散,人力、物力有较高的利用率。各种专业人员同在一个组织共同工作一段时间,完成同一任务,为了一个目标互相帮助、相互激发,思路开阔,相得益彰,加强了不同部门之间的配合和信息交流。矩阵制形式的缺点是:参加项目的人员都来自不同部门,隶属关系仍在原单位,故项目负责人对他们管理困难,没有足够的激励手段与惩治手段,这种人员上的双重管理是矩阵结构的先天缺陷;同时,由于项目组成人员来自各个职能部门,当任务完成以后,仍要回原单位,因此,容易产生临时观念,对工作有一定的负面影响。

5)集团控股型

集团控股型组织是在非相关领域开展多种经营的企业常用的一种组织结构形式。它以企业间资本参与关系为基础,即一个大公司通过对另一个企业持有股权,形成以母公司为核心的,各子公司、关联公司、协作企业为紧密层、半紧密层、松散层的企业集团。

集团公司或母公司与它所持股公司的企业单位之间不是上下级之间的行政管理关系,而是出资人对被持股企业的产权管理关系。母公司作为大股东,对持股单位进行产权管理控制的主要手段是:母公司凭借所掌握的股权向子公司派遣产权代表和董事、监事,通过这些人员在子公司股东会、董事会、监事会发挥积极作用而影响子公司的经营决策。

6)虚拟型

图1.8　虚拟型组织结构图

虚拟组织作为一种企业组织创新形式,在网络经济条件下日益显示出其巨大的优势和生命力。虚拟组织利用现代信息技术手段,以契约关系的建立和维持为基础,依靠外部机构进行制造、销售或其他重要业务经营活动的组织结构形式。它可以是公司产品价值链的虚拟企业,由供应商、经营企业、代理商、顾客,甚至竞争对手共同组建,也可以是公司职能部门的虚拟化,也就是公司通过生产外包、销售外包、研发外包、策略联盟等方式与其他企业形成业务关系(见图1.8)。

虚拟经营在组织上突破有形的界限,虽有生产、营销、设计、财务等功能,但企业体内却没有完整的执行这些功能的组织,仅保留企业中最关键的功能,而将其他的功能虚拟化——通过各种方式借助外力进行整合弥补,其目的是在竞争中最大效率地发挥企业有限的资源。组建的虚拟企业,对所有联合企业的产品和服务,要从市场需求出发,在核心企业或产品总体计划下组织生产、服务,通过统一的网络渠道并以卓有商誉的品牌销售,最后按各自产品(服务)的价值构成或份额分享利润。这些联合的成员可以是一个小企业,也可以是大企业的一个车间,它们可在不同的地区和国家。它们分别控制某项核心技术或某种产品,其产品设计、生产工艺、质量保证等在同行业中处于领先地位。它与核心厂不是传统的母子公司关系,而是以最终产品为纽带的合同和信誉关系,体现为企业间的一种契约关系、利益关系,虚拟企业不是法律意义上的完整的经济实体,不具备独立的法人资格。

在这种组织结构中,企业职能的大部分都从组织外"购买",这给管理当局提供了高度的灵活性,并使组织集中精力做其员工擅长的事。虚拟组织的建立要以企业核心竞争力为基础。一家企业越具有内在的核心竞争力,就越容易被核心企业看中而被吸纳到某一供应链上,就越容易确立自己在整个供应链上不可替代的地位,也越能为企业带来价值增值,越能增强企业的核心竞争力。

虚拟经营实行"大幅度、少层次"的扁平式管理,抛开传统的"大而全""小而全"的犹如巨龙般的架构,使其能以最快的速度回应市场的需求,保持高度的灵活性。通过虚拟生产模式避免企业间重复建设,实现资源共享,减少投资,降低风险。使各个组织间实现优势互补,保留竞争优势的职能,适应于现今追求企业弹性化的经营管理潮流。

【案例及分析】

案例

某实业有限公司是一个开发区重点保护企业,国家园林古建筑工程三级资质企业。

该公司始创于1992年,公司具有园林规划设计、工程总承包(古建筑工程、土建工程、园林

绿化工程)、工程建设监理、工程技术咨询服务项目以及货物储存;日用百货、工艺品的批发、零售经营权。公司现已成为以规划设计、建设施工为主体的综合性企业。

公司下设建筑工程部、园林设计部、苗圃基地等。

建筑工程部是公司最主要的组成部分,专业技术力量雄厚、经验丰富,以园林古建筑工程施工、绿化施工及监理为主。工程部的工程技术人员都具有较强的专业技术水平和多年从事建筑工作的经验,公司在历年的发展中组织培训了一大批园艺、雕刻、彩绘、光漆等方面的人才,技术力量、施工能力、施工质量都有了高速发展,具备承建各类园林古建筑、土建工程、园林绿化、大型喷灌、喷泉工程及古建筑修缮的能力。园林设计部拥有一批园林设计、古建筑、工民建、给排水等相关专业的高素质设计人才,他们精通历史文化,建筑风格富有想象,主要负责园林的绿化和养护。

目前,公司拥有 4 亩多的切花基地、18 亩的花卉盆景基地(花博园内)、100 多亩苗木地,驻海南省分公司拥有 200 多亩的棕榈园、造型树林等绿化苗木基地。公司引用世界先进技术和花木种苗,开创独厚的华南带生产基地,主要生产各种兰花、应季时花、观叶阴生植物,以及大量的园林绿化苗木。

建筑工程部和本部基地均由公司负责人直接负责。

公司负责人事必躬亲,信息传递不畅,有些很重要的事情,员工认识不到,但又不告诉负责人,员工抱怨个人能力得不到发挥,不能实现自我价值,负责人抱怨员工素质不高。

经诊断分析发现,公司存在以下问题:

①公司组织结构不合理,一个部门管理几个不相关公司的事情,员工不知道自己的具体职责。

②公司组织结构不合理,导致公司不能建立有效的绩效考评体系,对员工的奖惩不是按公司的制度有效执行,而是凭负责人对员工的印象,员工考评随意性较大。

③组织结构不健全、不合理,导致公司没有一套绩效考评指标,对员工的考评不能得到有效实施。

分析讨论

请从组织结构入手提出解决方案。

【复习思考题】

1.关键概念解释

(1)组织结构　(2)现代企业制度

2.思考题

(1)如何对企业设立进行可行性分析?

(2)谈谈企业设立的基本程序。

(3)有限责任公司的设立条件有哪些? 如何设立?

(4)简述企业变更的程序与形式。

(5)企业终止的原因有哪些?

【实训步骤】

（1）根据教师提供的企业规格、经营业务种类和主营数据，确定组织机构类型。

（2）完成企业组织机构框架书面设计。

项目 2 园林企业经营决策和经营计划制订

任务 1 初步学会企业经营项目决策

企业经营决策方法

[目标]

学会量本利分析、决策树、冒险法、保守法及后悔值法等定向定量决策方法。

1.经营决策概述

所谓决策,就是指为了实现一定的目标,提出解决问题和实现目标的各种可行方案,依据评定准则和标准,在多种备选方案中,选择一个方案进行分析、判断并实施的管理过程,即决策就是针对问题和目标,分析问题、解决问题。决策具有普遍性,几乎管理者做的每一件事情都包含决策。当然,并不是每一个决策都是冗长的、复杂的,因许多决策都已程序化了,故处理得相当快,几乎感觉不到它是个决策。

经营决策包含以下内容:

(1)决策针对明确的目标 决策的目的是要解决存在的问题。决策就是为了通过解决某个问题而达到某个目标,要解决的问题必须是十分明确的,要达到的目标必须有一定的标准,并可以定量或比较。无目标的决策是盲目的决策。

(2)决策有多个可行方案 决策必须在两个以上的备选方案中进行选择。如果只有一个方案,那就不用选择,也就不存在决策。这些方案应该是平行的或互补的,能解决设想的问题或预定的目标,并且可加以定量或定性的分析。例如,1986 年 9 月下旬,肯德基公司开始考虑如何打入人口最多的中国市场时,为了决定先从哪个城市进入容易取胜,肯德基公司经过大量的调研,初步选定了上海、北京、广州三大城市作为备选方案。考虑到北京的现代化宾馆、大量流动人口和在全国的形象,肯德基决定暂时把北京作为一个起点。

(3)决策是对方案的分析、判断　决策面临若干个可行方案,每个方案都具有独特的优点,也隐含着缺陷,有的方案还带有很大的风险。决策的过程就是对每个可行方案进行分析、评判,从中选出较好的方案并实施。管理者必须掌握充分的信息,进行逻辑分析,才能在多个备选方案中选择一个较为理想的合理方案。

(4)决策是一个整体性过程　决定采用哪个方案的决策过程,不是一个短暂的时段,而是一个连续统一的整体性过程。从初期搜集信息到分析、判断,再到实施、反馈,没有这个完整的过程,就很难有合理的决策。实际上,经过执行活动的反馈又进入了下一轮的决策。决策是一个循环过程,贯穿于整个管理活动的始终。在整个决策过程中,应随时重视决策的有效性,随时纠正偏差,以保证决策的质量。

2. 经营决策的内容

经营决策的内容非常广泛,主要包括:

1)产品决策

产品决策是企业为满足市场需要和达到自己的经营目标,在产品问题上所作的各种决策的总称。它包括产品方向决策、产品开发决策、产品组合决策、产品的商标及包装决策等。

2)销售决策

销售决策是企业为开发、扩大、占领市场,达到销售目标所作的各种决策。它包括产品定价决策、销售渠道决策和促销决策等。

3)财务、成本决策

财务、成本决策就是通过对企业各项生产经营活动的财务审核和经济评价,比较这些生产经营活动的费用支出与经济效益,从而判断其经济合理程度。它包括筹资决策、投资决策、目标成本及目标利润决策等。

4)组织与人事决策

组织与人事决策是企业为了完善经营机制,适应外部环境的变化,对在组织与人事方面的改革、调整方案等所作出的选择。

组织决策包括:生产组织、劳动组织、管理组织的选择,管理层次和管理机构的设计,领导体制、经济责任制形式的确定,等等。组织决策不仅直接关系劳动生产率以及管理工作效率的提高,而且还关系企业整个生产经营活动的有效运行。

人事决策包括:人员的选拔与聘用,智力开发,考核标准与考核制度的确定,工资形式与奖金制度的选择,等等。成事在人,人事决策对起用能人、振兴企业有着十分重要的作用。

3. 经营决策的程序

一般来说,经营决策程序应包括以下内容:

1)问题和目标

决策的第一步是发现问题,分清这些问题的主次,是战略决策还是一般的业务决策,由哪些决策者承担任务等。必须马上了解该问题的关键在哪里,何时解决,以及解决这一问题的利弊如何。在确定问题的同时确定目标。

根据决策目标在决策中的地位和重要程度,一般将其分为3类:必须达到的目标、希望完成的目标和不予重视的目标。必须完成的目标对组织和决策来讲是重要的,完成它就意味着决策取得了成功;希望完成的目标对组织和决策来讲是相对重要的,能够全部完成更好,部分完成也算决策的收获,因此,它是一种弹性的要求;不予重视的目标,是对组织和决策重要性不大的目标,在决策方案中无须专门考虑。

2)搜集信息

确定了问题和目标后,必须着手调查研究,搜集信息,并加以整理和分析。根据既定的目标,积极地搜集和整理情报,建立数据库,进行比较,找出差距,发现问题。信息是决策的基础,是有效决策的保证。对于组织内、外部的相关信息,都应加以搜集、整理,尤其对于一些核心关键信息,应着重注意。

3)确定决策标准

确定决策标准,即运用一套合适的标准分析和评价每一个方案。按照确定的目标和问题,把目标分解为若干层次的价值指标,同时指明实现这些指标的约束条件,这些指标实现的程度就是衡量达到决策目标的程度。在决策时,可按照确定的评判方法和指标,给每一个可行方案进行打分评比,并按每一方案的得分高低进行排列,这样会为决策工作的顺利进行奠定基础。

4)拟订方案

拟订方案主要是寻找达到目标的有效途径,因此必须制订多种可供选择的方案,反复比较。每个方案必须有原则性的差异。有关企业发展的战略性重大决策,必须通过各种相互冲突的意见争辩、各种不同可行方案的评判,才能作出满意的决策。无论采用何种方法拟订可行方案,应同时给出这些方案实施后可能产生的结果,包括有利的和有害的结果及这些结果出现的概率,指出其中发展演变的趋势及利弊比较。

5)评价备选方案

决策者必须认真地对待每一方案,仔细地分析评价。根据决策所需的时间和其他限制性条件,层层筛选。可进行重要性程度的评分加权,也可对其中某些关键处的缺点加以修改、补充,更可对一些各有利弊的备选方案优势互补、融会贯通,取其精华,去其不足,使最终的结果更加优化。在这一阶段中依靠可行性分析和各种决策技术,如决策树、统计决策等,尽量科学地显示各种方案的利弊,并加以相互比较。

6)确定和实施方案

确定方案时,在各种可供选择的方案中权衡利弊,然后选取其一,或综合成一,是决策者的重要工作。有时会在方案全面实施之前,进行局部试行,验证在真实条件下是否真正可行。若不可行,为避免更大损失,则需再次考察上述各个活动步骤,修正或重新拟订方案。当方案确定后,就要实施。实施方案是最重要的阶段。实施阶段花费的时间和成本远大于前几个阶段的总和。

方案实施前,需要做好各种必要的准备工作,如果是重大决策,应制订出具体责任决策者对落实部门、人员的监督实施措施。相应的决策者应负起监督实施的责任,掌握新方案的实施情况,尤其在关键阶段、关键时间,要加强控制与监督,以保证组织内实施决策方案的及时性和可操作性。

7)评价决策效果

方案的评价必须是全方位的,在方案实施过程中要不断进行追踪。若在新方案运行过程中发现重大差异,在反馈、上报的同时,决策者应查明原因、具体分析,根据具体情况区别对待;若是执行有误,应采取措施加以调整,以保证决策的效果;若方案本身有误,应会同有关部门和人员修改方案;若方案有根本性错误或运行环境发生不可预计的变化,使得执行方案产生不良后果,则应立即停止方案的执行,待重新分析、评价方案及环境后,再考虑执行。

8) 反　馈

反馈也是决策过程中的一个重要环节。通过反馈可对原方案不停地再审查和再改进。当原有决策实施活动出乎意料或者环境突然发生重大变化时,需要将方案推倒重来。实施了一个时段后,需要对方案运行及预测的结果作个评价,评价可由个人或专家组负责,目的是审核方案是否达到了预定目标或解决了问题,随时指出偏差的程度并查明原因。值得注意的是,评价和反馈应体现在每一阶段的工作上,而不仅仅是在方案的实施阶段,特别是重大的决策,必须时刻注意信息的反馈和工作的评价,以便迅速解决突发问题,避免造成重大损失。

4. 定性决策方法

1) 德尔菲法

德尔菲法是由美国兰德公司首创并用于预测和决策的方法。该法以匿名方式通过几轮函询征求专家的意见,组织预测小组对每一轮意见进行汇总整理后作为参考再发给各专家,供他们分析判断,以提出新的论证。几轮反复后,专家意见渐趋一致,最后供决策者进行决策。基本程序如下:

(1) 确定预测决策题目　预测决策题目即所要解决的问题,题目要具体明确。

(2) 选择专家　选择专家是德尔菲法的重要环节,因为预测或决策结果的可靠性取决于所选专家对主题了解的深度和广度。选择专家须解决好以下 4 个问题:

①什么是专家。德尔菲法所选专家是指在预测主题领域从事预测决策工作 10 年以上的技术人员或管理者。

②怎样选专家。要视预测或决策任务而定。如果预测或决策主题较多地涉及组织内部情况或组织机密,则最好从内部选取专家。如果预测或决策主题仅关系某一具体技术的发展,则最好从组织外部挑选甚至从国外挑选。

③选择什么样的专家。所选专家不仅要精通技术,有一定的名望和代表性,而且还应具备一定的边缘科学知识。

④专家人数是多少。专家人数要视所预测或决策问题的复杂性而定。人数太少会限制学科的代表性和权威性;人数太多则难以组织。一般为 10 ~ 15 人,对重大问题的预测或决策,专家人数可相应增加。

(3) 制订调查表　制订调查表即把预测或决策问题项目有次序地排列成表格形式,调查表项目应少而精。调查表的前言部分可对德尔菲法进行介绍,以防某些专家对德尔菲法不够了解。

(4) 预测或决策过程　德尔菲法预测或决策一般要分 4 轮进行:第 1 轮把调查表发给各专家,调查表只提出预测或决策主题,让各专家提出应预测或决策的事件;第 2 轮由决策者把第 1 轮调查表进行综合整理,归并同类事件,排除次要事件,做出第 2 轮调查表再返给各专家,由各专家对第 2 轮调查表所列事件作出评价,阐明自己的意见;第 3 轮对第 2 轮的结果进行统计整理后再次反馈给每个专家,以便其重新考虑自己的意见并充分陈述理由,尤其是要求持异端意见的专家充分阐述理由,因为他们的依据经常是其他专家所忽略的或未曾研究的一些问题,而这些依据又会对其他成员的重新判断产生影响;第4轮是在第3轮的基础上,让专家们再次进行预测,最后由决策者在统计分析的基础上做出结论。

国内外许多大型企业集团都对德尔菲法感兴趣,视之为一种行之有效的决策方法,尤其在新技术发展和新产品开发的决策上,这种方法卓有成效。但这种方法一般不适合于日常决策,因为它耗时多,占用较多精力。

2) 名义群体法

名义群体这一决策法是指在决策制订过程中限制群体讨论,故称为名义群体法。如同参加传统委员会会议一样,群体成员必须出席,但需要独立思考。具体步骤如下:

①成员集合成一个群体,在安静的环境中,群体成员之间互相传递书面反馈意见,在一张简单的图表上,用简洁的语言记下每一种想法并进行书面讨论,但在进行任何讨论之前,每个成员独立地写下他对问题的看法。

②经过自己独立思考后,每个成员将自己的想法提交给群体,然后一个接一个地向大家说明自己的观点。

③小组成员对各种想法进行投票,用数学方法,通过等级排列和次序得出决策。

在现实生活中,集体决策因言语交流抑制了个体的创造力,而名义群体成员思路的流畅性和独创性更高一筹,名义群体可以产生更多的想法和建议。该方法耗时较少,成本较低。

3) 头脑风暴法

头脑风暴法是比较常用的集体决策方法,便于发表创造性意见,因此主要用于收集新设想。通常是将对解决某一问题有兴趣的人集合在一起,在完全不受约束的条件下,敞开思路,畅所欲言。头脑风暴法的创始人英国心理学家奥斯本为该决策方法的实施提出了以下4项原则:

①对别人的建议不作任何评价,将相互讨论限制在最低限度内。

②建议越多越好,在这个阶段,参与者不要考虑自己建议的质量,想到什么就应该说出来。

③鼓励每个人独立思考,广开思路,想法越新颖、奇异越好。

④可以补充和完善已有的建议,以使它更具说服力。

在典型的头脑风暴会议中,一些人围桌而坐。集体领导者以一种明确的方式向所有参与者阐明问题;然后成员在一定的时间内"自由"提出尽可能多的方案,不允许任何批评,并且所有的方案都当场记录下来,留待稍后再讨论和分析。头脑风暴法仅是一个产生思想的过程,后面的电子会议法则进一步提供了取得期望决策的途径。

4) 电子会议法

最新的集体决策方法是将名义群体法与尖端的计算机技术相结合的电子会议。会议所需的技术即一系列的计算机终端,将问题在屏幕上显示给决策参与者,他们把自己的答案打在计算机屏幕上。个人评论和票数统计都投影在会议室的屏幕上。这种方法的主要优点是快速、有效。

5. 定量决策方法

定量决策方法是利用数学模型进行优选决策方案的决策方法。根据数学模型涉及的决策问题的性质不同,定量决策方法分为确定型决策、风险型决策和非确定型决策。

1)确定型决策方法

在比较和选择活动方案时,如果未来情况只有一种并为管理者所知,则须采用确定型决策方法。常用的确定型决策方法有线性规划和量本利分析法等。本书主要介绍量本利分析法。

量本利分析法又称盈亏平衡分析法,是通过考察产量(或销量)、成本和利润的关系以及盈亏变化的规律来为决策提供依据的方法。其基本原理是依据边际分析理论,把企业生产总成本分为不随产量变化而变化的固定成本和同产量同步增长的变动成本,只要产品的单位售价大于单位变动成本,就存在边际贡献,其数值为单位售价与单位变动成本的差额。当总的边际贡献与固定成本相等时,恰好盈亏平衡,然后每增加一个单位产品,就会增加一个边际贡献的利润。

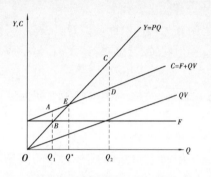

图2.1　盈亏平衡点分析示意图

(1)量本利的图示分析法　如图2.1所示,纵坐标总收入(Y)、总成本(C)、固定成本(F)及可变总成本(QV),横坐标表示产量或销量,用 Q 表示(该模型假定产销量一致)。总收入 Y 是单位销售价格 P 与产量 Q 的乘积;总成本 C 等于固定成本 F 加上可变成本 QV。总收入曲线 Y 与总成本曲线 C 的交点 E 对应的产量 Q^* 就是总收入等于总成本(即盈亏平衡)时的产量,称点 E 为盈亏平衡点。在点 E 的左边,$Q < Q^*$,总成本曲线 C 位于总收益曲线 Y 之上,即亏损区域,其中 C 与 Y 之间的

纵坐标距离就是相应产量下的亏损额,如 Q_1 处的亏损额为 AB。在点 E 的右边,$Q > Q^*$,总收益曲线 Y 位于总成本曲线 C 之上,即盈利区域,Y 与 C 之间的垂直距离就是相应产量下的盈利额。如 Q_2 对应的盈利额为 CD。用盈亏平衡点法进行产量决策时应以 Q^* 为最低点,因为低于该产量就会产生亏损。对新方案的选择是如此,那么当现有的生产能力在 $Q < Q^*$ 时是否就一定要停产呢? 由图2.1可知,停产时的亏损额为 F,即固定成本支出,而在 (O, Q^*) 区间内的任一点的亏损额$(C - Y)$都低于 F,即存在边际贡献大于0。因此,企业生产能力形成后,即使受市场销量的约束使产量进入亏损区也不应作出立即停产决策,即"两害相权取其轻"。

(2)量本利的计算分析法　如图2.1所示的盈亏平衡点基本原理也可用公式来表示。因在 Q^* 点有 $Y = C$,即

$$PQ^* = F + Q^*V$$

故盈亏平衡点产量

$$Q = F/(P - V) \qquad\qquad (2.1)$$

式(2.1)中有4个变量,给定任何3个便可求出另外一个变量的值。

该模型可用于盈亏平衡点的产量、成本决策,若再增加一个利润变量,便扩展为任意产量决策的模型。设利润为 π,根据定义有

$$\pi = PQ - (F + V \cdot Q)$$

$$Q = (F + \pi)/(P - V) \qquad\qquad (2.2)$$

式(2.2)中共有5个变量,给定任意4个便可求出另外一个变量的值。

[例2.1]　某公司生产某产品的固定成本为50万元,单位可变成本为10元,求:

①若产品单位售价为15元,其盈亏平衡点的产量为多少?

②若本年度产品订单为5万件,问单位可变成本降至什么水平才不至于亏损?

③若单价和单位可变成本不变,本年预计销量为6万件,问利润额(亏损额)是多少?

④若单价和单位可变成本不变,企业目标利润为30万元,问企业应完成多少销量?

[解]　①盈亏平衡点产量为

$$Q^* = F/(P-V) = 500\,000\,元 \div (15-10)\,元/件 = 10\,万件$$

②据题意有

$$500\,000\,元/(15\,元/件 - V) = 50\,000\,件$$

解之得单位可变成本

$$V = 5\,元/件$$

③据题意有

$$(500\,000\,元 + \pi)/(15\,元/件 - 10\,元/件) = 60\,000\,件$$

解之得利润额(亏损额)

$$\pi = -20\,万元$$

④企业应完成的销量为

$$Q = (500\,000 + 300\,000)\,元 \div (15-10)\,元/件 = 16\,万件$$

(3)盈亏平衡点法的其他应用　盈亏平衡点法除了用式(2.1)、式(2.2)进行所含变量的决策外,还可用于判断企业的经营安全状态及帮助选择产品生产方案。

经营安全率是反映企业经营安全状况的一个指标,用公式表示为

$$S = (Q - Q^*)/Q$$

式中,S为经营安全率,S值越大,说明企业对市场的适应能力越强,企业经营状况越好;Q为现实产量;Q^*为盈亏平衡点产量。企业经营安全状态可由表2.1来判断。

表2.1　经营安全率和经营安全状况表

经营安全率 S/%	>30	25~30	15~25	10~15	<10
经营安全状况	安全	较安全	不太好	要警惕	危险

经营安全率可作为反映企业经营状况的综合性指标。由定义可知,增加现实产量Q或降低盈亏平衡点的产量Q^*都可提高经营安全率S。

(4)使用盈亏平衡点法作决策时应注意的问题　首先,应考虑产量适用区间。按上述假定,成本中的固定成本与产量无关,显然,该假定只能在一定的产量区间内有效,当产量超过了现有生产能力并导致规模扩张时,原来的固定成本假定不再成立。其次,是总收益与可变成本及产量之间的线性关系假设。只有在线性假设下,各变量之间有上述式(2.1)和式(2.2)关系。当出现产量的非线性收益或成本时(如因市场约束和价格折扣而产生的价格随销量的增加而下降,因扩大规模产生的单位可变成本随产量增加而下降等),仍可由"总收益 = 总成本"求解盈亏平衡点产量,也可由"利润 = 总收益 - 总成本"求解利润量或目标利润下的产量,但不能直接套用上述式(2.1)和式(2.2)。

2)风险型决策方法

在比较和选择活动方案时,如果未来的情况不只一种,而是很多种,管理者不知道到底哪种

情况会发生,但知道每种情况发生的概率,则须采用风险型决策方法。常用的风险型决策方法是决策树分析法。

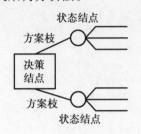

图2.2　没有概率的决策树图

决策树是由决策结点、方案枝、状态结点和概率枝4个要素组成的树形图。它以决策结点为出发点,引出若干方案枝;每个方案的末端是一个状态结点,状态结点后引出若干概率枝,每一概率枝代表一种状态。这样自左而右层层展开便得到形如树状的决策树,如图2.2所示。

风险型决策的标准是期望值。期望值实质上是各种状态下加权性质的平均值。当决策指标为收益时,应选取期望值最大的方案;当决策指标为成本时,应选取期望值最小的方案。

一个方案的期望值是该方案在各种可能状态下的损益值与其对应的概率的乘积之和。

[例2.2]　某企业生产一种新产品,有3种方案可选择,产品可销售6年,资料见表2.2。现以决策树法进行方案选择。

表2.2　新产品生产方案　　　　单位:万元

方　案	高需求(0.3)	中需求(0.5)	低需求(0.2)	投　资
新　建	20	8	−6	16
扩　建	16	10	0	10
改　造	12	6	2	4

[解]　决策步骤如下:

①绘制树形图。根据表2.2中的数据,画出决策树(见图2.3)。将各状态的概率及损益值标于概率枝上。

②计算各方案的损益期望值,并将其标于该方案对应的状态结点上,即

各状态结点的期望值 = $\sum$(损益值×概率值)×经营年限 − 投资

故

新建方案的损益期望值 = [0.3×20万元 + 0.5×8万元 + 0.2×(−6)万元]×6 − 16万元 = 36.8万元

扩建方案的损益期望值 = [0.3×16万元 + 0.5×10万元 + 0.2×0]×6 − 10万元 = 48.8万元

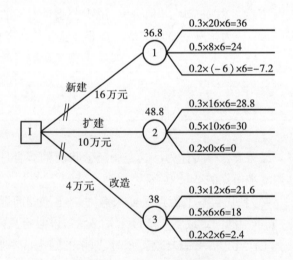

图2.3　有概率的决策树图

改造方案的损益期望值 = [0.3×12万元 + 0.5×6万元 + 0.2×2万元]×6 − 4万元 = 38万元。

③比较各方案期望值,将期望值小的(即劣等方案)剪掉,用∥标于方案枝上。经比较各方案的损益期望值,应选择扩建方案。

3)非确定型决策方法

在风险型决策中,概率是计算期望值的必要条件,因而也是按期望值标准进行方案选择的必要条件。但在现实经济活动中往往很难知道某种状态发生的客观概率,故也无法根据期望值标准进行方案选择。这时,如何进行方案选择,主要依赖于决策者对待风险的态度。

[例2.3] 某企业拟开发一种新产品,经预测未来市场可能出现需求高、中、低3种情况,而其出现的概率无法测算。该企业提出3种方案,在不同自然状态下的损益值见表2.3。

表2.3   各方案损益值资料   单位:万元

方 案	损益值		
	高需求	中需求	低需求
新 建	60	20	−25
扩 建	40	25	0
改 建	20	15	10

(1)冒险法(大中取大法) 冒险法是指愿意承担风险的决策者在方案取舍时以各方案在各种状态下的最大损益值为标准(即假定各方案最有利的状态发生),在各方案的最大损益值中取最大者对应的方案。

[解] 先从每个方案在不同自然状态下的收益值中,选取一个最大的收益值,分别是60万元、40万元和20万元,再在最大收益值中找出最大的收益值60万元,其对应的新建方案就是这种方法下的最优方案。

(2)保守法(小中取大法) 与冒险法相反,保守法的决策者在进行方案取舍时以每个方案在各种状态下的最小值为标准(即假定每个方案最不利的状态发生),再从各方案的最小值中取最大者对应的方案。例2.3中3个方案在不同自然状态下的最小收益值分别是−25万元、0万元和10万元,最小收益值中的最大值是10万元,对应的方案是改建方案。

(3)折中法 保守法和冒险法都是以各方案在不同状态下的最大或最小极端值为标准的。但多数情况下决策者既非完全的保守者,也非极端的冒险者,而是在介于两个极端的某一位置寻找决策方案,即折中法。折中法的决策步骤如下:找出各方案在所有状态中的最小值和最大值;决策者根据自己的风险偏好程度给定最大值系数 $\alpha(0 < \alpha < 1)$,最小值的系数随之被确定为 $1 - \alpha$(α 也称乐观系数,是决策者冒险或保守程度的度量);用给定的乐观系数 α 和对应的各方案最大、最小损益值计算各方案的加权平均值;取加权平均最大的损益值对应的方案为所选方案。例2.3中,假设 $\alpha = 0.7$,则

新建方案: $E = 60$ 万元 $\times 0.7 + (-25)$ 万元 $\times (1 - 0.7) = 34.5$ 万元

扩建方案: $E = 40$ 万元 $\times 0.7 + 0$ 万元 $\times (1 - 0.7) = 28$ 万元

改建方案: $E = 20$ 万元 $\times 0.7 + 10$ 万元 $\times (1 - 0.7) = 17$ 万元

对比发现,新建方案期望收益值最大,故决策方案为新建方案。

(4)后悔值法 后悔值法是用后悔值标准选择方案的方法。所谓后悔值,是指在某种状态下因选择某方案而未选取该状态下的最佳方案而少得的收益值。如在某种状态下某方案的损益值是100,而该状态下诸方案中最大损益值为150,则因选择该方案要比最佳方案少收益50,即后悔值为50。用后悔值法进行方案选择可通过计算损益值的后悔值矩阵来进行。其方法是

用各状态下的最大损益值分别减去该状态下所有方案的损益值,从而得到对应的后悔值;从各方案中选取最大后悔值;在已选出的最大后悔值中选取最小者,对应的方案即为用最小后悔值法选取的方案。例2.3的后悔值矩阵见表2.4。

表2.4　后悔值矩阵　　　　　　　　　　　　　　　　　　　单位:万元

方　案	后悔值			最大后悔值
	高需求	中需求	低需求	
新　建	0	5	35	35
扩　建	20	0	10	20
改　建	40	10	0	40

从最大后悔值中选择后悔值最小的方案。因此,扩建方案为最佳决策方案。

分析讨论

该如何决策?(提示:分别用冒险法、保守法、折中法、后悔值法进行决策,折中法中假定乐观系数为0.7)

【实训步骤】

(1)根据教师提供的园林企业某产品的成本数据,作量本利分析。

某厂准备投产一种新产品,对未来销售情况的可能前景预测如下表:

方　案	销售情况/万元		
	高需求	中需求	低需求
新　建	600	200	-160
扩　建	400	250	0
改　建	300	150	80

(2)简单决策模型应用。

任务2　园林企业经营计划制订

[目标]

企业经营计划　企业经营计划的
的结构　　　编制程序与要求

能够在教师的指导下,撰写企业年度经营计划书面文件。

1.企业经营计划的概念和作用

1)计划的含义

计划的含义有狭义和广义之分。狭义的计划,是指管理者事先对未来行动方案所作的谋划

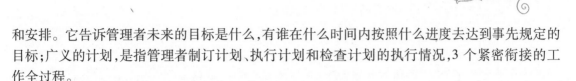

和安排。它告诉管理者未来的目标是什么,有谁在什么时间内按照什么进度去达到事先规定的目标;广义的计划,是指管理者制订计划、执行计划和检查计划的执行情况,3个紧密衔接的工作全过程。

计划工作即是决策的逻辑延续,为决策所确定目标活动的实施提供了组织实施保证,是组织内不同部门和各类成员行动的依据。因此,计划非常重要,它起着承上启下的作用。正如哈罗德·孔茨所说:"计划工作是一座桥梁,它把我们所处的这岸和我们要去的对岸连接起来,以克服这一天堑。"本章主要使用狭义计划的含义,其内容可概括为"5W1H":做什么(What)、为什么做(Why)、何时做(When)、何地做(Where)、谁去做(Who)、怎样做(How)。

实际上,一个完整的计划还应包括计划控制标准和考核指标的制订,这样实施计划的不同部门和各类人员才知道做成什么样,达到什么标准才算完成计划。

2)企业计划的作用

企业的计划管理就是通过编制和修订计划、组织力量执行计划、检查分析计划的执行情况,以及拟订改进措施,来组织、指挥、协调和控制企业的生产经营活动,目的是保证企业任务的完成,不断提高企业经济效益。因此,加强企业的计划管理,使园林企业的一切活动按计划正常地进行,对于减少失误、提高企业经济效益、实现企业的经营目标,都具有十分重要的意义。具体来说,主要表现在以下4个方面:

①计划工作为企业经营管理提供了明确的目标。任何行动,如果没有目标,就是盲目的。盲目的行动不可能达到理想的效果。计划工作以计划的形式为企业经营管理活动提供了明确的目标。这一目标既是企业其他管理活动的依据,也是领导者、管理者衡量经营管理效果的标准。企业的组织设计必须以实现企业的目标为基本准则。领导和管理者要以计划目标为依据进行指挥和控制,出现问题也是对照计划目标进行检查和调整。企业安排生产经营任务,实际是对目标的分解和落实。可以说,企业的一切经营管理活动都是围绕着企业目标的实现而展开的。

②加强计划管理可减少风险损失。在复杂的经济活动中,各种经济因素的变化十分活跃。处于这种环境中的园林企业,它的经营状况将受到瞬息万变的经济因素的影响,因而会遇到各种风险,如价格波动、供求失衡、金融市场的变化等。加强计划管理,可通过事先科学预测和企业内、外部条件的全面分析,制订出具有科学依据和可行性的行动方案,从而避免大的经营风险。同时,计划在执行的过程中,还可通过经常检查和调整,进一步遏制不良后果的发生。对复杂多变的环境,企业通常要制订几套计划,以适应不同的环境变化。这就客观上要求有一个系统的、周密的计划,对企业的生产经营活动各方面、各环节及其相互关系作出合理的安排,使产品满足市场需求,使人力、物力、财力得到充分利用,以实现预定的经营目标。

③加强计划工作可充分利用资源,提高经济效益。提高经济效益是企业管理工作的根本出发点。计划工作通过各种资源在数量上的综合平衡和空间、时间上的合理安排,使各种资源得到充分利用,减少了浪费,降低了流通成本,提高了企业的经济效益,特别是资金的有效利用,对企业的正常经营和提高经济效益至关重要。一份周密的计划可通过资金需求与现金流量之间的衔接,保证资金需要,也减少了资金浪费。另外,根据计划规定各部门、各单位及每个人的任务,使人人目标明确,责任清楚,人力资源得到充分利用,使企业经济效益不断提高。

④加强计划管理可使各部门之间更好地协调配合,发挥综合效应的作用,提高企业经营管理水平。企业综合效应是企业内部各部门之间协调配合的结果。企业规模很小时,企业内部的

协调比较简单,可以没有计划。现代化大规模企业由于内部协调关系比较复杂,因此,必须通过计划作为部门间协调配合的协议,使各部门步调一致,发挥综合效应的作用,提高企业的整体效益。理论和实践证明,只要抓住计划管理这个"龙头"不放,就可事半功倍。因为企业实行了计划管理,就能达到以下效果:

a. 带动各项基础性、专业性、综合性的管理工作。

b. 理顺各项管理工作间的关系。

c. 通过计划的综合平衡能发现各项管理工作的薄弱环节并及时解决。

只有这样,企业的经营管理水平才会迅速提高。

2. 企业经营计划的结构

图 2.4　企业计划体系图

企业计划体系,从纵向看,可分为 3 个层次,即战略计划、业务计划和基层作业计划。它们之间的层次关系和工作量大小如图 2.4 所示。

战略计划居于最高层,负责确定企业的整体目标、战略和布局,起着统率全局的作用。业务计划居中,起着承上启下的作用。它是业务管理部门以战略计划为依据,按照专业分工分别编制各业务分系统的计划,如市场销售计划、研究开发计划、生产计划、人事计划、财务计划等,以便指导各业务系统合理组织和利用资源、安排工作程序和相互关系。基层作业计划居于最底层,它是各执行单位(如车间、班组)以业务计划规定的指标、程序、定额为依据,合理组织人员、设备、物资、资金,以实现各类作业过程的计划。

三层计划的特性和关系见表 2.5。

表 2.5　三层计划的特性和关系

特　性	战略计划	业务计划	基层作业计划
作用性质	战略性、统率性	业务性、承上启下	作业性、执行性
详细程度	概略	较具体、详细	非常具体和详细
时间范围（单位）	几年、中期、长期(年为单位)	一年(季或月为单位)	周、旬或月（以日、班、时为单位）
计划范围	企业全局、综合性	专业领域、分支性	执行单位、综合性
计划要素	市场、产品、经营能力、资金、目标	任务、业务能力、资源限额、资金定额、标准	工件、工序、人、设备、定额、任务单
信　息	外部的、内部的、概括的、预测性的	内部的、较精确、较可靠	内部的、高度精确、可靠
复杂程度	变化多、风险大、关系复杂、灵活性较强	变化易了解、较稳定、关系明确	变化易调整、内容具体明确、容易掌握
平衡关系	全局综合平衡	上下左右互相协调	单位内部综合平衡

3.企业经营计划的编制与执行

1)企业经营计划的编制

一套完整的计划,虽然它的类型和表现的形式多种多样,但科学地编制计划所遵循的步骤却具有普遍性。一般来说,在编制计划过程中,可遵循以下程序(见图2.5):

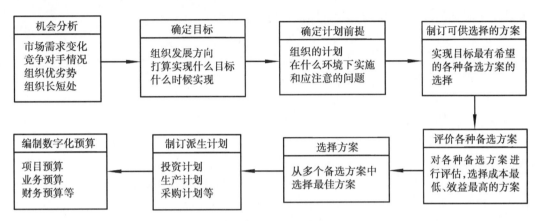

图2.5 计划工作程序

（1）机会分析 在计划编制之前,计划编制者就应该对组织的内、外环境进行分析,发现有利条件和不利因素,有利条件就是取得成功的机会。通常应考虑的内容包括组织期望的结果、存在的问题、自己的长处和短处、自己的优势和劣势、取得成功的可能性大小、把握这种机会所需要的资源和能力等。例如,一家园林公司通过市场调查与分析走访客户,发现花木租摆和室内植物环境布置具有非常广阔的市场和销售前景,该公司又有能力从事此项业务,这就是一种市场机会。机会分析就是要根据现实的情况,对可能存在的机会作出符合现实的分析与判断,为确定可行性目标提供依据。

（2）确定目标 确定目标是计划工作的首要和核心内容。当组织把握了合适的机会以后,必须为组织确定一个合理的目标,以明确组织的行动方向。但是,在确定目标的过程中,要注意解决以下5个方面的问题:

①组织目标应该体现组织的整体发展战略。组织的发展战略规定了组织的发展方向,组织所制订的总体目标必须与之相适应,以保证与组织整体战略的一致性。

②组织目标应具有可衡量性和挑战性。组织目标必须尽可能量化,要先进合理和切实可行,防止空洞化和抽象化,要具有激励作用,指标要适当,经过努力可以实现,要具有实现目标的可衡量性,要有明确的考核指标和标准,要杜绝主观随意。

③目标应主次分明且有协调性。组织目标在不同时期、不同条件下,其重点不同,也必然有主次之分。只有主次分明,才能更有效地利用组织资源,最大限度地实现组织目标。组织目标多种多样,无论是大小之间、主次之间和定量与定性之间等,常常会出现矛盾。这就要求管理者在确定组织目标时,在不同目标之间进行协调和平衡,使目标体系互相协调,按期达到组织目标。

④目标要具体明确。即组织目标要有明确的科学指标和数据,尽可能数量化,以便度量和控制与评价。在指标体系中,不仅要有绝对指标,而且还要有相对指标。计划中,组织目标体系一般包括盈利性指标、增长性指标、产品类指标、竞争性指标及财务类指标等。例如,销售收入、

利润增长率、负债率、市场占有率、产品数量、利润总额等。这些指标作为目标的细化,应反映出事物的本质并确切地反映目标。

⑤目标的内容和目标时间的确定。组织目标的具体内容决定了组织要采取的对策与行为,决定了资源的合理有序配置。因此,在确定组织目标内容时,要正确处理全局利益与局部利益、长远利益与眼前利益之间的关系,这是作为组织和个人必须坚持的两条重要原则。另外,实现目标还要确定适当的时间,即用多长时间实现组织目标。

(3)确定计划前提　所谓计划前提,就是计划的假设条件,或执行计划的预期环境,实际上也是指计划在什么样的假设条件下可以实现。确定计划前提就是要对组织未来的内外环境及所具备的条件进行分析和预测,弄清计划执行过程中可能存在的有利条件和不利条件。有利条件是一种机会,必须抓住,否则会丢失良机;不利条件是一种威胁,若不承认或不充分考虑,会给企业造成损失。例如,花木公司确定生产高档盆花时,应分析目标市场消费者对高档盆花的需求和目标消费者的消费水平、高档盆花的价格和成本、原材料的供应、市场的潜力有多大、竞争对手的情况等。这种对内外环境及所具备条件的分析与预测就像是一种"情境模拟",或一种"假设条件"的设计,"情境模拟"越贴近现实,编制计划的质量也就越高。

由于编制计划考虑的环境是如此复杂,故对每一细节都提出假设条件是不现实的,也是不经济的。因此,所要确定的计划前提,实际上只能限于那些对计划来说是关键性的和对计划贯彻执行影响最大的那些前提。为了使那些前提条件更加符合现实,一般来说,对以下几个方面进行预测是必不可少的:社会经济环境预测、技术发展情况预测、政府政策的预测、市场需求与竞争情况预测、资源预测。这些环境因素有的是完全可以控制的,有的是不能控制的,有的可能部分可控制;有的是定量的,有的是定性的;有的是内部的,有的则是外部的。

(4)制订可供选择的方案　为了实现目标,可以拟订许多不同的方案。只提供一种可行方案的情形是极其少见的。要想挖掘多种可行的方案,首先必须发挥民主、群策群力、大胆创新、开阔思路、集思广益;其次要对多种可供选择的方案进行筛选,选出最有希望的若干方案作为备选方案。在提出备选方案时,要遵循整体详尽性和互相排斥性原理。也就是说,解决问题的有用方案要详尽地提出来,不要遗漏;不同方案之间不能互相包容,应互相排斥,这样提出来的方案才具有相对独立性。

(5)评价各种备选方案　在众多备选方案中,必须对每一个方案进行评价,从中选择最满意的方案。在评价备选方案时,要注意以下4点:

①要特别注意发现每个方案的制约因素或隐患。

②在评价时,即将一个方案的预测结果和原有目标进行比较时,既要考虑许多有形的可用数量表示的因素,也要考虑许多无法或不能用数量表示的因素。

③要用总体效益观念来评价方案。

④要注意方案完成的时间和方案与组织的资源能力相匹配。

(6)选择方案　选择方案是计划工作程序中关键的一步。方案的选择是一个极为复杂的过程。首先要吸收企业的员工参与决策;其次要采用科学的评价方法,如经验法、试点法和数理法等;最后在听取各方面意见的基础上,由领导和专家集体对方案作出决策。

谁都能一眼看出第1种方法最好,这就是计划的好处。

(7)制订派生计划　派生计划是总计划下面的分计划,其作用是保证总计划的贯彻落实。如生产计划、销售计划、财务计划等。派生计划是由职能部门和下属单位制订的。派生计划是

总计划的基础,只有派生计划完成了,总计划才有保证。

(8)编制数字化预算 计划工作的最后一个环节是把计划指标转为预算。预算是数字化了的计划,是企业各种计划的综合反映。将预算数字化,就是要达到两个目的:一是计划必然涉及资源的合理配置,只有将其数字化后才能汇总和平衡各类计划,才能合理配置各类资源;二是预算可成为衡量计划是否完成的标准。例如,花木公司可根据销售预测确定每年销售各类花木的数量、销售收入及现金收入情况的销售预算,接着便可编制其他各项业务预算,如生产预算、直接材料、直接人工和制造费用预算等,同时也可编制现金流量表、预计损益表、预计资产负债表等。通过各项预算来反映计划执行后收入与支出总额、利润额、现金流动和资产、负债情况等。

一项完整的计划应包括的要素见表2.6。

表2.6 一项完整的计划应包含的要素

要 素	所要回答的问题	内 容
前提	该计划在何种情况下有效	预测、假设、实施条件
目标(任务)	做什么	最终结果、工作要求
目的	为什么要做	理由、意义、重要性
战略	如何做	途径、基本方法、主要战术
责任	谁做、做得好坏的结果	人选、奖罚措施
时间表	何时做	起止时间、进度安排
范围	涉及哪些部门或哪些地方	组织层次或地理范围
预算	需投入多少资源	费用、代价
应变措施	实际与前提不相符怎么办	最坏情况计划

2)企业经营计划的执行

企业生产技术财务计划的贯彻执行主要通过短期的各种作业计划及厂内经济核算制,经营计划则除作业计划及经济责任制外,还有它自己独特的方式。因为经营计划中不仅有指标形式的经营目标,而且还有非指标形式的经营目标(即用文字形式表示的)。例如,创名牌、开辟国外市场、以环保求生存、以节能求发展、以快取胜、以补缺门取胜等。这类计划如果不解决好贯彻执行,就很可能成为一个落空的口号。从现有的国内外经验看,贯彻执行这类计划的特殊方式是方针展开(即方针落实)和目标管理。

所谓方针展开,就是按照方针及目标的要求,对一切与执行方针有关的部门、单位,提出进一步具体的要求,使之形成一个系统,确保方针和目标的实现。例如,以快取胜方针要化为信息管理、决策、生产准备、新产品试制及生产管理等方面的具体要求。

由于各种方针内容不同,故方针展开并没有一个标准模式,各企业也不完全一样,关键是运用系统理论和系统分析方法,围绕方针及其展开构成一个相互联系、相互制约、分层次、分主次的系统。因此,方针展开就是方针落实。

企业经营计划在执行过程中还会发生变化,尤其是长期经营计划,变动是一种正常现象。因为在编制计划时,不肯定因素较多,往往存在着考虑不周的地方,加上企业外部环境变化多端,所以及时主动地调整计划是十分必要的。计划调整内容有小有大,从调整个别措施、策略、进度、项目、方针、目标,到调整整个计划,即有小调整、中调整、大调整,直至重新决策和计划。调整内容越大,工作量也越大,损失也越大,谁都不希望出现这样的大调整,但是它不取决于人们的主观愿望。

计划调整有主动与被动之分。被动调整损失大,有时甚至形成事后追认,使计划失去指导作用;主动调整不仅损失小,而且往往会获得更好的收益。因此,应主动调整,而且是有计划地调整。

主动调整计划有两种方法:一种是滚动计划法;另一种是启用备用计划法。滚动计划法就是定期调整计划,根据一定时期计划的执行情况,考虑企业内外环境条件出现的变化,修改原计划,相应地再将计划期顺延一个时期,并确定顺延期的计划内容。这是一种动态计划编制方法。

滚动计划法由于是在计划执行一段时间后修订新一周期的计划,新计划周期包括原计划周期中未执行的部分。对一个执行期的计划来说,它要经过多次修订后才进入执行阶段。因此,这种方法编制的计划总是处于动态变化之中,这一动态过程考虑了外部环境的变化,使计划更加切合实际。

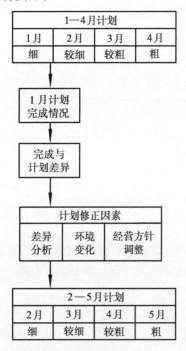

图 2.6　滚动计划法计划修订过程示意图

滚动计划法采取远粗近细、逐步逼近的方法。滚动计划法将计划期分成若干执行期(一般分成 3 ~ 5 个执行期)。制订计划时,离制订计划时间较远的执行期的环境因素难以准确测定,计划指标和行动措施只能比较粗略;离制订计划近的执行期,影响因素比较容易掌握,计划方案则考虑得比较细致。随着滚动过程的不断进行,远的执行期逐步变近,经计划的多次修订,计划方案也就逐步逼近实际了。

图 2.6 说明了用滚动计划法修订计划的过程。

但是,有些单项性经营计划,如品种发展计划、企业改造计划,以及综合性经营计划,其变动因素及对计划的冲击影响不是表现为产量、销售额或进度的变动,而是涉及项目、方针甚至目标的变动,因此,滚动计划法就不适用了。这时,可采取启用备用计划法。运用备用法的条件:一是编制计划时已留有备用计划;二是变动范围在备用计划前提条件范围内。因此,当变动因素使原计划不能再继续执行时,就可停止原计划,启用备用计划。运用好这一方法的关键是启用时机的决定,过早或过晚都可能造成更多损失。启用时机可依据先行指标显示来判断。所谓先行,即某种经济状况将要出现,某种变动将发生时的先兆。将先兆用指标表示出来就是先行指标。例如,企业改造计划的先行指标是可筹得的资金及可动用的资金数;品种计划的先行指标是销售增长率、商品库存数、利润率等。根据经验,可规定这些指标连续几期达到什么水平以上或以下,或者达到什么水平时,则启用相应的备用计划。由于备用计划是预先编制好的,因此,调整工作较为主动。

【案例及分析】

案例

"我希望我的部门中每一位经理都做出合理的决策,"公司绿化工程部王副总裁说,"我们当中的每个人,不论其职位高低,都是作为职业的合理人选被聘用的。我希望每个人不仅要知道他在干什么和为什么要干,还要在决策中做到完全正确。我知道曾有人说过,一位好的管理者只要有超过半数的决策是正确的就可以了。但我认为这是不够的,我同意可以因为偶然的错误而谅解你,尤其是当错误是由你所能控制之外的因素造成的时候。但如果是因为你的行动不合理,我就决不会原谅。"

"王总,我赞成你的意见,"他的施工部经理说,"我在决策中总是努力做得合理又合乎逻辑,但是如果你不介意的话,是否能帮我弄清什么才算是合理的行动?"

分析讨论

(1)王副总裁应该怎样阐述合理决策的含义?

(2)如果施工部经理声称没有办法做到完全合理,你建议他怎样回答?

【复习思考题】

1. 关键概念解释

(1)决策　(2)计划

2. 思考题

(1)简述决策及其内容。

(2)经营决策的程序一般包括哪些步骤?

(3)简述德尔菲法。

(4)简述头脑风暴法。

(5)简述名义群体法。

(6)风险型决策常用的方法是什么? 其步骤如何?

(7)谈谈计划的含义。

(8)计划具有怎样的作用?

(9)如何编制计划?

(10)什么是滚动计划法?

3. 实训题

调查一家园林企业并为其制订年度工作计划。

【实训步骤】

(1)各小组利用头脑风暴讨论本小组所创立的企业产品构成、年度目标销售额、财务成本、企业岗位设置及具体人员数量。

(2)利用适当的决策方法确定上述各项内容指标。

(3)制订年度企业经营计划。

(4)完成企业年度经营计划书面文件。

项目3 园林企业人力资源管理

任务1 人员招聘

[目标]

人力资源管理的目标和任务

园林企业人员招聘与录用

1.学会岗位工作分析方法,任意选取2~3个工作岗位,制作岗位分析单;
2.熟悉人员招聘过程,学会人员招聘。

1.园林企业人力资源计划的编制

人力资源计划是指为了达到企业的战略目标与战术目标,根据企业目前的人力资源状况,为了满足未来一段时间内企业的人力资源质量和数量方面的需要,决定引进、保持、提高、流出人力资源所作的预测和相关事项。

1)人力资源开发和管理的目标

所谓人力资源,是指能够推动整个经济和社会发展的劳动者的能力。它是以部门组织为单位进行划分和计量的所有与职工有关的任何资源,如职工人数、类别、素质、年龄、工作能力、知识、技术、态度和动机等。就企业而言,人力资源管理一般具有5个方面的特征:能动性、动态性、智力性、再生性及社会性。

人力资源管理的目标是围绕企业目标建立一支具有首创精神和整体观念的、一切行动听指挥(计划)的、稳定的员工队伍。它主要包括以下3个方面:

①保证组织对人力资源的需求得到最大限度的满足。

②最大限度地开发与管理组织内外的人力资源,促进组织的持续发展。

③维护与激励组织内部的人力资源,使其潜能得到最大限度的发挥,使其人力资本得到应有的提升与扩充。

2) 人力资源开发和管理的内容

企业人力资源管理分为4个层次:规章制度与业务流程(基础性工作)、基于标准化业务流程的操作(例行性工作)、人力资源战略(战略性工作)及战略人力资源管理(开拓性工作)。

基础性工作主要是指要建立起企业人力资源运作的基础设施平台。这个平台首先要包括一套完善的人力资源管理规章制度,这是人力资源部门一切管理活动的企业内部"法律依据"。但如果没有标准化的操作流程做支撑,管理的规章制度在具体操作上或多或少会存在因人而异的混乱现象。对人力资源管理者而言,如果解决不了操作层面的问题,人力资源管理就仅限于纸上谈兵。因此,建立一套有效的人力资源操作流程,是人力资源管理迈向实务的重要保障。

例行性工作是在规章制度与标准操作流程这一基础设施平台之上进行操作的。它主要包括人力资源规划、员工招聘、档案、合同、考勤、考核、激励、培训、薪资、福利、离职等管理内容,是人力资源管理中不可回避的基本事务。这也是目前我国园林企业人事管理部门的主要工作。具体工作大致包括以下4个方面:

(1)人力选用　即根据业务需要制订人力计划及需用人员应具备的资格条件,作为征募及考选人员的依据;鼓励应征及采用有效方法予以考选任用及迁调的一般原则,外求与内举的配合运用,以及任用方法与权责的说明;工时、休假、请假规则,应履行的义务和激励的规则及其实施;考绩问题的探讨、考绩的程序、奖惩规划作业;训练的规则及其实施,培育人才的方法,以及人力计划的发展。

(2)激发潜能意愿　即员工行为分析,心理卫生维护,意愿潜能的激发;沟通的原则与程序,鼓励员工参与,改善员工态度,提高士气的方法;工厂会议,团体协约,劳资争议处理的规划实施。

(3)保障生活安全　即制订薪给的原则,各种计时薪资、奖励薪资的设计,加给与津贴的规定,奖金制度的建立;劳动管理最低基准的制订,职业灾害的统计与防范,劳工安全卫生的维护;各种保险制度及福利措施的规划推行;抚恤、退休、资遣的原则、制度的制订及其施行。

(4)其他　如人事资料的建立(运用于计算机处理);人事机构与人事职员的设置,工作态度的规定等。

战略性工作要求人力资源管理者能站在企业发展战略的高度,主动分析、诊断人力资源现状,为企业决策者准确、及时提供各种有价值的信息,支持企业战略目标的形成,并为目标的实现制订具体的人力资源行动计划。人力资源战略是企业人力资源部门一切工作的指导方针。

开拓性工作则强调人力资源管理要为企业提供增值服务,为直接创造价值的部门提供达成目标的条件。人力资源管理部门的价值是通过提升员工和组织的效率来实现的,而提升员工与组织绩效的手段,就是要结合企业战略与人力资源战略,重点思考如何创建良好的企业文化、个性化的员工职业生涯规划、符合企业实际情况的薪酬体系与激励制度,并特别关注对企业人力资源的深入开发。实际上,对人才的吸引、使用、保持以及培养等工作的成败,关键不在于日常的管理工作是否到位,而在于是否营造了一个适合人才工作与发展的环境,这个环境的创造,就需要人力资源管理者在开拓性工作上花更多的时间与精力。

3) 人力资源计划的编制

制订人事计划是新的企业或企业经营状况有较大变动的企业人事管理的首要工作或基础性活动。人事计划的制订程序如图3.1所示。

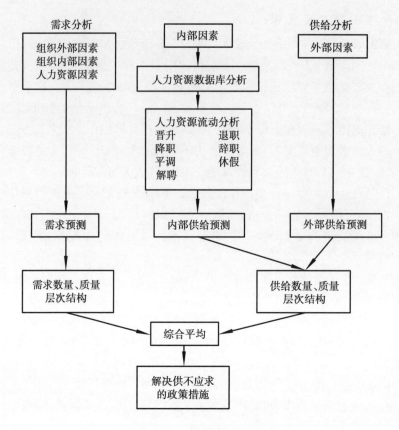

图 3.1　人力资源规划程序图

人力资源规划的步骤如下：

①调查、搜集和整理涉及企业战略决策和经营环境的各种信息。影响企业战略决策的信息有：产品结构、消费者结构、企业产品的市场占有率、生产和销售状况、技术装备的先进程度等企业自身的因素；企业外部的经营环境，社会、政治、经济、法律环境等。

②根据企业或部门实际情况确定其人力资源规划期限。了解企业现有人力资源状况，为预测工作准备精确而翔实的资料。如根据企业目标，确定补充现有岗位空缺所需人员的数量、资格、条件及时间等。

③在分析人力资源需求和供给的影响因素的基础上，采用定性和定量相结合，以定量为主的各种科学预测方法对企业未来人力资源供求进行预测。它是整个人力资源规划中最困难，同时也是最重要的工作。

④制订人力资源供求协调平衡的总计划和各项业务计划，并分别提出各种具体的调整供大于求或求大于供的政策措施。人力资源供求达到协调平衡是人力资源规划活动的落脚点和归宿，人力资源供需预测则是为这一活动服务的。

⑤人力资源规划并非是一成不变的，它是一个动态的开放系统。对其过程及结果需进行监督、评估，并重视信息的反馈，不断调整规划，使其更切合实际，更好地促进企业目标的实现。

2.园林企业人员招聘与录用

1）工作分析

一个企业要有效地进行人力资源开发与管理，一个重要的前提就是要了解每一种工作的特点以及能胜任某种工作的人员特点,这就是工作分析的主要内容,也是企业招聘与录用人员的前提。

工作分析是现代企业人力资源开发与管理的基础,换句话说,一个企业如果不进行工作分析,或不重视工作分析,那么要有效地进行人力资源开发与管理几乎是不可能的。

工作分析需要有两个前提条件:一是明确组织结构;二是明确组织目标。这两者明确以后,才能通过调查研究实施工作分析。

工作分析包括两方面的内容:一是关于工作本身,如工作的内容、责任、权限、环境等,这些信息的书面表述称为工作说明;二是有关担任某工作的人员应具备的最基本条件的信息,如任职人员的资质、能力、个性、态度、教育程度及经验等。这些信息的书面表述称为工作范围。

工作分析的具体内容包括:

(1)工作名称分析 工作名称分析的目的是使工作名称标准化,以求通过名称就能使人了解工作的性质和内容。工作名称由工种、职务、工作等级等组成,如树木养护高级工、园林设计师等。工作名称的分析包括:

①工作任务分析。明确规定工作行为,如工作的中心任务、工作内容、工作的独立性和多样化程度、完成工作的方法和步骤、使用的设备和材料等。

②工作责任分析。目的是通过对工作相对重要性的了解来配备相应权限,保证责任和权力对应。尽量用定量的方式确定责任和权力,如财务审批的权限和金额数、准假天数的权限等。

③工作关系分析。目的在于了解工作的协作关系,包括:该工作制约哪些工作,受哪些工作制约,相关工作的协作关系,在哪些工作范围内升迁或调换。

(2)劳动强度分析 目的在于确定工作的标准活动量。劳动强度可用本工作活动中劳动强度指标最高的几项操作来表示,如劳动的定额、工作折算基准、超差度、不合格率、原材料消耗及工作循环周期等。

(3)工作环境分析 工作环境分析包括物理环境、安全环境和社会环境的分析。

①工作的物理环境。工作的物理环境即湿度、温度、照明度、异味、空间等,以及人员每日和这些因素接触的时间。

②工作的安全环境。工作的安全环境包括:工作的危险性;可能发生的事故;过去事故的发生率;事故的原因以及对执行人员机体的哪些部分造成危害,危害程度如何;劳动安全卫生条件;易患的职业病,患病率及危害程度如何。

③社会环境。社会环境包括工作所在地的生活方便程度、工作环境的孤独程度、上级领导的工作作风、同事之间的关系。

(4)工作执行人员必备条件分析 旨在确认工作执行人员履行工作职责时应具备的最低资格条件,包括:

①必备知识分析。学历最低要求和专业等级要求分析。

②必备经验分析。是指各工作对执行人员为完成工作任务所必需的操作能力和实际经验的分析,包括:执行人员过去从事同类工作或相关工作的工龄及成绩;应接受的专门训练及程度;应具备的有关工艺规程、操作规程、工作完成方法等活动所要求的实际能力。

③必备操作能力分析。根据前两项提出的要求,通过典型操作来规定从事该项工作所需的决策能力、创造能力、组织能力、适应性、注意力、判断力、智力及操作熟练程度。

④必备的心理素质分析。即根据工作的特点确定工作执行人员的职业倾向,执行人员所应

具备的耐心、细心、勤奋、主动性、责任感、支配性、掩饰性及情绪稳定性等气质倾向。

2) 人员招聘

通常情况下,企业通过招聘才能满足企业对人力资源的需求。为了达到这一目标,招聘就要有明确的目的,并要确立严格的标准,也就是要根据工作分析的成果补充缺员。招聘的方法应是广开渠道,依据所需人员类型的不同采取相应的办法。一般的招聘,既可从企业内部选择和挖掘,也可从社会的范围内进行寻觅。

(1)企业对员工的一般要求　企业对员工的一般要求是:工作勤奋、态度良好、经验丰富、稳定性好、机智、责任感较强。

(2)招聘的途径和方法　企业招聘员工不难,但要招聘合适的员工却很不容易。为了保证员工队伍的素质和质量,提高职工的劳动效率,在招聘过程中要注意:

①把握招聘原则。招聘的原则大致如下:

a.公开原则:是指把招考单位,工作种类,招工数量,报考的资格、条件,考试的方法、科目和时间,均面向社会公告周知,公开进行。

b.竞争原则:是指通过考试竞争或考核鉴别来确定人员的优劣和人选的取舍。

c.平等原则:是指对所有报考者一视同仁,不得人为地制造各种不平等的限制或条件(如性别歧视),以及各种不平等的优惠政策,努力为社会上的有志之士提供平等竞争的机会,不拘一格地选拔、录用各方面的优秀人才。

d.全面原则:对报考人员从品德、知识、能力、智力、心理、过去工作的经验和业绩等方面进行全面考试、考核和考察。因为一个人能否胜任某项工作或者发展前途如何是由多方面因素决定的,特别是非智力因素对将来的作为起决定性作用。

e.择优原则。择优是招聘的根本目的和要求。只有坚持这个原则,才能广揽人才,选贤任能,为本单位引进或为各个岗位选择最合适的人员。

f.级能原则。人的能量有大小,本领有高低,工作有难易,要求有区别。招聘工作,不一定要最优秀的,而应量才录用,做到人尽其才,用其所长,职得其人,这样才能持久高效地发挥人力资源的作用。

②多途径寻找合适人选。通过多途径可帮助企业相对容易地找到合适的人选。招聘的途径大致如下:

a.企业内部。在大多数管理层,寻找候选人的第一个地方是管理层内部。采用这种方法不仅方便,而且会获得更好的职员,提高士气。

b.私人途径。即从工友、同事、朋友、亲属、邻居之中找到候选人,并了解候选人的情况。

c.临时代理。如果雇用临时工,这是一个不错的选择。通过劳务公司等中介组织,能较方便地找到比较合适的候选人。因为在正式雇用他们之前,将得到机会去试用他们。如果不喜欢,只要告诉代理处,他们会派来替换者;如果对雇用的临时工感到满意,大多数代理处允许用名义上的酬金或经过最短时间的委任来雇用他们。

d.职业社团。大多数职业都有相应的社团(协会),这有助于找到有专长的员工。

e.中介公司。如果要补充一个特殊专业化的职位,劳动或人才中介能帮助企业找到高水平的应聘者。

f.因特网。可在因特网上制作网页,网页可使企业无止境地几乎不受任何限制地发布公司的工作信息。同时,可通过浏览人才网寻找到合适的雇员。

g. 招聘广告。在报纸上刊登广告,会收到许多自荐材料,在此之中,也许有企业所设岗位的合适人选。

h. 设摊。在政府人事部门或劳动部门指定的招聘场所设摊,寻找合适人选。

③提高面试质量。世界上最优秀的面试窍门就是认真并充分地准备面试。理想的面试有以下5个步骤:

a. 热情地欢迎求职者。热情地向求职者打招呼,并且同他们随便聊聊天,以便他们轻松地进行面试。例如,聊一些关于天气的情况,然后谈谈面试官自己在工作中寻求简易方法遇到的困难以及他们是怎样了解这个职位的,等等。这些话题都是一些常见的开场白。

b. 简要概括职位。简要地描述一下职位、企业需要什么样的人以及面试过程。

c. 提问。所提问题应与求职者申请的职位相符合,并且要包括求职者的工作经验、所受教育状况和其他一些有关的话题。

d. 找出求职者的强项和弱点。尽管可以要求求职者对自己的优势和弱点进行介绍,但是这种做法似乎并不可靠。最好是要通过他们回答问题了解他们的一些情况。因此,提问,尤其是侧面提问是必要的。

e. 结束面试。给求职者机会,允许他(她)更进一步阐述自己的情况。这些对作出最后的决定是很必要的。对他们求职的兴趣表示感谢,并且告诉他们公司何时与他们取得联系。

面试提问是一个很重要的环节。通过提问及观察设法了解:该应聘人员为什么来应聘?他(她)能为我们做些什么?他(她)属于哪一类的人?本企业能让他(她)满意吗?

在面试的时候可多作些笔记,记笔记不单是为了记清楚每一个候选人的情况,它还是招聘决策人评估候选人的重要依据,面试可以进行多次。

④录用。在面试结束以后,决定录用以前,还要做3个工作:核实证件;向求职者现在或以前的上司了解情况;征求同事的意见。

在录用员工时,一定要做到任人唯贤,不要草草雇用一个人来补空缺。

3)职前人员培训

人力资源是可再生资源,是可以通过教育和培训手段加以发展的。培训可向受训者提供处理决策所需要的事实要素,可以为受训者建立一个进行思考的框架,也可向受训者传授解决问题的方法,以及向受训者灌输其决策所依据的价值观。因此,培训作为一种组织影响方式,是从内向外来影响组织成员的,也就是说培训的结果会使组织成员依靠自己作出满意决策。

职前培训是使新聘人员熟悉和适应工作环境的过程。它的目标是使新职员在进入工作岗位之前完成自身的社会化并掌握必要的工作技能。在职前培训上花费较多的时间、精力、财力和物力是值得的,它将对新职员未来的工作行为和生活态度会产生决定性的影响。职前培训要使新职员顺利地接受企业的文化观、价值观、规章制度,通过示范教育和实习操作,使新职员学会基本的工作技能,学会解决工作的有关技术问题;要使他们真正成为企业大家庭中负责任的、认真的、具有奉献精神的一员。职前培训还要解决新职员的社交问题,消除障碍,提供机会,使他们了解工作环境,与同事、上司交往的方式。

【案例及分析】

案例

一个大型组织中的首席财务执行官叫来她的两位助手李杰和杨帆来帮助招聘和挑选一位

管理员工工资的负责人。她要求两位助手筛选出 3 名候选人,然后由她进行第二轮面试。任务交给李杰和杨帆后,他们进行了以下的谈话:

李杰:上司让我们招聘和挑选管理员工工资的负责人候选人。你有什么想法吗?

杨帆:那是一个很棘手的工作。管理工资的部门要处理大量的工作。

李杰:是的,那个部门的人员更新比公司的其他部门都要快。

杨帆:人员的离开不是我们的错。一些优秀的员工就在那个部门,只是工作条件太差了。

李杰:因此……让我们为这个部门管理员工工资的负责人设计职位描述和工作规范吧。

杨帆:好!这个人要在温暖的有空调的办公室工作。

杨帆:他(她)应该具备出色的会计技能。

李杰:该候选人将必须保留所有的工资记录并且按时给员工发放工资。

杨帆:你正好提醒我管理工资的部门有多少次加班加点按时将员工的工资计算出来。记得有时工资算出来晚了些,每个人都像要发疯似的,是吧?

李杰:给我些另外的主意。

杨帆:这个人必须会使用计算机。

李杰:这个人将管理 10 个员工并向首席财务执行官汇报工作。

杨帆:管理工资的部门设在公司的总部。

李杰:这个人需要具备合理的决策技能。

杨帆:好,我认为可以了。

李杰:是的,但是我们需要决定招聘的方式。

杨帆:我认为可以使用普通的方式,在报纸上登广告。

李杰:有其他的可能性吗? 也许用猎头公司?

杨帆:可以选择猎头公司和分类广告。你认为这个职位应该使用什么最佳的挑选员工的方法。

李杰:可以进行一次面试。因为这是个主管的职位,我们分别对候选人进行面试。你问你的问题,我问我的问题。这样,我们就能做得比较全面了。然后,我们比较一下记录,再向上司汇报筛选后的候选人名单,这样她可以亲自进行下一次面试。

杨帆:我们还应该考虑什么其他的问题吗?

李杰:吃午饭吧,我饿了。

分析讨论

(1)请你根据李杰和杨帆提供的信息,写出这个职位的描述(提示:职位描述包括工作概要、工作内容、工作职责、工作关系、工作结果和工作环境等)。

(2)假如内部人选都不合适,该使用怎样的招聘方式? 为什么?

【复习思考题】

1.关键概念解释

人力资源

2．思考题

（1）人力资源管理主要包括哪些内容？

（2）人力资源规划的步骤是什么？

（3）简述工作分析的主要内容。

（4）通过哪些途径去寻找企业所需的员工？

（5）如何设立工作目标？

【实训步骤】

（1）小组讨论选取制订企业中的2～3个岗位，做出工作分析，并向全班公布结果。

（2）每人制作一份简历，采用轮换方式向其他企业（班内小组）投送简历，至少投送两家以上模拟企业。

（3）对投入本企业的简历初审，根据工作分析结果，确定面试名单。

（4）面试初选者，记录其工作潜力及弱项。

（5）讨论确定入选名单，并附理由。

（6）讨论确定职前培训的主要内容。

任务2　绩效考核与工作激励

［目标］

绩效考核　　　绩效考核的步骤

1．能够根据企业年度目标和工作分析结果，选择一个岗位制订激励目标和绩效评价标准；

2．能够实施绩效评价；

3．针对上述岗位和入选人员的特征，制订工作激励方案。

1．绩效考核

1）绩效考核的概念

绩效考核　　绩效评价中的评价
的方法　　　尺度问题处理

所谓绩效考核，就是个体或群体能力在一定环境中表现的程度和效果，以及个体或群体在实现预定的目标过程中所采取的行为及其做出的成绩和贡献。绩效考核可为任免、提升等人事决策提供依据，或者决定对工作人员付出的劳动作出合理补偿。同时，只要考核合理、奖罚分明，自然会产生激励效果。绩效考核所涉及的变量因素主要包括以下3个方面：

（1）绩效构成因素　绩效的构成因素有以下3个：

①工作效率：包括组织效率、管理效率和机构效率等。

②工作任务：包括工作数量和工作质量。

③工作效益：包括经济效益、社会效益和时间效益。

（2）工作情境因素　这是对绩效形成的环境因素进行考察。它主要包括工作任务或工作目标实现的难度以及环境因素对绩效影响的结果。

（3）绩效主体因素　群体或个体在实现工作绩效过程中的行为方式和主观努力程度。

2）绩效考核的步骤

绩效考核的目的是提高员工的劳动效率。绩效考核：第一步是设置岗位目标；第二步是监测绩效;第三步是评价绩效,帮助员工提高绩效。

(1)设置目标　目标决定发展方向和目的。有了目标,就可将员工的精力放在有助于朝着目标前进的工作上。在设置目标时,必须注意这个目标是可行的。可行的目标具有以下5个特点:

①具体。目标必须是明确的、不含糊的;具体的目标能确切地告诉员工:期望他们做什么、什么时候做以及做多少。如有具体目标,能很容易地根据员工的工作完成情况衡量他们的进度。

②可衡量。如果年度目标是不可衡量的,就永远不会知道员工是否在朝着成功的方向前进。不仅如此,当员工没有可衡量目标来指明他们的进度时,就很难刺激他们去实现目标。

③能达到。目标一定要实现,并且普通员工就能够完成。最好的目标要求员工稍做努力就能实现,并且不是极端的。也就是说,目标既不能高于也不能低于标准绩效。设定的目标太高或太低都会毫无意义,员工会很容易对它们熟视无睹。

④相关。目标是实现公司伟大远景和使命的重要工具。因此,员工的目标必须与企业的总体目标相一致。

⑤限定时间。目标必须有起点、终点和固定的时间段。约定最后期限,可使员工集中精神按时或提前完成目标。没有计划或最后期限的目标,容易被一天天拖下去,影响目标的实现。

目标的表达不能多于一句话,目标越简明扼要,越容易被员工所理解,就越有可能实现。

(2)监测绩效　监测个人绩效就像走钢丝一样,要步步小心。不能过度地监测员工,这样做只能导致繁文缛节和官样文章,会对员工的能力产生负面影响,从而影响他们的工作。但也不能做得不足,如果过少地监测员工,会出现任务不能及时完成或费用大大超过预算的情形。

监测员工绩效的主要目的,不是当员工犯了错误或错过了重要的事情时去惩罚他们,而是鼓励员工继续按计划表工作,并弄清楚他们在工作时是否需要额外的帮助和支持。

监测绩效的时点可设在起点、终点和工作进展过程中的关键点。关键点指的是:能告诉领导和员工在实现共同目标的路上还有多远的检查点。

例如,设定了一个目标,在3个月内完成公司预算。目标要求最迟在7月1日前,把部门预算草案交给部门经理。如果在7月1日部门经理还没有递交预算草案,那么工作进度落后于计划表;如果在6月15日交上所有的预算草案,那么工作进度先于计划,就可以提前达到最后目标,即完成公司预算。

对于一些较为复杂的工作,我们可用条形图等工具来确定监测点。例如,在6周内完成预算报告(见图3.2)。

如图3.2所示,时间限制处在条形的顶端,时间界限从5月15日到6月26日,每一个增额代表一个星期。在6月26日之前的每个关键点,如5月21日、6月12日、6月17日都可作为监测时点,以衡量任务的完成情况。

(3)绩效评价　评价员工的绩效有以下5个步骤:

①设定目标、期望和标准。在员工达到目标或完成期望以前,必须给他们设定目标和期望,并制订标准来衡量他们的绩效。然后,必须在评价员工以前把评价标准传达给员工。实际上,绩效审查从工作的第一天就真正开始了!从第一天开始,就要告诉员工如何评价,向他们展示所用的评价方式,并解释评价程序。

②给予连续的、明确的反馈。无论哪一天,看到员工做得对,就要在当时当地告诉他们。如

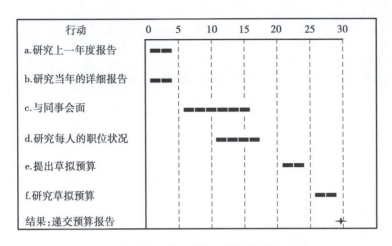

图3.2　条形图表明了制作预算报告的主要活动

果他们错了,也要告诉他们。不断、经常地进行反馈比把问题积累起来在某些场合反馈要有效得多(尤其当反馈是负面时)。

　　③准备一份正式的书面绩效评价。每个企业对正式绩效评价有着不同的要求。一些评价比较简单,仅有一张表格,只要求在表格上打"√"号,其他的评价则要求广泛的叙述事实根据。不管特定部门的要求,正式绩效评价应当是评价阶段中与员工讨论过的重大事件的总结概述。用事实来支持评价,要使评价与步骤①中设立的目标、期望和标准相关,这样才能使对员工的评价有意义。

　　在现实评价中,可让员工来填写自己的绩效评价。然后对比领导的评价与员工自己的评价,发现的不同之处将成为讨论的主体。

　　④亲自会见员工,讨论正式绩效评价。只有亲自接触员工,才能让员工理解领导要传达的信息。留出合适的时间会见员工并讨论他们的绩效评价。合适的时间不是 5 min 或 10 min,而是至少 1 h 或更久。当准备正式的绩效会议时,要一是一、二是二。会议应该是积极向上的,即使不得不讨论绩效问题,也要设法和员工一起合作来解决问题。

　　⑤设定新目标、新期望和新标准。正式的评价会议给领导和员工提供了一次机会,利用这次机会双方都可从一些不可避免的日常话题中退出,再从大局出发进行考虑。双方都有机会审查和讨论表现好的或表现不好的绩效。在这个评价基础上,就可以为下一个审查阶段设定新期望和新目标。绩效评价过程的最后一步变成了第一步,新的评价又开始了。

3)绩效考核的方法

　　绩效考核的方法大致有配对比较法、描述法和面谈。下面主要介绍配对比较法和描述法。

　　(1)配对比较法　配对比价法适合于员工人数少的部门。使用这种方法评估时,首先要确定评估的项目,然后按照评估项目(如工作绩效或工作努力程度等)将每个员工与其他员工进行比较。例如,有 5 位员工,表3.1 和表3.2 分别按他们的工作绩效和努力程度 2 个项目进行配对评价。其中,"+"号表示优于,"-"号表示劣于,"＊"号表示不能比较。表3.1 是对员工的工作绩效进行考核,员工甲与乙、丙比较,甲劣于乙和丙,而甲与丁、戊比较,甲优于丁和戊。每个员工配对比较完成后,即可得出结论:在工作绩效方面,乙最佳,获 4 个"+"号。而在工作努力程度方面,甲最佳,也获 4 个"+"号,见表3.2。

表 3.1　工作绩效配对比较

员　工	比较结果				
	甲	乙	丙	丁	戊
甲	＊	－	－	＋	＋
乙	＋	＊	＋	＋	＋
丙	＋	－	＊	－	＋
丁	－	－	＋	＊	＋
戊	－	－	－	＋	＊

表 3.2　努力程度配对比较

员　工	比较结果				
	甲	乙	丙	丁	戊
甲	＊	＋	＋	＋	＋
乙	－	＊	＋	－	－
丙	－	－	＊	－	－
丁	－	＋	＋	＊	－
戊	－	＋	＋	－	＊

（2）描述法　描述法是普遍采用的一种评估方法。评估者将被评估员工的优点、缺点及培训发展方向、潜在能力等，运用文字表达方式加以描述，见表 3.3。

表 3.3　描述评估表

年度　　　　　　　　　　　　　　　编号：

姓　名		性　别		考勤情况	迟到 ____
职　务					病假 ____
部　门		工作类型			事假 ____
进单位日期		出生日期			其他 ____
现任主要工作					
工作成绩					
主要缺点					
培训意见					
提升建议					
人事部意见					

由于评估者的描述水平不同，描述内容的繁简各异，评估的结果差异相当大。另外，采用描述式评估法对每个员工都是单独进行考核，无法在员工中间进行比较。因此，它的作用有相当的局限性。

4）绩效考核应注意的问题

①绩效评价标准不清。如果绩效评价标准不清，则会出现不同的评价人员对于"好""中""差"作出不同的解释，从而无法得出客观的评价结果，导致绩效评价工作失败。

②晕圈效应。当评价者仅把一个因素看成最重要的因素，并根据这一因素对被评价者作出一个好坏的评价，这就是晕圈效应，即所谓的"一好都好，一坏俱坏"。

③居中趋势。即不根据真实情况拉开差距，而是对被评价的所有人均作出接近平均或中等水平的评价。

④偏紧或偏松倾向。

⑤带有个人偏见。

激励

2. 工作激励

1）工作激励的概念

所谓工作激励,就是通常所说的调动人的积极性。激励员工的方法有两种:奖赏和惩罚。如果员工按照企业的要求做到了,就用他们想得到的东西奖励他们,如奖金、物品奖励、表扬、给予荣誉称号等;相反,如果员工没有完成企业交给他们的工作,就要用他们不希望得到的东西惩罚他们,如警告、训诫、降职、解雇等。奖励较惩罚更为有效,但惩罚在工作中不是毫无作用的,有时不得不采取惩罚、训诫甚至解雇的方法,但在此之前,首先应从正面理解和赞扬员工、奖励员工,企业会因此有一个最佳的工作环境。世界上最好的管理方法就是"一分耕耘,一分收获"。

2）工作激励的原则

激励员工的工作积极性,必须遵循以下原则:

①组织目标与个人需要相统一。

②重视人们的物质利益,坚持按劳分配。

③思想教育、精神鼓励与物质鼓励相结合。

3）奖励的技巧

（1）对于不同的员工应采用不同的激励手段　对于低工资人群,奖金的作用十分重要;对于收入水平较高的人群,特别是对知识分子和管理干部,则晋升职务、授予职称,以及尊重其人格,鼓励其创新,放手让其工作,会收到更好的激励效果;对于从事笨重、危险、环境恶劣的体力劳动的员工,搞好劳动保护,改善劳动条件,增加岗位津贴,都是有效的激励手段。为此,应对员工的需要进行调查。

（2）注意奖励的综合效价　是指尽量增加物质奖励的精神含量,不仅使获奖的人在物质上得到实惠,而且在精神上受到鼓励,激起荣誉感、光荣感、成就感及自豪感,从而使激励效果倍增。发达国家的一些成功的企业,特别重视颁奖会的仪式,绞尽脑汁使仪式搞得隆重热烈,震撼人心,让人终生难忘。

（3）适当拉开实际效价的档次,控制奖励的效价差　效价差过小,搞成平均主义,会失去激励作用,但效价差过大,超过了贡献的差距,则会走向相反,使员工感到不公平。应尽量使效价差与贡献差相匹配,使员工感到公平、公正,才会真正使先进者有动力,后进者有压力。

（4）适当控制期望概率　控制期望概率即适当控制员工主观上认为自己获奖的概率,否则会诱发一系列挫折心理和挫折行为,影响员工以后的积极性。

（5）注意期望心理的疏导　如上所述,每次评奖阶段是员工期望心理高涨的时刻,希望评上一等奖的员工,一般总是大大多于实际评上一等奖的员工,一旦获奖名单公布,其中一些人就会产生挫折感和失落感。解决这个问题的办法是及时对员工的期望心理进行疏导。疏导的主要办法是将目标转移到"下一次""下一个年度",树立新的目标,淡化过去,着眼未来。特别要及时消除"末班车"心理,以预防争名次、争荣誉、闹奖金的行为发生。

（6）注意公平心理的疏导　根据亚当斯的公平理论,每位员工都是用主观的判断来看待是否公平,他们不仅关注奖励的绝对值,还关注奖励的相对值。尽管客观上奖励很公平,也仍有人觉得不公平。因此,必须注意对员工公平心理进行疏导,引导大家树立正确的公平观。正确的公平观包括以下3个内容:

①要认识到"绝对的公平是不存在的"。

②不要盲目地攀比。

③不应"按酬付劳",造成恶性循环。

(7)恰当地树立奖励目标　在树立奖励目标时,要坚持"跳起来摘桃子"的标准,既不可太高,又不可过低,过高则使期望概率过低,过低则使目标效价下降。对于一个长期的奋斗目标,可用目标分解的办法,将其分解为一系列阶段目标,一旦达到阶段目标,就及时给予奖励,即把大目标与小步子相结合。这样可以使员工的期望概率较高,维持较高的士气,收到预期的激励效果。

(8)注意掌握奖励时机和奖励频率　奖励时机直接影响激励效果,犹如烧菜,在不同时机加入佐料,菜的味道就不一样。奖励时机又与奖励频率密切相关。奖励频率过高和过低,都会削弱激励效果。奖励时机和奖励频率的选择要从实际出发,实事求是地确定。一般来说,对于十分复杂、难度较大的任务,奖励频率宜低;对于比较简单、容易完成的工作,奖励频率宜高;对于目标任务不明确,需长期方可见效的工作,奖励频率宜低;对于目标任务明确,短期可见成果的工作,奖励频率宜高;对于只注意眼前利益、目光短浅的人,奖励频率宜高;对于需要层次较高、事业心很强的人,奖励频率宜低;在劳动条件和人事环境较差、工作满意度不高的单位,奖励频率宜高;在劳动条件和人事环境较好、工作满意度较高的单位,奖励频率宜低。当然,奖励频率与奖励强度应恰当配合,一般而言,二者成反向相关关系。

(9)其他奖励技巧　除了物质以外,还可以使用其他一些激励员工的办法,例如:

①对雇员做的每一件出色的工作,要亲自向他们表示感谢,可采用面谈或书面形式,或者二者都用。做这件工作时要诚心诚意,要做到及时、经常。

②当员工想要或需要说些什么时,愿意花时间聆听他们的心声。

③向员工详尽地、经常地反馈他们做出的成绩,支持他们把工作做得更好。

④对优秀的员工给予认可、奖励,及时提升他们的职务,及时对不合格或勉强合格的员工作出处理,帮助他们改进工作或劝其离开工作岗位。

⑤向员工提供关于公司为何赢利或亏损的原因、未来的新产品,以及竞争中的服务和策略方面的信息。解释员工在整个计划中的重要作用。

⑥让员工参与决策,尤其是对他们有直接影响的决议,他们的意见同样重要。

⑦给员工以成长和学习新技能的机会,鼓励他们尽全力创造优秀业绩,告诉他们在完成企业目标方面将如何帮助他们,与每个员工结成工作伙伴关系。

⑧在员工工作时以及在他们的工作环境中,创造一种企业主人意识,这种主人可以是象征性的。例如,为所有员工提供交易卡片,无论他们在工作中是否需要。

⑨力求创造一个开放的、可以信赖的、有趣的工作环境。鼓励新的意见、建议及首创精神。从失误中吸取教训,而不是一味地惩罚。

⑩取得成绩就要进行庆贺,不管是部门的还是个人的成就。要在整个班组职业道德的建设上下功夫。这项工作做起来要有创造性和新鲜感。

4) 惩罚的技巧

①不能不教而诛。应该把思想教育放在前边,只有对那些经教育不改或造成十分严重的后果者才实行惩罚。

②尽量不伤害被罚者的自尊心。宣布惩罚的方式要有所选择,应使被罚者自尊心的损伤降

到最小,特别应尊重其隐私权,不要使用侮辱性的语言。

③不要全盘否定。应把其成绩和错误分开,不要一犯错误就全面否定其一切工作和个人长处,在处罚的同时,应看到其闪光点,抓住积极因素,促使其向好的方向转变。

④不要掺杂个人恩怨。不能在惩罚中掺杂个人好恶、个人恩怨,更不能以执行纪律为名行打击、迫害、报复或排除异己之实。

⑤打击面不可过大。每次惩罚打击面不可过大,"法不责众"正是说明这样的道理。对于涉及较多人员的违纪违法事件,应该采用"杀一儆百"的办法,尽量缩小打击面,扩大教育面。

⑥不要以罚代管。惩罚只是管理的一个环节,而且带有一定的负面作用,因此惩罚应慎用。不要过分依赖惩罚去推动工作和树立领导权威,更不应以惩罚代替全面的管理。

⑦不可以言代法。是否该罚,罚到什么程度合适,都不能由领导者主观决定,而应该有明确的标准,这个标准只能是有关法律、法规。坚持依法惩罚,是惩罚权不被滥用,惩罚比较公平、公正的保证。

⑧将原则性与灵活性相结合。坚持原则,就是"严"字当头,执法要严。"严是爱,松是害",这句话在执行纪律、运用惩罚时十分重要。但鉴于事务的复杂性,在不违背法律、法规的前提下,掌握一定的灵活性则是完全必要的。惩罚中讲究灵活性就是要严得合理、严得合情,达到教育一大批的目的,这就是管理艺术。

【实训步骤】

(1)小组讨论制订岗位激励目标和绩效评价标准。

(2)编制绩效评估表。

(3)通过上网查阅相关资料,制作绩效考核反馈意见。

(4)制订一份岗位激励计划。

任务3　人员沟通与团队建设

组织沟通

团队建设

[目标]

培养积极心态,提高工作沟通效果。

1.沟通的过程

沟通是指可理解的信息或思想在两个或两个以上人中的传递或交换的过程。没有沟通,就没有管理,没有沟通,管理就只是一种设想和缺乏活力的机械行为。沟通是企业组织中的生命线。沟通的过程如图3.3所示。沟通的过程有以下3个基本环节:

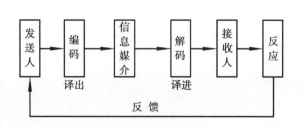

图3.3　沟通的过程

①发送者需要向接收者传送信息或者需要接收者提供信息。这里所说的信息包括很广,如想法、观点、资料等。必须将这些信息译成接收者能够理解的一系列符号。为了有效地进行沟

通,这些符号必须能符合适当的媒体。例如,如果媒体是书面报告,符号的形式应选择文字、图表或者照片;如果媒体是讲座,应选择文字、投影胶片和板书。

②接收人要把信息转化为自己所能理解的东西,必须对信息进行"译进"。

③接收人对"译进"信息的反应,然后把这种反应传递给发送人,这个过程称为"反馈"。

2. 沟通的障碍与克服

在沟通的过程中,因存在外界干扰及其他原因,信息往往被丢失或曲解,使得信息的传递不能发挥正常的作用。

1)沟通的障碍

企业管理沟通的障碍主要有以下6个方面:

(1)组织结构不合理　组织内部层次过多,影响沟通的速度;内部部门过多,增加了平行沟通的次数和需要协调的单位,从而影响到沟通的效果。另外,在上行沟通和下行沟通时,因组织层次过多,故每层主管都可能加上自己的理解和补充意见。这样,意见或信息的传递就可能走样而影响沟通效果。

(2)地位身份的差异　如果地位身份相差悬殊,会影响发送和接收的效果。位高者考虑自己的尊严,在发送信息时,简明扼要,不作过多的说明,致使位低接收者心情紧张,对不明了之处也不敢多问或陈述自己的看法,致使无法真正理解发送者的意图,造成沟通上的障碍。

(3)心理因素所引起的障碍　个体的人格差异,使在态度、观念、思想、处理问题的方法及情绪等方面均具有个别差异。这种个别差异常导致沟通双方对问题的看法和态度上的不一致,往往引起沟通上的严重障碍。另外,接收者若对信息发送者抱有不信任感,心怀敌意,或因紧张、恐惧,而影响接收效果,或歪曲了对方传达的内容等,均会造成沟通上的严重障碍。

(4)内容过杂,数量过大　信息接收者对信息的复杂性具有一定的接收限度,超过了这种限度,则会发生接收困难。此外,信息量过大,致使接收者无法完全接受,也会影响到沟通的效果。

(5)知识水平上的差异　因发送者与接收者之间的知识和经验水平相差甚远,对方无法理解,或者造成对问题看法不同,致使双方的沟通遇到障碍。

(6)发送信息的含义不明　发送者如果对自己所要发送的信息内容没有真正了解,不清楚自己到底要向对方说明什么,那么,沟通过程的第一步就受到了阻碍,整个沟通过程就变得困难。

2)沟通障碍的克服

有资料表明,企业管理者70%的时间用在了沟通上。开会、谈判、谈话、做报告是最常见的沟通方式。另外,企业中70%的问题是由沟通障碍引起的,无论是工作效率低,还是执行力差、领导力不高等,归根结底都与沟通有关。因此,提高管理沟通水平显得特别重要。那么,如何使沟通更顺畅呢?

①让管理者意识到沟通的重要性。沟通是管理的较高境界,许多企业管理问题多是由沟通不畅引起的。良好的沟通可以使人际关系和谐、顺利完成工作任务、达成绩效目标。沟通不良则会导致生产力、品质与服务不佳,使得成本增加。

②在公司内建立良性的沟通机制。沟通的实现有赖于良好的机制,包括正式渠道和非正式渠道。员工不会做领导期望他去做的事,只会去做能得到奖励的事和被考核的事。因此,引入

沟通机制很重要,应纳入制度化、轨道化,使信息更快、更顺畅,达到高效高能的目的。

③以良好的心态与员工沟通。与员工沟通必须把自己放在与员工同等的位置上,"开诚布公""推心置腹""设身处地",否则当大家位置不同就会产生心理障碍,致使沟通不成功。沟通应抱有"五心",即尊重的心、合作的心、服务的心、赏识的心、分享的心。只有具有这"五心",才能使沟通效果更佳,尊重员工,学会赏识员工,与员工在工作中不断地分享知识、分享经验、分享目标、分享一切值得分享的东西。

④要学会"听"。对管理人员来说,"听"绝不是件轻而易举的事情。"听"不进去一般有下列3种表现:根本不"听"、只"听"一部分、不正确地"听"。如何才能较好地"听"呢?表3.4列出了一些要点。

表3.4 "听"的艺术

"要"	"不要"
①表现出兴趣	①争辩
②全神贯注	②打断
③该沉默时必须沉默	③从事与谈话无关的活动
④选择安静的地方	④过快地或提前作出判断
⑤留适当的时间用于辩论	⑤草率地给出结论
⑥注意非语言暗示	⑥让别人的情绪直接影响你
⑦当你没有听清楚时,请以询问的方式重复一遍	
⑧当你发觉遗漏时,直截了当地问	

⑤缩短信息传递链,拓宽沟通渠道,保证信息的畅通无阻和完整性。信息传递链过长,会减慢流通速度并造成信息失真,这是人所共知的事实。减少组织机构重叠,避免层次过多,确实是必须要做的事情。此外,在利用正式沟通渠道的同时,可开辟从高级管理人员至低级管理人员的非正式的直通渠道,以便于信息的传递。

⑥非管理工作组。当企业发生重大问题,引起上下关注时,管理人员可以授命组成非管理工作组。该工作组有一部分管理人员和一部分职工自愿参加,利用一定的工作时间,调查企业的问题,并向最高主管部门汇报。最高管理阶层也要定期公布他们的报告,就某些重大问题或"热点"问题在全企业范围内进行沟通。

3. 团队建设

"团队"是两个或更多因为同一目标而合作的人。

团队以一种简便的方式汲取所有员工(而不仅仅是管理者和经理)的知识及谋略来解决企业问题。一个好的团队可以把企业中不同职能、不同层次的人集合起来,找出解决问题的最佳方法。明智的企业已经学会这一点以保持竞争力。他们不再仅仅依靠管理部门来引导工作进程的发展和企业目标的实现,企业同样需要依靠那些接近问题和顾客的员工们或第一线的工人、农民。建立团队的作用大致有减少无效竞争、知识共享、促进交流、实现共同目标、更好更快地决策、更多的创新精神。

1）建立团队

建立团队时,首先要考虑的是建立什么类型的团队。团队的基本类型主要有两种:正式的和非正式的。根据特定的环境、时间安排及企业需要,每种类型的团队都各有优缺点。

（1）正式团队　正式团队需经企业管理机构特许,并分配以具体的工作目标。这些目标可以是任何一件对企业具有重要性的事情,从开发新产品生产线、制作处理顾客发票系统,到设计一次公司野餐。正式团队的种类包括:

①工作组。是临时建立用于处理特定问题或事情的正式团队。例如,种苗的拒收率从万分之一上升到千分之一,为找出其中原因,就建立了工作小组。工作组一般要在一个限定的期限内解决问题,并把调查结果报告给管理机构。

②委员会。为履行不间断的特定的企业任务而建立的长期或永久性团队。例如,有些公司的委员会负责评选工作业绩突出而受到奖励的雇员,或者向管理机构推荐安全改良措施。虽然委员会的成员年复一年地更换,但不管成员是谁,委员会的工作不会停止。

③指挥小组。由经理、管理人员以及直接向他们汇报工作的雇员组成。这种类型的小组自然是垂直型的,代表着传统的从经理向工人传达任务的方式。例如公司的销售小组、管理小组及行政小组。

正式团队对大多数的企业都很重要,因为企业的许多交流长期以来都是由此产生的。新闻、目标、信息都经过正式团队从一个员工传给其他员工,而且正式团队还为分配任务和征求小组成员对完成任务、绩效数据的反馈信息提供了组织条件。

（2）非正式团队　非正式团队是在正式的企业机构中自发形成的一种员工的临时社团。像每天一起吃午饭的一群人、一个足球队或者只是一群喜欢一起闲逛的人。非正式团队的成员处于一种经常变动的状态,因为员工来来去去,他们之间的友谊和联系也在变化。

虽然非正式团队没有管理机构布置的特定任务或目标,但是他们对于企业来说也是非常重要的,因为:

①非正式团队使员工可以获得管理部门批准的交流渠道之外的信息。

②非正式团队给员工提供了一个相对安全的发泄途径,使其可以在与自己相关的事情上发泄过剩的精力,或者通过与企业中其他部门的员工进行讨论找出解决的方法,而不会被企业的墙壁所阻隔。

2）团队的管理

对于正式团队的管理,上述内容已经提及。这里重点介绍非正式团队的管理。

①正确认识和对待非正式团队。首先,应正视非正式团体的存在,并对它的特点、作用有全面、客观、清醒的认识,这是管好非正式团体的前提条件。在各类组织中,客观上存在着各种非正式团体,对它既不能采取不承认主义,也不能采取放任自流的态度。其次,应做深入细致的调查研究,弄清非正式团体的成因、性质、活动内容和方式等具体情况,以便有的放矢地进行教育疏导,充分发挥其积极作用,抑制、克服其消极作用。破坏性团体毕竟是极少数,多数非正式团体与正式团体并不存在根本的利益冲突。不承认这一基本情况,也会导致工作失误。

②充分利用非正式团体的特点,为实现组织和正式团体的目标服务。例如,管理者可利用非正式团体成员接触频繁、情感融洽、凝聚性强的特点,引导他们相互取长补短,提高文化和业务水平,甚至可在分配任务时,适当地加大任务的难度和工作量,辅之以相应的激励措施,这都

可以大大提高工作绩效。又如,管理者可利用非正式团体沟通迅速、方便的特点,及时搜集人们的意见和要求,既可使下情上传,又可使上情下达,利用它来贯彻管理意图,从而引导他们把自己的行为纳入组织目标的轨道。

③做好非正式团体中心人物的工作。非正式团体的中心人物在其成员中威信高、说话灵、影响力大,团体成员对他往往言听计从,一呼百应。因此,对非正式团体管理的关键因素之一是要做好中心人物的工作。除了那些事事处处与组织目标对着干的破坏性头目必须采取组织措施处理外,管理者应经常和中心人物交流思想感情,多做他们的思想疏导工作,理解、信任和尊重他们,充分发挥他们的特长。这样做不仅能充分调动他们个人的积极性,而且可利用他的影响力把其他人带动起来。在正式团体与非正式团体发生矛盾时,也应从中心人物入手,做好引导工作,避免矛盾激化。

④区别对待不同类型的非正式团体。应积极支持和保护积极型团体,慎重对待中间型团体,教育和改造消极型团体,对于破坏型团体则要采取果断措施坚决取缔。

⑤合理组织正式团体。非正式团体的存在反映了正式团体的某些不足。如在组建正式团体时,忽视了人们的志向、爱好、能力特长,或对团体成员之间的人际关系状况缺乏了解。因此,如果组建正式团体时对这些状况给予适当兼顾,合理组织正式团体,就不再有组建非正式团体的需要,尤其可以削弱、控制消极型和破坏型非正式团体产生的可能性。

【实训步骤】

(1)教师给出沟通主题和场景(如向下属交代新任务,向领导提出建议等)。

(2)小组讨论确定沟通目标。

(3)搜集信息,调整状态,基于沟通的对象,提前了解其背景、个性特点与需求,打好腹稿,从各个层面突破沟通对象的心理防线,达到有效沟通的目的。

(4)有效提问。

(5)积极聆听,及时确认。

(6)异议处理。

(7)达成协议。

任务4　企业劳动关系管理

劳动关系双方
的权利义务

[目标]

能够根据工作岗位职责起草劳动合同。

1.劳动关系的含义

劳动关系是以劳动为实质,发生在劳动过程中的一种社会关系,它隶属于生产关系的范畴。在生产过程中,雇员和雇主之间客观地存在着劳动权利和利益的矛盾,劳动关系体现的正是这种权利和利益关系。劳动关系的概念有广义、狭义之分。广义的社会劳动关系是指人们在社会劳动过程中发生的一切关系,包括劳动力的使用关系、劳动管理关系、劳动服务关系等。狭义的劳动关系是指劳动力所有者(雇员)与劳动力使用者(雇主)之间的关系。企业的劳动关系属于狭义的劳动关系,即用人单位与劳动者运用劳动能力实现劳动过程中形成的一种社会关系。

企业加强劳动关系管理,建立企业和谐的劳动关系,员工一方能够"爱企如家",用人单位能够关怀员工,大家同心同德共谋企业的发展,员工能够心情舒畅、积极地参与到努力实现企业目标的工作中去。同时,企业加强劳动关系管理,也是企业的社会责任的体现,因为:

①和谐劳动关系是保持社会稳定的基础。就业是民生之本,社保是民生之福,工资是民生之源。劳动关系不和谐,则社会不和谐。从这个意义上说,和谐劳动关系是和谐社会的重要基础。因此,劳动者与经营组织者之间的关系是否和谐,不但关系两者利益目标的实现,而且直接影响社会和谐和经济发展。

②加强劳动关系管理也是构建和谐社会的基本要求之一。"一人就业,全家安心",就业是家庭和睦的前提,是构建和谐社会的基础。如果劳动关系问题处理不当,就容易导致社会利益失衡,群众心理失衡,人群之间不和睦,社会和谐就难以实现。

企业劳动关系管理工作主要包括劳动者权益保护、劳动保险、劳动合同管理和劳动争议的处理。

2. 劳动者的基本权利

《中华人民共和国劳动法》(简称《劳动法》)第三条明确规定:"劳动者享有平等就业和选择职业的权利、取得劳动报酬的权利、休息休假的权利、获得劳动安全卫生保护的权利、接受职业技能培训的权利、享受社会保险和福利的权利、提请劳动争议处理的权利以及法律规定的其他劳动权利。劳动者应当完成劳动任务,提高职业技能,执行劳动安全卫生规程,遵守劳动纪律和职业道德。"按照这一规定,企业应当保障职工享有的基本权利有以下内容:

①保障职工享有平等就业和择业的权利。

②保障职工获得劳动报酬的权利。

③保障职工享有休息、休假的权利。

④保障职工享有劳动安全卫生的权利。

⑤保障职工享有职业技能培训的权利。

⑥保障职工享有社会保险和福利的权利。

⑦保障职工享有提请劳动争议处理的权利。

除了《劳动法》的规定,《中华人民共和国工会法》(简称《工会法》)也规定了用人单位应为职工提供的享有相应权利的保障。《工会法》规定,企业应依法履行以下的职责:

①保障职工依法享有参加和组建工会的权利。

②保障职工享有与企业签订劳动合同和通过工会代表和企业签订集体合同的权利。

③保障职工依法享有参与民主管理的权利。

以上法律对劳动者权益的规定,企业都要认真主动地执行。因为这不单是社会对企业的强制要求,也是企业自身发展的需要。

3. 劳动保险与劳动保护

1)劳动社会保险

根据《社会保险费征缴暂行条例》,劳动保险包括基本养老保险费、基本医疗保险费、失业保险费。其中,基本养老保险费的征缴范围为:国有企业、城镇集体企业、外商投资企业、城镇私营企业和其他城镇企业及其职工,实行企业化管理的事业单位及其职工。基本医疗保险费的征缴范围为:国有企业、城镇集体企业、外商投资企业、城镇私营企业和其他城镇企业及其职工,国家机关及其工作人员,事业单位及其员工,民办非企业单位及其员工,社会团体及其专职人员。失业保险费的征缴范围为:国有企业、城镇集体企业、外商投资企业、城镇私营企业和其他城镇企业及其员工,事业单位及其员工。省、自治区、直辖市人民政府根据当地实际情况,可以规定将城镇个体工商户纳入基本养老保险、基本医疗保险的范围,并可以规定将社会团体及其专职人员、民办非企业单位及其员工以及有雇工的城镇个体工商户及其雇工纳入失业保险的范围。社会保险费的费基、费率依照有关法律、行政法规和国务院的规定执行。

我国《劳动法》第七十二条规定:"社会保险基金按照保险类型确定资金来源,逐步实行社会统筹。用人单位和劳动者必须依法参加社会保险,缴纳社会保险费。"劳动者在下列情形下,依法享受社会保险待遇:退休、患病、负伤、因工伤残或者患职业病、失业、生育。劳动者享受的社会保险金必须按时足额支付。企业和劳动者参加社会保险是法律的确定性规定。因此,不需当事人协商,也不论当事人是否在合同中约定,均要履行参加法定的社会保险的义务,为员工以后享受社会保险待遇奠定基础。

由此可见,企业足额及时地为员工交纳社会保险金是企业应尽的义务。

2)劳动保护

劳动保护是指为了保障劳动者在生产过程中的安全与健康,从法律、制度、组织管理、教育培训、技术设备等方面所采取的一系列综合措施。根据《劳动法》有关规定,劳动保护主要包括以下3个方面内容:

(1)劳动安全卫生 劳动安全卫生有以下5个方面的基本内容:

①加强生产设备的安全防护,如设置隔离装置,对各种带有危险性的机器设备采用屏护的办法,使人体与生产过程中正在运转的设备隔离;设置保护装置,使设备在出现危险状况时自动启动从而消除危险,保证安全生产;设置警告装置,当危险状况可能发生时,该装置便自动发出警告信号,提醒操作人员预防或及时消除危险;在生产现场容易发生事故的地方设置醒目标志牌;改善劳动的环境与条件,劳动的环境与条件包括劳动场所的建筑、采光、照明、温度、湿度、通风条件、噪声、整洁度、粉尘含量等。

②改进生产工艺,使操作简易化,减少操作人员的紧张感,防止疲劳。

③加强设备管理。机器设备在使用前进行预防性试验,合格后才准予使用,同时做好机器设备的维护保养与计划检查,防止因设备老化而发生意外事故。

④提供良好的工作场所卫生条件。

⑤强化职业病预防措施。

(2)劳动时间的限制 为保障劳动者的身心健康,要求企业做到:

①员工每日工作8 h,每周工作40 h。实行这一工时制度,应保证完成生产和工作任务,不减少员工的收入。

②因工作性质或生产特点的限制,不能实行每日工作8 h,每周工作40 h标准工时制度的,按照国家规定,可实行其他工作和休息办法。

③任何单位和个人不得擅自延长员工工作时间,因特殊情况和紧急任务确需延长工作时间的,应按照国家有关规定执行。

④用人单位因生产经营需要,经与工会和劳动部门者协商后可以延长工作时间,一般每日不超过3 h,但是每月不得超过36 h。

（3）对女员工和未成年员工的特殊保护　对女员工的特殊劳动保护包括：招工时不得歧视妇女；实行男女同工同酬；禁止安排女员工从事高强度的劳动和其他女员工禁忌从事的劳动；给女员工在月经期、孕期、哺乳期、已婚待乳期提供特殊保护。对未成年员工的特殊劳动保护包括：禁止招用未满 16 周岁的童工；对未成年员工实行缩短工作日制度，并且不得安排其加班；禁止安排未成年员工从事矿山井下作业、深水作业及其他特别繁重的或者对身体有毒有害的劳动；要提供适合未成年员工身体状况的劳动条件。

4. 劳动合同管理

劳动合同是劳动者与用人单位确立劳动关系、明确双方权利和义务的协议，也是维护劳动者和用人单位合法权益的保障。用人单位自用人之日起即与劳动者建立了劳动关系。建立劳动关系应当订立劳动合同，在订立劳动合同时，劳动合同大致应具备以下 7 个方面的内容：

（1）劳动合同的期限　劳动合同的期限是指劳动合同具有法律约束力的时段，一般可分为有固定期限、无固定期限和以完成一定的工作为期限 3 种。其中，最常见的是有固定期限的劳动合同，时间一般在 1 年以上 10 年以内。劳动合同的期限包括使用期，对使用期有以下 4 个方面的规定：

①劳动合同期限不满 6 个月的，不得设试用期。

②劳动合同期限满 6 个月不满 1 年的，试用期不得超过 1 个月。

③劳动合同期限满 1 年不满 3 年的，试用期不得超过 3 个月。

④劳动合同期限满 3 年的，试用期限不得超过 6 个月。

（2）工作内容　劳动合同中的工作内容条款是劳动合同的核心条款。主要内容包括劳动者的工种和岗位，以及该岗位应完成的工作任务、工作地点。这些内容要求规定得明确、具体，以便于遵照执行。

（3）劳动保护和劳动条件　劳动保护是指用人单位为了防止劳动过程中的事故，减少职业危害，保障劳动者的生命安全和健康而采取的各种措施。劳动条件是指用人单位对劳动者从事某项劳动提供的必要条件。

（4）劳动报酬　获取劳动报酬是劳动者向用人单位提供劳动的主要目的。劳动者的劳动报酬包括工资、奖金和津贴的数额或计算办法。劳动报酬必须符合国家法律、法规的规定，如工资不得低于最低工资标准，工资支付的期限和形式不得违反有关规定等。

（5）劳动纪律　劳动纪律是指劳动者必须遵守的用人单位的工作秩序和劳动规则。

（6）劳动合同的终止条件　劳动合同的终止条件是指劳动合同法律关系终结和撤销的条件。劳动合同双方当事人可以在法律规定的基础上，就劳动合同的终止进行约定，当事人双方约定的终止条件一旦出现，劳动合同就会终止。

（7）违反劳动合同的责任　违反劳动合同的责任是指违反劳动合同约定的各项义务所应当承担的法律责任。为了保证劳动合同的履行，必须在劳动合同中约定有关违反劳动合同的责任条款，包括一方当事人不履行或者不完全履行劳动合同，以及违反约定或者法定条件解除劳动合同所应承担的法律责任。

除了上述 7 项必备条款外，用人单位和劳动者还可约定以下方面的内容：试用期、培训、保守商业秘密、补充保险和福利待遇以及其他经双方当事人协商一致的事项。

企业一经录用员工，就应及时与劳动者签订规范的书面劳动合同，并向劳动保障行政部门指定的经办机构办理用工登记手续。企业的人力资源管理部门应保管好劳动合同,并按双方当事人协商一致或法律的规定,办理好劳动合同的变更、劳动合同的解除与终止手续。

5.劳动争议及其处理

劳动争议是劳动当事人之间在劳动的权利和义务的履行和实行过程中发生的争议。劳动争议当事人可以有以下4条途径解决争议:

劳动争议

(1)协商程序　劳动争议双方当事人在发生劳动争议后,应当首先协商,找出解决争议的方法。

(2)调解程序　这里的调解程序,是指企业调解委员会对本单位发生的劳动争议的调解。调解程序并非是法律规定的必经程序,然而对解决劳动争议却起着很大的作用,尤其是对于希望仍在原单位工作的职工,通过调解解决劳动争议当属首选。

(3)仲裁程序　当事人从知道或应当知道其权利被侵害之日起60日内,以书面形式向仲裁委员会申请仲裁。仲裁委员会应当自收到申诉书之日起7日内作出受理或者不予受理的决定。仲裁庭处理劳动争议应自组成仲裁庭之日起60日内结束。案情复杂需要延期的,经报仲裁委员会批准,可以适当延期,但是延长的期限不得超过30日。

(4)诉讼程序　当事人如对仲裁决定不服,可在收到仲裁决定书15日内向人民法院起诉,人民法院民事审判庭根据《中华人民共和国民事诉讼法》的规定,受理和审理劳动争议案件。审限为6个月,特别复杂的案件经审判委员会批准可以延长。当事人对人民法院一审判决不服,可以再提起上诉,二审判决是生效的判决,当事人必须执行。

【案例及分析】

案例

一个蒸蒸日上的公司,当年的盈余竟大幅滑落。马上就要过年了,往年的年终奖最少加发两个月工资,有的时候发得更多,这次可不行,算来算去,只能多发一个月的工资作为奖金。

按常规做法,把实话告诉大家,很可能士气要滑落。董事长灵机一动,没过两天,公司传出小道消息——因营业状况不佳,年底要裁员。

顿时人心惶惶,但是总经理却宣布:"再怎么艰苦,公司也决不愿牺牲同甘共苦的同事,只是年终奖可能无力发了。"总经理一席话,使员工们放下了心,只要不裁员,没有奖金就没有吧。人人做了过个穷年的打算。

除夕将至,董事长宣布:"有年终奖金,整整一个月的工资,马上发下去,让大家过个好年!"整个公司爆发出一片欢呼。

分析讨论

为什么该公司年终奖发下去之后,整个公司爆发出一片欢呼?

劳动争议处理

途径与诉讼时效

【复习思考题】

1.关键概念解释

(1)人力资源　(2)绩效　(3)工作激励　(4)团队建设

2. 思考题

(1)简述绩效考核的过程和方法。

(2)简述奖励和惩罚的技巧。

(3)企业管理沟通的障碍有哪些？如何克服？

(4)如何加强对非正式团队的管理？

(5)简述企业劳动关系管理的主要内容。

【实训步骤】

(1)网上检索我国现行劳动法及其配套法规。

(2)认真阅读上述法律法规。

(3)再次确认岗位职责。

(4)撰写劳动合同。

项目 4 园林企业营销管理

任务 1 市场细分与定位

市场营销的含义

[目标]

1. 初步学会市场细分方法；
2. 能够根据企业经营计划和主要竞争对手情况，选择目标市场；
3. 能够实施市场定位。

现代市场营销科学起源于美国，后来迅速传播到西欧、日本等地。20 世纪 80 年代中期传入我国，90 年代在中国广袤的土地上蓬勃兴起。直至今天，在市场经济社会里，市场营销仍是企业经营的一个极其重要的工作。

1. 市场营销的概念

市场营销概念有很多。自 1912 年哈佛大学学者 J. E. 哈格蒂（J. E. Hagerty）出版第一本《市场营销学》以来，市场营销学领域的新概念不断涌现，尤其是第二次世界大战以来，随着主要西方国家经济的迅速恢复与发展，适应指导新形势下企业市场营销的新概念如雨后春笋，不仅在理论上，而且在实践上推动了市场营销的"革命"。20 世纪 50 年代出现的全新概念对市场营销学与市场营销行为的影响可以用美国通用电气公司（General Electric Company）约翰·麦基特里克（John B. Mckitterick）在 1957 年提出的"市场营销观念（Marketing Concept）"来概括。市场营销由从前的以产品为出发点、以销售为手段、以增加销售获取利润为目标的传统经营哲学，转变到以顾客为出发点、以市场营销组合为手段、以满足消费者需求来获取利润的市场营销观念，这被公认为是现代市场营销学的"第一次革命"。这一"革命"要求企业把市场在生产中的位置颠倒过来，过去市场是生产过程的终点，而现在市场则成为生产过程的起点，过去是"以产定销"，而现在是"以销定产"。重视消费者需求并以之为起点的市场营销活动,使消费者实际上参与了企业生产、投资、开发与研究等计划的制订。这些新概念和新理论不仅导致了销售职能的扩大和强化,而且促使企业的组织结构也发生了相应的巨大变化,销售部门不仅从企业的其他职能部门中独立出来,而且成为企业市场活动的核心部门。在 20 世纪 70 年代的经济冲击和消费领域的社会问题压力下,市场营销学词典中还增加了"战略营销(Strategic Marketing)""宏观营销(Macromarketing)""理智消费(Intelligent Consumption)""生态主宰观念(Ecological Imperative Concept)"等新概念。这一时期值得特别指出的一个新概念是 G. L. 休斯塔克(G. L. Shostack)于 1977 年在美国《市场营销杂志》(*Journal of Marketing*)上提出的"服务营销(Services Marketing)"。20 世纪 80 年代以后,市场营销科学发展迅猛,其中最为辉煌的成就当属科特勒的"大市场营销"理论,它先是将市场营销组合由 E. J. 麦卡锡的 4Ps 组合扩展为 6Ps 组合,即加上了 2Ps:Political Power(政治力量)、Public Relations(公共关系)。科特勒认为,一个公司可能有优质的产品、完美的营销方案,但要进入某个特定的地理区域时,可能面临各种政治壁垒和公众舆论方面的障碍。当代的营销者要想有效的开展营销工作,需要借助政治技巧和公共关系技巧。后来,他又将之发展成为 10Ps 组合理论,即在 6Ps 组合的基础上加上新的 4Ps 组合,即 Probing(市场研究)、Partitioning(市场细分)、Prioritizing(目标优选)、Positioning(产品定位)。不久,科特勒在上述 10Ps 组合的基础上再加上了第 11 个 P,即 People(人),意指理解人和向人们提供服务。这个 P 贯穿于市场营销活动的全过程,它是成功实施前面 10 个 P 的保证。该 P 将企业内部营销理论纳入市场营销组合理论之中,主张经营管理者了解和掌握员工需求动向和规律,解决员工的实际困难,适当满足员工的物质和精神需求,以此来激励员工的工作积极性。"大市场营销组合"理论将市场营销组合从战术营销转向战略营销,意义十分重大,被称为市场营销学的"第二次革命"。20 世纪 90 年代更是一个市场营销发展史上具有伟大划时代意义的年代,Internet 在市场营销领域的应用将我们带入了一个全新的电子商务(Electronic Commerce,EC)时代。早在 1987 年,科特勒就曾经预言,20 世纪 90 年代将开创一个"市场营销系统(Marketing System)"的新纪元。市场营销活动在迈向 21 世纪的最后 10 年中,将在营销技术、营销决策、营销手段等方面取得突飞猛进的发展,新的市场营销革命正在孕育之中。未来新的市场营销观念大都与发达的加工制造技术、电信和信息技术以及日益全球化的竞争趋势紧密相连,它们是"定制营销(Customized Marketing)""网络营销(Network Marketing)""营销决策支持系统(Marketing Decision-Making Support System)""营销工作站(Marketing Work Station)",等等。然而,互联网自身及其在市场营销领域的迅猛发展和对市场营销观念与行为的巨大影响远远超出了这位市场营销学泰斗十多年前的"大胆预言"。基于互联网的电子商务,是使用电子技术的方式来实现市场营销目标的新途径,而且发展迅猛。

就现阶段而言,园林企业市场营销是指为了实现园林企业目标,创造、建立和保持与目标市场之间的互利交换关系,而对园林企业设计方案的分析、计划、执行和控制。

2. 新旧市场营销观念比较

市场营销观念是企业从事市场营销活动的指导思想,其核心是企业以什么为中心。企业的市场营销指导思想不是一成不变的,它是随着生产力和科学技术的不断发展,市场供求变化和市场竞争的激烈展开而相应地发展演变。市场营销观念已经历了两个不同性质的发展阶段,即传统营销观念和现代营销观念。

1）传统的市场营销观念

（1）生产观念　企业以生产为中心，企业生产什么就卖什么。生产观念是在生产力和科学技术还较落后，发展比较缓慢时产生的。社会生产力水平较低，市场产品供应严重不足，企业一般只生产单一品种的产品；市场需求是被动的，没有多大选择余地，企业生产的产品不论数量多少、品质优劣，都能销售出去并获得利润；竞争不是在卖方之间展开，而是在顾客之间进行，产品根本不愁没有销路。"我能生产什么，就卖什么"，其经营管理的主要任务是在企业内部加强管理，提高劳动生产效率，增加产品数量，降低成本，达到获取利润的目的。

（2）产品观念　随着生产力的发展，市场产品供应好转，顾客开始喜欢质量优、性能好、特点多的产品，愿意为最优产品多付钱。企业以提高产品的质量为企业经营的中心。"酒香不怕巷子深""一招鲜，吃遍天""祖传秘方"等就是这种观念的反应。

（3）推销观念　随着生产力的进一步提高和科学技术的发展，产品供应日益丰富，产品质量不断提高。企业生产的产品质量再好，也有卖不出去的时候，甚至质量最好的产品反而更受冷落。市场由卖方市场向供过于求的买方市场转化，从而产生了推销观念。

推销观念认为：顾客只有在销售活动的刺激下才会购买。企业要销售现已生产的产品，必须大力开展推销活动，千方百计使顾客感兴趣，进而购买，这是企业扩大销售提高利润的必由之路。

在推销观念指导下，企业设立了销售部门，着力于产品的推销和广告，重视运用推销术或广告术，刺激或诱导顾客购买，其口号是"我卖什么，你就买什么"，努力设法将已生产出的产品销售出去，通过增加销量达到获取利润的目的，至于顾客是否满意，则不是主要的。

2）现代市场营销观念

现代市场营销观念有两种，即市场营销观念和社会营销观念。

（1）市场营销观念　随着生产力与科学技术的继续发展，产品更新换代的周期缩短了，市场产品日新月异，供应量大大增加；人民生活水准提高，使市场需求变化日益加快；产品供大于求，市场由卖方市场变成为买方市场；企业的产品由以往的地区性销售发展到全国，甚至国际性营销，国内外企业的市场竞争更加激烈，不少企业的产品虽经推销，销量仍下降，失去市场份额，影响企业的生存和发展。因此，很多企业在形势逼迫下逐渐领悟到企业的生产必须适应环境的变化，满足顾客需求，以增强企业在市场上的竞争力，求得企业的生存和发展，从而企业不得不改变过去的营销观念，转变和接受市场营销观念。它是以顾客为中心，采取整体营销活动，在满足顾客需求和利益的基础上，获取企业利润。

市场营销观念是一种以消费者需求为中心的营销观念。持有市场营销观念的企业非常重视消费者的需要。消费者需要什么，企业就生产什么。哪里有消费者，哪里就有企业拓展营销的机会。其主要内容有4个要点：顾客导向、顾客满意、整体营销和盈利策略。

（2）社会营销观念　市场营销观念摆正了企业与顾客的关系，但在实际执行过程中，企业往往自觉不自觉地在满足顾客需求时，与社会公众利益发生矛盾，损害社会利益。例如，饮料行业使用一次性罐式包装代替瓶式包装，满足了顾客对饮料卫生、携带和开启方便的需要，却造成了社会资源的浪费。因此，人们要求修正市场营销观念，从而提出了社会市场营销观念，以重视社会公共利益。

社会市场营销观念是以顾客需求和社会利益为重点，采取整体营销活动，在满足顾客需要的同时,考虑到社会公众的长远利益,达到谋求企业利润的目的。因此,社会市场营销观念的实质是在市场营销观念的基础上,综合考虑顾客、企业、社会三者利益的统一。

企业持什么市场观念是与市场状况相联系的。一般来说,在卖方市场情况下,企业采取的市场观念多半是旧市场观念;在买方市场情况下,企业采取的市场观念多半是新市场观念。新旧市场观念的主要区别见表4.1。

表4.1　新旧市场观念比较

	项　目	着眼点	基本策略	基本方法	组织机构
旧观念	生产观念	产品	降低成本,增加产量	等客上门	以生产机构为主
	产品观念	产品	努力提高产品质量	等客上门	以产品研究和生产机构为主
	推销观念	产品	大量销售	加强广告宣传与推销	以销售机构为主
新观念	市场营销观念、社会营销观念	顾客需求	以满足顾客需要作为企业生存条件	加强服务整体营销	以市场营销服务机构为主

3. 营销管理

营销管理就是为了实现企业的目标,对为创造、建立和保持与目标市场的有益交换和联系所设计的方案,进行分析、计划、执行和控制。也就是说,通过调整市场的需求水平、需求时间和需求特点,使需求与供给相协调,以实现互利的交换,达到组织的目标。因此,营销管理实质上是需求管理。

企业可以事先计划出目标市场的交易量。这时,实际的需求量可能低于、等于或高于预期需求量。也就是说,可能需求为零、需求很小、需求充足或需求过旺。因此,不同的需求情况就是营销管理所要处理的业务需求情况。下面介绍需求的8种类型。

(1)否定需求　如果市场上的大部分消费者都讨厌该产品,甚至愿意花钱来回避它,那么,这个市场就处于需求否定的状态。人们对于种牛痘、拔牙和胆囊开刀等都有否定需求。雇主们也不愿意雇用有前科之人。营销者的任务是分析市场不喜欢该种产品的原因,以及设法采取一个新的营销计划,如重新设计产品、降低售价及更积极的宣传,来改变市场的信念和态度。

(2)没有需求　预期消费者对产品可能毫无兴趣或漠不关心。农场主对新式农具可能没有兴趣,农科大学生可能不喜欢上数学课。营销者的任务就是想方设法把产品的用途和人们的自然需求和兴趣联系起来。

(3)潜在需求　相当一部分消费者对某些东西可能有着强烈的渴求,但是现实中产品或服务却无法让他们满足。人们对无害香烟、安全的居住环境以及节油汽车等东西就有强烈的需求。营销者的任务就是估算潜在市场的大小,并开发有效的产品来满足这种需求。

(4)衰退的需求　市场对一个或几个产品的需求衰退下降,这是每个企业或迟或早都会面临的情况;曾经好卖的大众切花销量下降了;庭院的绿化工程项目变少了。营销者必须对需求衰退的原因进行分析,并判断是否可通过走入新的目标市场、改变产品特色及更高效的沟通信

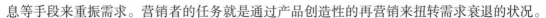

息等手段来重振需求。营销者的任务就是通过产品创造性的再营销来扭转需求衰退的状况。

（5）不规则需求　市场上的需求每季、每天甚至每小时都在发生变化，许多企业的生产能力因此常出现过剩或不足的问题。节日热销的花卉在节后少有顾客光顾。在大规模的公共交通中，许多设施常在交通低潮时空闲无用，在高峰时却不够用。营销者的任务就是通过灵活的定价、宣传推销和其他鼓励手段，来改变需求的时间习惯。

（6）充分需求　当企业对其业务量十分满意时，所面对的就是充分需求。营销者的任务就是在消费者偏好不断变化、市场竞争日益激烈的情况下，保持现有的需求水平。该企业必须继续保证产品质量，不断地提高消费者的满足程度，以确保它所做的工作有效。

（7）过量需求　有时企业面临的情况是现实需求高于其所能或者希望达到的水平。例如，黄石国家公园（Yellowstone National Park）夏天的游客量多到了可怕的程度。这时，营销的任务就是设法暂时或永久地降低需求。一般的消极营销就是限制需求，由提高价格、减少宣传推销活动和减少服务等措施组成。待选的营销还包括降低利润和服务需要的市场需求量。消极营销不是破坏需求，而是降低需求水平。

（8）有害的需求　有害的产品会引起人们有组织地抵制。过去，人们对烟、酒、毒品、枪械等都举行过抵制活动。营销的任务就是通过宣扬其害处、大幅度提价及减少供应量，使消费者摒弃这种爱好。

4. 园林企业进入市场的步骤

在一般情况下，企业不可能为市场上所有的客户提供产品服务。因为顾客人数众多，分布广泛，而且他们的需求也存在很大差异。总有一些竞争者在为该市场某些特定客户市场服务方面处于领先地位。因此，企业应该确定最有吸引力的、本企业提供最有效服务的细分市场，而不应该到处与人竞争，不应该与优势力量抗衡而使自己处于不利地位。因此，企业营销的一个重要前提，就是要明确谁是你的买主（顾客）。明确了谁是真正的顾客，才能为他们提供合适的营销组合。

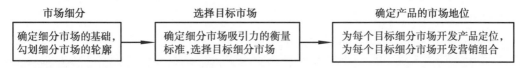

图4.1　进入市场的步骤

明确谁是真正的顾客，一般要经过3个步骤（见图4.1）：第一步是市场细分化，即按照购买者所需的特定产品和（或）销售方式进行组合，将一个市场划分为由若干个不同的购买者群所构成的群体的行为。企业要运用不同的将市场细分化的方法，描绘出细分市场的轮廓，并评价每个细分市场具有的吸引力；第二步是目标市场的选定，即对要进入的一个或多个细分市场作出判断和选择；第三步是产品定位，即确定企业自身的可行的竞争地位，以及确定企业向各目标市场所提供的产品。下面详细介绍这3个步骤。

1）市场细分

市场是由购买者组成的，而购买者之间在某一个或多个方面又有很大的差别。这种差别可能表现在需求、收入、地理位置、购买态度和购买行为等方面。这些方面中的任何一个差别都可能形成不同的细分市场。

（1）市场细分的常用标准　市场细分的作用能否得到充分发挥，往往取决于企业采取什么

市场细分标准

方法对整个市场进行划分,划分的标准是否合理有效。标准确定不当,企业就难以发现理想的目标市场。由于市场细分化的基础是消费者需求的异质性,即差异性,而这种差异又是由消费者的生理特征、社会经济地位和心理性格等各种因素决定的,因此,就引出了市场细分化的各种标准。不同的企业、不同的营销环境,细分市场的标准都往往有所不同。作为市场细分化的一般标准,可从以下4个方面进行考虑(见表4.2):

表4.2　市场细分的常用标准

细分标准	具体因素
地理细分	地区、城市或乡村、地形气候、交通运输
人口细分	年龄、性别、家庭规模、生活阶段、收入、职业、教育、宗教信仰、种族、国籍
心理细分	生活方式、社会阶层、性格
行为细分	追求利益、对销售因素敏感程度、信赖程度、使用情况

①地理细分。即按消费者所处的地理区域、地形气候等来细分市场。这是因为处于不同地理位置的消费者,对于同一类产品的需求和偏爱往往有所不同。

②人口细分。就是按人口统计资料所反映的内容,如年龄、性别、家庭规模、收入、职业、文化水平、宗教信仰等因素来细分市场,这些因素与消费者的需求有着密切的关系。例如在家庭室内装饰方面,有的讲究实惠,投入不多,有的讲究舒适,也有的讲究回归自然。人口因素比较容易衡量,所以是细分市场最常用的标准。

③心理细分。是根据购买力所处的社会阶层、生活方式、个性特点等对市场进行细分。在地理因素和人口因素相似的消费者中,对商品的偏爱程度也不尽一样,这就在于人们的心理区别。

④行为细分。即按购买者对产品的购买动机、使用情况、信赖程度等来划分消费者群。购买动机不同、追求的利益就不同。

对组织者市场来说,除了上述的细分标准以外,有时还采用一些特殊的方法,如图4.2所示。

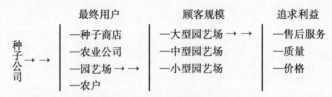

图4.2　顾客规模细分法

(2)有效细分市场的条件　作为一个有效的细分市场,除了必须有实际意义外,还必须具有以下3个条件:

①可衡量性。即细分后的市场购买力大小必须是可衡量测定的;否则,这种细分市场就不能说明问题,企业不能决定是否进入该市场。

②可达到性。即细分后的市场是企业能有效地进入并占领的,也就是企业有能力使这些消费者了解并购买自己的商品。

③可盈利性。细分市场的规模必须是足以使企业有利可图的,也就是要求有一定的市场容量,且有相当的发展潜力,过小的市场就不值得去占领。

2）选择目标市场

市场细分步骤

市场细分揭示了企业所面对的市场机会。接下来,企业必须对这些细分市场进行评估,并确定准备为哪些细分市场提供服务。

（1）评估细分市场 评估细分市场可分以下3步:

①企业必须对各个细分市场的潜在盈利加以评估。

②评估细分市场当前和未来的销售额。

③更深入地探讨隐藏在第二阶段预测销售额背后的市场营销原理。

（2）目标市场的覆盖战略 企业选定了目标市场和目标市场范围之后,就可以确定市场的覆盖战略,市场的覆盖战略有以下3种(见图4.3):

①无差别营销。企业可将细分市场之间的差别忽略不计,在整个市场上只销售一种商品。企业致力于购买者普遍需要的产品,而不是他们所需的不同产品。因此,公司设计一种产品,制订一个营销计划,要引起最广泛的顾客的兴趣。企业凭借广泛的销售渠道和大规模的广告宣传,在人们心目中树立最佳的产品形象。可口可乐公司早期曾采用单一规格单一口味的瓶装饮料,以面向所有消费者,这就是无差别营销的一个明显例子。

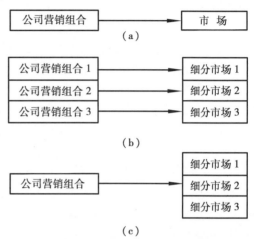

图4.3 3种不同的市场选择战略
(a)无差别营销 (b)差别营销 (c)集中营销

无差别市场营销的依据是成本的经济性。人们认为这是"与标准化生产和大规模生产相适应的市场营销方法"。因产品经营范围窄,可使公司降低生产成本、库存成本和运输成本。无差别广告计划可以降低广告费用。这种无差别营销不需要细分市场的营销调研和规划工作,从而降低了市场营销调研和生产管理的成本。

实行无差别营销的公司一般针对市场中最大的细分市场发展单一产品。当同行业中几家企业都采用无差别战略时,就会使最大的细分市场内竞争加剧,而较小的细分市场内需求难以满足。

②差别营销。在这种情况下,公司同时经营若干个细分市场,并为每个有明显差异的细分市场设计不同的产品营销方案。差别营销在很多企业中使用,如广西容县三宝食品厂,他们认为:市场就是人,把人琢磨透了,还怕找不到赚钱的机会吗?他们通过分析人对市场进行细分,决定:生产婴儿食品,命名为婴宝;专为贫血患者生产补充营养品,命名为血宝;专为老年人夜宵和胃溃疡患者生产营养强化食品,命名为健宝。集中生产3个子市场产品,产品始终供不应求。由于差异性市场策略较无差异市场策略销售量大,因此,大企业或企业发展壮大后都采用这种市场策略。

差异性市场策略的缺点是成本较高,如10种产品各生产1件比1种产品生产10件,成本要高得多。另外,因管理复杂,管理费用加大,库存量也增加,推销费用也高,因为宣传10种产品的广告费比宣传1种产品的广告费,虽然并不一定高10倍,但一定要高得多。对一个企业来说,产品种类太多是不合适的。目前,有的企业采用设计一种能满足多种(至少是两种以上)需要的产品,既可降低成本,又可满足各个子市场或小市场的需要。

③集中营销。许多企业注意到这种方法特别适用于资源条件有限的企业。采用集中营销就是力求能够在一个或几个细分子市场中获得较大的市场占有率,而不是在一个大市场中得到很小的市场占有率。

若企业在某细分市场声誉特别,便可在该细分市场建立巩固的市场地位。此外,企业通过生产、销售和促销的专业化分工,使许多业务费用更节省。如果细分市场选择得当,公司的投资便可获得较高的投资回报。

但是,集中营销所冒的风险比一般情况所冒的风险更大,因为个别细分市场可能出现一蹶不振的情况。风险产生的另一个原因可能是,某一竞争者可能决定进入同一细分市场,从而导致该细分市场的恶化。鉴于这些原因,许多公司宁愿在若干细分市场分散营销。

(3)市场覆盖战略的选择　上述3种市场覆盖战略的选择,必须考虑下列因素:

①企业的资源状况。在公司资源不足的情况下,采用集中营销最能奏效。

②产品的同质性。对于葡萄或低档花卉那样的同类性质产品,比较适当的战略是无差别市场营销;而对那些可有不同设计的产品,如园林小品等,则更适于差别市场营销或集中营销战略。

③产品所处的生命周期阶段。当某种新产品处于导入期时,厂商可采取的最为现实的做法是仅强调产品的一种特点,因此无差别营销或集中营销成效最大。而当此产品进入生命周期的成熟阶段时,采用差别市场营销则更能奏效。

④市场的同质性。如果市场上的购买者口味相同,同时期内采购数量相同,对营销刺激的反应也相同,则最适当的战略是无差别市场营销。

⑤竞争对手的营销战略。公司在其竞争对手纷纷积极进行市场细分的情况下,采取无差别营销战略实际上是自我毁灭。相反,当各竞争厂商都采取无差别市场营销时,借此机会推行差别市场营销或集中营销的公司则会牟取利润。

3)市场定位

通过以上分析和选择后,企业应该明确谁是真正的顾客,这些顾客在哪里,但仅仅如此,还远远不够。企业还必须为目标顾客度身定制产品,即进行市场定位。

市场定位是指为了适应消费者心目中某一特定的看法而设计企业、产品、服务以及其营销组合的行为,包括企业定位、产品定位、服务定位等。

常用的市场定位方法有:

①属性和利益定位法。是指企业设计一个与其他企业同类产品比较起来具有独特功能,使消费者能获得某种利益,而在市场上占有一定地位的产品。

②根据价格和质量定位。是指企业利用产品的高质量、高价格,低质量、低价格的方法,使企业产品形成特定的营销策略。这里说的质量,是指用不同原料和不同工艺形成的质量。

③根据使用者的用途定位。是指因产品增加了新功能、新用途,使同一产品可以满足不同使用者的需要,达到企业产品定位;或指一个老产品因开辟了新用途,满足了新的使用者的需要而达到的市场定位。

④根据使用者定位。是指企业产品以特定的使用者为市场定位的方法。

⑤根据产品档次定位。是指企业生产与竞争者不同档次的产品的定位方法。

⑥根据竞争定位。是指企业针对主要竞争对手的产品特点,设计具有不同特色的产品。这种定位方法可分为:与竞争者面对面竞争的相邻定位和避开竞争对手的潜在定位。

⑦重新定位法。当企业遇到强有力的竞争对手时,产品不断地被挤出市场;或者因消费者需求转移、产品销售日渐困难时,考虑产品的重新定位。

市场细分、市场策略、产品定位策略都是企业的营销策略。市场细分是根据不同的消费群体开发不同的产品。市场策略是为了使现有的产品更具有某些特色,以便与竞争对手竞争。目标市场是在市场细分的基础上,企业选择出一个适合本企业具体条件的能够进入或准备进入的市场。产品定位是企业在选定的目标市场上,使自己的产品更具有优势而确定的产品定位。

【案例及分析】

案例

目标市场选择

目标市场选择标准

20世纪90年代初,深圳市××园艺公司主要经营园林绿化工程,同时也设有花木店兼营花木零售业务。在与客户的长期经营交往中,发现许多宾馆、酒楼、公司和企事业单位买了花卉回去,因不会管理或照料不善,花卉很快就失去了娇美的秀色甚至枯萎凋零。于是,这家公司便决定迎合客户需求,推出了新的经营点子——花卉租摆。

这项新业务一改原来的卖花为租花,将客户点要的玫瑰、月季、菊花、茶花、绿萝等盆花送上门为客户摆放,并定时派人上门进行浇水料理等日常服务。等到租摆出去的花卉需要保养时,便送另一盆新的花卉去租摆并换回需要保养的花卉。

这样的经营方式,既为客户免去了日常管理花卉的麻烦,也不必频频另买盆花,只需花较少的钱,就能使会客厅或办公室秀色长驻;而对花木公司来说,则不但有了长期稳定的客户,也减少了花盆、花卉的无谓损耗。花卉租摆使双方各得其利,大受用户欢迎。

到1992年,已有250多家宾馆、公司和企事业单位成了××园艺公司的常年客户,该公司1992年仅"花卉租摆"一项就收入了80多万元,占了该公司全年园林绿化工程总收入的近一半。

分析讨论

(1)深平园艺公司经营成功的主要原因是什么?

(2)上述案例对我们有什么启示?

市场定位

市场定位策略

【复习思考题】

1.关键概念解释

(1)市场营销 (2)市场细分 (3)目标市场选择 (4)市场定位

2.思考题

(1)简述园林企业进入市场的步骤。

(2)市场营销与推销的主要区别有哪些?

(3)市场细分的常用标准有哪些?

(4)试比较3种市场覆盖战略的优缺点和适用条件。

(5)常用的市场定位方法有哪些?

【实训步骤】

(1)根据项目2经营决策中锁定的产品,制订市场细分标准。

(2)撰写市场细分结果,描述相关市场细分特征。

(3)在充分分析细分市场潜力和市场竞争特点的基础上,选定目标市场。

(4)对选定的产品进行市场定位,并作扼要描述。

任务2　拟订花木产品市场营销方案

市场营销组合　　市场营销组合
的要求

[目标]

1.能够设计产品策略、价格策略、分销渠道策略和促销策略,并合理组合;

2.能够在他们的指导下,设计一份较为完整的花木产品市场营销方案。

1.园林企业市场营销组合

营销组合,就是企业可控制的各种营销手段的综合应用。市场营销组合中包含的营销手段很多,美国营销学家麦克西教授把众多营销手段分为4种基本营销手段,通常也称营销策略(见图4.4)。

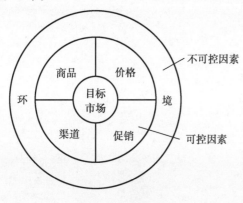

图4.4　营销组合

(1)商品是指企业提供给目标市场的商品和劳务的组合,包括产品的质量、特色、式样、品牌、包装及服务等。

(2)价格是指提供给顾客的产品价格,包括产品的基本价格、折扣、付款时间及信贷条件等。

(3)分销渠道是指企业为使其产品进入和达到目标市场所进行的种种活动,包括销货方式、储存设施、运输条件及库存控制等。

(4)促销是指企业宣传介绍其产品的种种活动,包括人员推销、广告、公共关系及营业推广等。

从图4.4可见,企业的营销组合应围绕着目标市场,以目标顾客群的需要为中心。但企业又不是在真空中制订营销战略,必然会受到各种外部因素的影响。企业应善于使这些可控因素与非可控因素相适应。

营销组合又是一个多层次的组合,四大营销策略是个大组合,各种营销策略内部又包含着许多具体的营销因素。营销组合并不是固定不变的静态组合,而是变化多端的动态组合,随着内外部条件或目标市场的变化,只要某一组合中某一个因素发生变化,就会出现一串新的组合,企业的选择将因此而不同。营销组合的改变或调整,对企业营销活动中各个方面都会产生一系列的影响。

花木营销

2. 花木营销

1) 花木的主要类型

花木产品主要可以分为两类:一类是用来供引种或再生产使用的繁殖材料,如插条、球根、种子、果实等;另一类为直接供观赏、消费的盆花、切花等。

(1)插条　插条主要包括花卉作物的茎段、叶片等部位,由于很多花卉作物均采用茎段作为繁殖材料,因此使用十分广泛。它们的种类较多,常见的有马拉巴栗、红瑞木、茉莉、橡皮树等。此外,采用叶片作为繁殖材料的植物也占有一定的比例,常见的有非洲堇、虎皮掌、毛叶秋海棠、铁十字秋海棠等。作为花卉产品的插条,必须符合健康无病、生长充实等要求。

(2)球根　花卉球根是一类非常主要的繁殖材料。球根不仅作为一种繁殖材料进行销售,它们也以开花前为最终产品形式而被送到消费者的手中。球根可以分为春植球根、秋植球根等类型。前者在春季栽种,夏秋开花,它们主要有大丽花、美人蕉、唐菖蒲等;而后者在秋季栽种,冬春开花,它们主要有风信子、郁金香、中国水仙等。

(3)盆花　盆花产品通常分为观花植物、观叶植物、观果植物等类型。其中,观花植物主要有杜鹃、非洲堇、山茶、一品红等;观叶植物主要有龟背竹、绿萝、散尾葵、袖珍椰子等;观果植物主要有佛手、金橘、石榴、香圆等。

(4)切花　切花指的是从植株上采摘下来的供观赏的枝、叶、花、果等材料,主要分为切枝、切叶、切花、切果4类,具有应用广泛、装饰性强的特点。

2) 花木产品的特点

(1)花木商品是有生命的物质商品　在商品流通过程中,花木必然要与自然界的空气、阳光、水分、土壤发生关系,并参与陆地生态大循环活动,在与各种环境因子保持相对平衡之中保存自己。当自然环境中某种自然因子欠缺而无法满足其生命活动所需时,则这种物质商品即会产生缺陷或成为废品(如苗木缺水而干枯,商品报废),经营这种商品必须考虑应为其创造一定的环境条件,这样,商品才会有旺盛的生命力,才能实现较高的观赏价值。

(2)花木商品是观赏性的植物商品　花木实体是由根、茎、枝、花等植物器官所组成,并且都是通过光合作用来维持其生命活动。尽管它是由乔、灌、花、草4大类数以万计的形态、习性各异的品种组成,但是它却均以土地为基本生产资料。作为商品,它的使用价值主要就是观赏价值,又由于其均有一定的物候季相的表现,因此在不同时期它的观赏价值是不同的。

(3)花木商品是雅俗共赏的精神享受商品　它专门满足人们业余时间的精神消费需求。它以其色彩、形状、姿态、香味以及生命活动中的各种表现来满足人们视觉、嗅觉、触觉等方面的特殊享受。

(4)花木商品是特殊型的娇嫩珍贵商品　花木商品各部位不容许碰、磕、挤、压,需得到特别护理。流通过程的前、中、后必须对其采取保鲜、保活措施,商品才有实际意义。它需要特殊的精美包装,如陶瓷盆、瓶、印花玻璃纸、缎带、精编花篮等。

(5)花木商品是弹性较大的大宗商品　拥有不同层次的最广泛的消费者,不论何种职业或收入高低,几乎每个人都有品玩花木的嗜好与欲望。商品等级差异极大,既有上百、上千乃至上万元的单株商品,又有几十、几元甚至几角钱的单株商品。既有长达几年、十几年乃至几十年的长寿商品,又有几个月、几十天乃至几天的瞬间商品。

3)花木产品的保鲜

花木产品的保鲜,目前主要采用冷却保鲜、应用植物激素和使用保鲜剂 3 种方法。

(1)冷却保鲜　这种保鲜方式有以下 3 种类型:

①冷藏。利用自然冰或机制冰来降低切花、花木繁殖体的温度和维持贮藏环境的低温,一般可保持在 0 ~ 3 ℃,主要用于保鲜运输。一般把花木产品的箱、筐等放在车体,周围用冰块围住;也可在箱或筐中放入冰,一层冰一层花木商品;还可将冰放在花木商品的中间。

②通风库保鲜。通风库保鲜是将花木商品放在通风库内的一种保鲜方式。通风库是用砖、木、水泥、隔热材料等建成的一个固定库,绝热性好,并配有较好的通风设备,利用库内外温度的差异和昼夜温度的变化,进行通风换气,使库内保持比较稳定和适宜的温、湿度条件。但在气温过高、过低的地区和季节,若不加其他辅助设施,仍然难以维持理想的温度条件。

③冷库保鲜。利用冷冻机制冷,使冷库内保持一定低温的冷藏方法,和自然制冷相比,保鲜温、湿度恒定。因此,产品贮藏质量高、贮藏期长,是一种现代化的贮藏保鲜方法,冷库有的可自动调控温、湿度,有的还可自动装卸。

(2)应用植物激素　植物激素也有较好的保鲜作用。例如,常用细胞分裂素 6-BA(6-苄氨基嘌呤)和 KT(激动素),如用 BA5-20 mg/L 处理,可延缓衰老,保绿。

类似的生长素 CIPA、NDA、萘乙酸类和 2,4,5-T(2,4,5-三氯苯氧乙酸)等,还有赤霉素,有阻止花木产品组织衰老、延迟成熟等作用。

(3)使用花卉保鲜剂　大部分商业性保鲜剂都会有碳水化合物、杀菌剂、乙烯抑制剂、生长调节剂和矿质营养成分等。许多切花、切叶经保鲜液处理后可延长货架寿命为原来的 2 ~ 3 倍。

①碳水化合物。碳水化合物是切花的主要营养源和能量来源,蔗糖是最常用的碳水化合物之一,有些配方中还采用葡萄糖和果糖。保鲜剂中的糖也是微生物生长的最佳培养剂,微生物繁殖过多又引起花茎导管的阻塞,因此,糖与杀菌剂应结合使用。

②杀菌剂。在水中生长的微生物大量繁殖后阻塞花茎导管,影响切花吸收水分,并产生乙烯和其他有毒物质,从而加速切花衰老,缩短切花寿命。最常用的杀菌剂是 8-羟基喹啉盐类。银盐(主要是硝酸银)是一种效果良好的杀细菌剂,硝酸银和醋酸银(使用浓度为0.001% ~0.005%)广泛用于花卉保鲜剂中。硫代硫酸银是一种新近广泛采用的植物组织乙烯抑制剂,能在植物组织中起一定的杀菌作用。表4.3 为花卉保鲜剂中使用的杀菌剂。

表 4.3　花卉保鲜剂中使用的杀菌剂

化学名称	简写符号	使用浓度范围
8-羟基喹啉硫酸盐	8-HQS	0.02% ~ 0.06%
8-羟基喹啉柠檬酸盐	8-HQC	0.02% ~ 0.06%
硝酸银	$AgNO_3$	0.001% ~ 0.02%
硫代硫酸银	STS	0.2 ~ 4 mmol/L
噻菌灵(特克多)	TZB	0.000 5% ~ 0.03%
季铵盐	QAS	0.000 5% ~ 0.03%
缓释氯化合物	—	0.005% ~ 0.04%(氯)
硫酸铝	$Al_2(SO_4)_3$	0.02% ~ 0.03%

③乙烯抑制剂。1-甲基环丙烯(1-MCP)和硫代硫酸银(STS)是目前花卉业使用最广泛的最佳乙烯抑制剂。STS需随配随用,配制方法(Gorin等,1985)如下:先溶解0.079 g硝酸银(AgNO$_3$)于500 mL无离子水中,再溶解0.462 g硫代硫酸钠(Na$_2$S$_2$O$_3$·5H$_2$O)于500 mL无离子水中,把AgNO$_3$溶液倒入Na$_2$S$_2$O$_3$·5H$_2$O溶液中,并不断搅拌。此混合液即为银离子浓度为0.463 mmol的STS溶液。配好的溶液最好立即使用,如不马上使用,应避光保存在棕色玻璃瓶或暗色塑料容器内。STS溶液可在20~30 ℃下的黑暗环境中保存4天。

AVG、MVG和AOA均可拮抗组织中乙烯的产生,延长许多切花的瓶插寿命。

④生长调节剂。生长调节剂包括人工合成的生长激素和阻止内源激素作用的一些化合物,可引起、加速或抑制植物体内各种生理和生化进程,从而延缓切花的衰老过程。细胞分裂素为最常用的保鲜剂成分。

⑤其他延长采后寿命的化合物。最常用于保鲜液的有机酸的有柠檬酸,有机酸能降低水溶液的pH值,促进花茎水分吸收和平衡,减少花茎的阻塞。一些抑制剂如放线酮、叠氮化钠和整形素可延长一些切花的瓶插寿命,它们抑制呼吸作用和某些生化过程。一些盐类,如钾盐、钙盐、硼盐、铜盐、镍盐和锌盐能抑制水溶液中的微生物活动,控制一些生化反应和代谢活动,从而影响切花瓶插寿命。为了帮助切花吸水和水分作用,也常在保鲜液中加入润湿剂,如1×10^{-4}%的次氯酸钠,0.1%的漂白剂或吐温-20(浓度为0.01%~0.1%)。

表4.4为几种切花保鲜液配方。

表4.4　几种切花保鲜液配方

用　途	保鲜液成分与浓度/%				
	蔗　糖	柠檬酸	硝酸银	8-HQC	physan
月季瓶插液	1.5	0.032	—	—	—
瓶插液(月季以外切花)	1.5	0.032	0.002 5	—	—
通用瓶插液	1.5	—	—	0.025	—
唐菖蒲过夜脉冲液	20	—	—	0.025	—
香石竹花蕾开放液	10	—	—	—	0.02
菊花花蕾开放液	2	—	—	—	0.022

4)花木产品的营销策略

在选择好一般市场营销组合策略的基础上,还要根据花木的特点注意以下三个方面:

(1)追求客户的多样性　既要与政府部门保持良好的关系,又要联系好相关企业,例如,城市建设企业、开发商、宾馆、酒店、大型商场、婚庆公司、办公楼宇、社会团体等;同时也要面向零售商和个人用户,尤其是要搞好大客户的管理。

(2)突出服务营销　首先,要注重"人"在服务营销中的作用,这里所指的"人"有两个方面的含义:一是指消费者;二是指提供服务的人员。对销售者而言,主要是注重对服务产品购买者行为的洞察与掌握,即了解服务产品的特征如何影响消费者的购买行为,消费者对服务产品的特点、优缺点及潜在的购买风险的评价,由此制订出有效的服务营销计划。对服务人员而言,由于服务过程是服务人员与顾客直接接触的过程,服务的好坏不仅与顾客的行为密切相关,而且更重要的是取决于服务人员的素质。因此,提高服务质量与提高服务人员和消费者接触的水平至关重要。其次,要注重"时间"的重要性。在服务营销过程中,因服务产品的生产与消费是同时进行的,而且是由顾客同服务人员面对面依次进行的,如果顾客多于服务人员或服务人员技术不熟练,就必然会导致顾客等候消费的现象。等候时间过长对视时间为金钱的现代顾客而言无疑会引起顾客的不快,使其对企业的服务质量及形象产生怀疑。因此,掌握服务时间的节奏,安排合理的服务人员规模,提供及时、快捷的服务,是至关重要的。服务内容包括:主动对新建绿地项目招标承揽,按设计优化配货,低价供货。主动对城市既有的公共绿地、专用绿地、街心绿地、街道绿带等进行调查,为拾遗补阙配料供货,送货到现场。主动为社会各方、街道居民提供礼仪套花设计,任选保供,如婚庆布绿(树)、新人、新房、礼堂、宴厅、车队等所需的花、花束、花环、花冠、花盆、花篮等全套设计。除此以外,还有老寿星寿诞花冠、花环、花饰,喜添千金贵子的全套礼品盆花、玉女套花,喜丧葬礼的百套花等。主动为宾馆、写字楼、大型会议、大型展览、机关、团体等单位提供租摆样板展示(可用照片)服务,以招揽租摆业务。主动为客户承担珍稀花木代培(育)、代(采)购服务。主动设计并推出各种节日用花,如元旦节、春节、情人节、母亲节、五一节、五四青年节、六一儿童节等用花及时上市,为各阶层人民欢度节日增添异彩。

(3)相对灵活的价格策略   对供大于求的品种,采取微利保本、优质取胜、挤进市场的策略。凡不易保存的品种宁亏保销,不压库存,不轻易退出市场。对供求平衡的品种实行薄利多销,展声誉,夺市场。对求大于供的商品,坚持平利扩销,扩大市场占有率。当市场波动不稳时按常利稳销,通过稳定价格去稳定市场。手握紧销商品时可以以稍高的价格销售,但对老客户应适当让利,与老顾客建立进一步的良好关系。

3. 市场营销方案一般内容

市场营销方案一般包含以下8项内容:

1)内容概要

内容概要是对主要营销目标和措施的简短摘要,目的是使管理部门迅速了解计划的主要内容,抓住计划的要点。

2)当前营销状况分析

当前营销状况分析主要提供该产品目前营销状况的有关背景资料,包括市场、产品、竞争、分销以及宏观环境状况的分析。

(1)市场状况   列举目标市场的规模及其成长性的有关数据、顾客的需求状况等。

(2)产品状况   列出企业产品组合中每一个品种近年来的销售价格、市场占有率、成本、费用、利润率等方面的数据。

(3)竞争状况   识别出企业的主要竞争者,并列举竞争者的规模、目标、市场份额、产品质量、价格、营销战略及其他的有关特征,以了解竞争者的意图、行为,判断竞争者的变化趋势。

(4)分销状况   描述公司产品所选择的分销渠道的类型及其在各种分销渠道上的销售数量。

(5)宏观环境状况   主要对宏观环境的状况及其主要发展趋势作出简要的介绍,包括人口环境、经济环境、技术环境、政治法律环境、社会文化环境,从中判断某种产品的命运。

3)风险与机会(如SWOT分析)

对企业的某种产品所面临的主要机会和风险、企业的优势和劣势以及其他重要问题进行系统分析。

4）目标

（1）财务目标　即确定每一个战略业务单位的财务报酬目标，包括投资报酬率、利润率、利润额等指标。

（2）营销目标　财务目标必须转化为营销目标。营销目标如销售收入、销售增长率、销售量、市场份额、品牌知名度及分销范围等。

5）营销战略（4PS）

（1）目标市场的选择和市场定位战略　明确企业的目标管理市场，即企业准备服务于哪个或哪几个细分市场，如何进行市场定位，确定何种市场形象。

（2）营销组合战略　即企业在其目标市场上拟采取的具体的营销战略，如产品、渠道、定价及促销等方面的战略。

（3）费用战略　说明为执行各种战略所必需的营销费用。

6）行动方案

阐述以下问题：将做什么，何时开始，何时完成，谁来做，成本是多少，等等。

可以列表加以说明，表中具体说明每一时期应执行和完成的营销活动的时间安排和费用开支等。如每项营销活动何时开始、何时完成、何时检查、费用多少等，使整个营销战略落实于行动，并能循序渐进地贯彻执行。

7）营销预算

营销预算即完成上述工作所需各项费用支出及总计额。

8）营销控制

将计划规定动作的营销目标和预算按月或季分别制订，上一级的管理者每期都要审查企业各部门的业务实绩，找出达到或未达到预期目标的部门。凡未完成计划的部门，其主管人员必须说明原因，并提出改进措施，以争取实现预期的目标。

【案例及分析】

案例

2010年，浙江萧山花木销售收入达到9亿元，产品销往全国31个省（区、市），并出口到美国、韩国、日本、欧盟等国家和香港地区。那么，萧山花木的营销诀窍有哪些？

1）市场搭平台

实现生产者与市场的对接，是萧山苗木生产能够做到有的放矢的关键。

为实现这个目标，萧山先后建立了萧山花木市场和中国（萧山）花木城两个大型花木专业批发市场。中国（萧山）花木市场每天还开放早市，苗农可以在5:00—8:00进行小苗现场交易。此外，利用市场与客户联系紧密的优势，中国（萧山）花木城已连续成功举办了4届浙江（萧山）花木节系列活动，吸引了国内外的育苗专家和客商参会，提高了知名度，提升了萧山花木的整体形象。

在市场搭起的大平台引导下，萧山的花木生产者除了能够及时把握市场行情和信息外，还通过市场和花木协会多次将设计、施工单位和花木生产者组织到一起，使苗木生产和应用很好地对接起来，改变了原来小而全种植常规品种的模式，向大规格、高档次、培育主导品种的方向发展,引进和推广了"新优特"绿化品种。

2)网络行天下

建立网上营销平台,使萧山花木的销售渠道大为拓宽。

据不完全统计,萧山有100多家花木企业都建立了自己的网站,在业内形成了浩大的宣传声势,对业内相互调剂品种起到了良好的作用。2006年,萧山花木实现网上销售5 000余万元。浙江杭州(萧山)××苗木配送有限公司将几百个品种的不同规格的苗木价格全部公布到网上,实施苗木"超市化"运作,深受客户的信赖和喜爱。如今,像浙江杭州(萧山)××苗木配送有限公司这样将苗木价格透明化进行"超市"运作的企业,在萧山已是遍地开花。很多单位靠网络宣传,打开了一片天地,40%的业务是通过网络交易的。萧山的这种超前的苗木经营模式,在中国可以说是一枝独秀。2004年,绿化苗木业在全国范围内遇到了市场寒流,销售量急剧下降,售价大幅回落,绿化苗木产业进入了调整期。但萧山花木生产仍保持了较好的势头,2005年的花木产值比2004年增加了7.6%,达到11.57亿元。

3)经纪人担纲

花木经纪人是花木产业发展到一定阶段的产物。萧山长期从事苗木销售的经纪人有2 000多人,70%的苗木靠经纪人得以销售。萧山的苗木经纪人用敏锐的眼光和超前的胆识发现并开拓了一个又一个市场,接到了一批又一批订单。

为了充分发挥经纪人的作用,浙江省成立了浙江花协花木经纪人分会,吸收会员200多人。分会的成立,不仅在行业培训、交流、规范、标准、自律等方面起到了作用,而且会对今后萧山的花木销售起到很大的促进和推动作用。

4)信誉是资产

信誉是一种资产。在花木业面临激烈竞争的今天,萧山的花木营销始终把信誉放在第一位。首先他们营造营销环境,从带领客户看苗、订货、装运到办理有关手续等各个环节都提供优质的一条龙服务。其次,售后服务过硬,无论是萧山的苗农、苗企,还是苗木经纪人,他们都奉行交易成功不等于生意结束的理念,交易完成后他们依然会做好苗木装卸、运输、施工和养护等过程的工作。

分析讨论

(1)浙江萧山花木营销主要在营销组合的哪些方面采取了措施? 分别是什么措施?

(2)你还能为浙江萧山花木营销出哪些点子?

【复习思考题】

讨论想顾客所想

1.关键概念解释

市场营销组合

2.思考题

(1)花木产品的主要类型有哪些?

(2)花木产品有哪些特点?

(3)目前花木产品保鲜的方法有哪些?

(4)常用的花卉保鲜剂有哪些?

(5)在制订花木产品营销策略时应特别注意哪些问题?

【实训步骤】

（1）设计花木产品的产品策略。

（2）设计上述花木产品的价格策略。

（3）设计上述花木产品的分销渠道策略。

（4）设计上述花木产品的促销策略。

（5）在教师指导下,设计完成上述花木产品的营销方案。

项目 **5** 园林绿化项目管理

任务 1　项目投标

绿化项目管理的含义　　园林绿化工程项目来源

[目标]

1. 能够分析园林绿化项目招标书；
2. 能够撰写项目投标书。

1.项目与项目管理

项目是一个特殊的将被完成的有限任务，它是在一定时间内，满足一系列特定目标的多项相关工作的总称。它包含三层含义：第一，项目是一项有待完成的任务，且有特定的环境与要求；第二，在一定的组织机构内，利用有限资源（人力、物力、财力等）在规定的时间内完成任务；第三，任务要满足一定性能、质量、数量、技术指标等要求。这三层含义对应这项目的三重约束：时间、费用和性能。项目的目标就是满足客户、管理层和供应商在时间、费用和性能（质量）上的不同要求。园林绿化项目的内容包括整理山水、改造地形、辟筑道路、铺装场地、营造建筑、构筑工程设施、绿化栽植等多项内容。它从设计到施工阶段，都着眼于完工后的景观效果，总目标是为人类创造良好的生存环境，创造园林式的绿化空间。

一般来说，项目具有以下基本特征：

①目标明确。项目的结果可能是一种期望的产品，也可能是一种所希望得到的服务。

②独特的性质。每一个项目都是唯一的。

③资源成本的约束性。每一项目都需要运用各种资源来实施，而资源是有限的。

④项目实施的一次性。重复的活动和任务不能称为"项目"。

⑤项目的确定性。项目必有确定的终点，在项目的具体实施中，外部和内部因素总是会发

生一些变化,当项目目标发生实质性变动时,它不再是原来的项目了,而是一个新的项目,因此项目的目标是确定性的。

项目管理是指在项目活动中运用专门的知识、技能、工具和方法,使项目能够在有限资源条件下,实现或超过设定的需求和期望。项目管理是针对一些与成功地达成一系列目标相关的活动(譬如任务)的整体。这包括策划、进度计划和维护组成项目的活动的进展。项目管理具有复杂性、创造性、阶段性、整合性和复合性等特点。与一般项目相比,园林施工与养护的有机结合是园林绿化项目管理中一个最突出的特点。

2. 园林绿化工程项目来源

按园林绿化工程项目的用途,园林绿化工程可分为以下三大类:

①公园、植物园、动物园、陵园以及风景浏览区、自然保护区、道路、广场等处的公共绿地。

②机关、团体、学校、部队以及其他企事业单位和居住区内的专用绿地。

③铁路、公路、海塘、江堤、河道沿线以及水闸管理区和农田中用于防护的绿(林)地和防护林。

按资金来源,园林绿化工程可分为:国家投资的,如公园、植物园、动物园、公共绿地等;企业出资的,如居住小区园林绿化;个人出资的,如庭院园林绿化;其他个人投资、领养、认建的园林绿化工程;等等。园林绿化工程项目既包括建设项目,也包括养护项目,或是建设、养护两者的结合。

根据我国政府的有关规定:大型基础设施、公共事业等关系社会公共利益、公众安全的项目,全部或者部分使用国有资金投资或者国家融资的项目,使用国际组织或者外国政府贷款、援助的项目,其设计、施工单位通过招投标方式确定。养护单位应通过招投标方式确定的项目包括:养护期不少于1年的公共绿地、防护林地以及行道树的日常养护不少于 50 000 元,或者绿地面积不少于 10 000 m²;城市道路以及公路、铁路两侧的绿地和其他绿地养护不少于 70 000 元,或者绿地面积不少于 20 000 m²;年养护经费在 100 000 元以上的园林绿化养护项目;法律法规规定必须进行园林绿化养护招投标的项目。《中华人民共和国招标投标法》规定任何单位和个人不得将依法必须进行招标的项目化整为零或者以其他任何方式规避招标。国家还鼓励其他园林绿化项目(如苗木采购等)采用招标形式。

园林项目招投标管理

3. 园林项目招投标管理

招标投标是在进行大宗货物的买卖、工程建设项目的发包与承包、服务项目的采购与提供时,所采用的一种交易方式。在这种交易方式下,通常是项目采购(包括货物的购买、工程的发包和服务的采购)的采购方作为招标方,通过发布招标公告或者向一定数量的特定供应商、承包商发出招标邀请等方式发出招标采购的信息,提出所需采购的项目的性质及其数量、质量、技术要求、交货期、竣工期或提供服务的时间,以及其他供应商、承包商的资格要求等招标采购条件,表明将选择最能够满足采购要求的供应商、承包商,并与之签订采购合同的意向,由各投标方提供采购所需货物、工程或服务的报价及其他响应招标要求的条件,参加投标竞争。经招标方对各投标者的报价及其他的条件进行审查比较后,从中择优选定中标者,并与其签订采购合同。

1)投标书的结构

由于大部分的园林绿化工程是通过招标确定施工或养护单位的,因此,大部分的园林企业需要通过投标才有可能获得园林绿化建设或养护项目,尤其是大、中型项目。投标者应仔细阅读招标公告,并填写投标书。投标书实际上是一份表格,一般包括投标方授权代表签署的投标函,说明投标的具体内容和总报价,并承诺遵守招标程序和各项责任、义务,确认在规定的投标有效期内,投标期限所具有的约束力,还包括技术方案内容的提纲和投标价目表格式等内容(见表5.1、表5.2)。

表 5.1　某园林绿化工程项目投标书

投标者姓名		年　龄		性　别	
身份证号码		电　话		手　机	
家庭住址				邮　编	
所投合同段				投标报价/元	
是否愿意参加二次招标				投标者签字	

投标者基本情况简介

(包括植树经验、组织协调能力、个人信誉、拟采取的施工计划等。本栏不够,可写于背面)

承诺书

本人签字宣布同意如下:
1.将按"招标文件"的规定履行相应义务。
2.已详细审查了全部"招标文件",完全理解并同意放弃对其有不明及误解的权利。
3.同意按照贵方要求提供与投标有关的一切数据或资料。

投标者签字:　　　　　　　　　　　　　年　月　日

身份证复印件粘贴(可附背面)

表 5.2　某公司苗木采购投标书

序　号	名　称	高度/m	胸径/cm	地径/cm	冠幅/cm	招标数量/株	投标人报价/(元·株⁻¹)	可供数量/株
1	速生杨		≥2.5			54 976		
2	速生杨		≥6			460		
3	毛白杨		≥2.5			3 643		
4	垂　柳		≥2.5			20 645		
5	馒头柳		≥2.5			41 746		
6	馒头柳		≥4			27		

续表

序 号	名 称	高度/m	胸径/cm	地径/cm	冠幅/cm	招标数量/株	投标人报价/(元·株⁻¹)	可供数量/株
7	河南桧	≥1				10 570		
8	河南桧	≥3				188		
9	桧柏球				60×60	109		
10	紫穗槐			≥0.6		95 280		
11	火 炬		≥1			141 729		
12	火 炬		≥2.5			2 300		
13	木 槿			≥4	冠径 50	161		
14	木 槿	≥1.5				7 054		
15	珍珠梅	≥1.5				671		
	金银木	≥1.5				922		
	迎 春	≥1.5				3		
	丁 香			≥3		3		
	红花洋槐		4~5			1		
16	金叶女贞	0.4				6 671		
	紫叶小檗	0.5				643		
17	大叶黄杨	0.5				5 769		
18	黄杨球				冠径 60	119		

投标人签字： 年 月 日

2）项目招标

项目招标往往是提出项目的法人或其他组织的事,但为了参与投标,提高投标的成功率,园林企业的有关管理人员应了解招标的过程。

（1）招标的形式 通常招标的形式有4种:公开招标、邀请招标、两阶段招标和议标。项目招标主要采用公开招标和邀请招标。

①公开招标。是指招标人以招标公告的方式邀请不特定的法人或者其他组织投标。即招标人按照法定程序,发布招标广告,凡有兴趣并符合公告要求的企业,不受地域、行业和数量的限制均可以申请投标,经过资格审查合格后,按规定时间参与投标竞争。

②邀请招标。是指招标人以投标邀请书的方式邀请特定的法人或者其他组织投标。由招标人员根据承包者的资信和业绩,选择一定数量的法人和其他组织,向其发出投标邀请书,邀请他们参加投标竞争。招标人向3个以上具备承担项目能力的、资信良好的特定法人或者其他组织发出投标邀请书。

③两阶段投标。也称两步法招标,是无限竞争性招标和有限竞争性招标相结合的一种招标方式。它适用于内容复杂的大型工程项目。通常做法是:先通过公开招标,邀请投标人提交根据概念设计或性能规格编制的不带报价的技术建议书,进行资格预审和技术方案比较,经过开

标评标,淘汰不合格者,合格的承包者提交最终的技术建议书和带报价的投标文件,再从中选择业主认为合乎理想的投标人与之签订合同。第一阶段不涉及报价问题,称为非价格竞争;第二阶段才进入关键性的价格竞争。

④议标。议标也称非竞争性招标。这种招标方式的做法是业主邀请一家自己认为理想的承包者直接进行协商谈判,通常不进行资格预审,无须开标。严格来说,这并不是一种招标方式,而是一种合同谈判。但是谈判的双方仍受到市场价格及国际惯例的制约。议标常用于总价较低、工期较紧、专业性较强或因保密不宜招标的项目。

(2)招标的过程　招标的过程如下:

①发布招标公告或投标邀请书。招标公告是招标人以公开方式邀请不特定的潜在投标人就某一项目进行投标的明确意思表示,这是公开招标的第一步。

依法必须进行招标项目的招标公告应当通过国家指定的报刊、信息网络或其他媒介发布。招标广告应包括以下主要内容:

- 招标人的名称、地址、电话、联系人或招标代理机构的名称、地址、电话、联系人。
- 招标项目的性质。
- 招标项目的数量。
- 招标项目的实施地点。
- 招标项目的实施时间、质量要求。
- 获取招标文件的方法。
- 对投标人的资格要求。
- 报送投标的时间、地点和截止日期。
- 招标的资金来源。
- 招标工作安排等。

投标邀请书是法定招标项目按规定经批准可采用邀请招标方式时,招标人以邀请书的形式邀请事先选定的特定的潜在投标人就某一项目进行投标的明确意思表示。投标邀请书的法定内容与公开招标的招标公告内容一致。

招标单位根据工程具体情况和要求编写资格预审文件,并报招标管理机构审查,同意后刊登资格预审通告,按规定日期、时间发放资格预审文件。资格预审文件应包括以下内容:

- 投标单位与机构情况。
- 近3年完成工程的情况。
- 目前正在履行的合同情况。
- 过去两年经审计过的财务报表。
- 过去两年的资金平衡表和负债表。
- 下一年度的财务预测报告。
- 施工机械设施情况。
- 各种奖励或处罚。
- 与本合同资格预审有关的其他资料。

②资格预审评价。招标人对投标合法性合格的投标人要进行评价,以便淘汰在能力上不合格的潜在投标人。目前国内常用的评价方法是"综合评价法",具体做法是首先根据工程特点确定评价项目、标准,其次淘汰报送资料不全的潜在投标者,如果投保人数目较多,招标人可以评出项目标准评分,最后根据评分结果从高分到低分确定投标人名单,并向所有合格单位发出

资格预审合格通知书,申请单位应在收到通知书后以书面形式予以确认。

③发售招标文件。收到允许参加投标通知的潜在投标人,按招标公告或资格预审合格通知书规定的时间向招标人购买或领取招标文件。不进行资格预审的发售给愿意参加投标的单位。投标人收到招标书后,在7日内以书面形式向招标人提出有关疑问或需澄清的问题。

④投标预备会。投标预备会的目的在于澄清招标文件中的疑问,解答投标人对招标文件和现场踏勘所提出的疑问。一般可以安排在发售招标文件后7~28日举行。会议主要内容是:对图纸或有关问题交底;澄清招标文件的疑问或补充修改招标文件;解答投标人提出的疑问;通知有关事宜。

⑤受理投标文件。在投标截止时间前,招标人应做好投标文件受理准备工作,如签收的书面证明,书面证明中列有签收的时间、地点、具体签收人、签收的件数、密封状况和送达人签字。招标单位要对文件的密封标志签收,遵守有关规定,并妥善保管。

⑥工程标底价格的报审。工程施工招标的标底价格在开标前报招标管理机构审定,招标管理机构在规定的时间内完成标底价格的审定工作,未经审定的标底价格一律无效。

标底价格审定完成后应及时封存,直至开标。所有标底价格的人员在截止日后、开标之前都有保密责任,不得泄露标底价格。

⑦开标。开标就是提交投标文件截止后,招标人在预先规定的时间将各投标人的投标文件正式启封揭晓,这是定标成交阶段的第1个环节。开标、评标就是选择中标人。开标方式可以分成秘密开标和公开开标。公开开标是目前招标投标中的主要方式。

公开开标一般按以下程序进行:

• 主持人按招标文件中确定的时间停止接收投标文件,开始开标。
• 宣布开标人员名单。
• 确认投标人的法定代表人或授权代表人是否在场。
• 宣布投标文件开启顺序。
• 依开标顺序,先检查投标文件密封是否完好,再启封投标文件。
• 宣布投标要素,并做记录,同时由投标人代表签字确认。
• 对上述工作进行记录,存档备查。

公开开标后,检查投标工作的密封情况。经检查密封情况完好的投标文件,由工作人员当众逐一启封,当场高声宣读各投标人的名称、投标价格和投标文件的其他主要内容,此为唱标。这主要是为了保证投标人及其他参加人了解所有投标人的投标情况,增加开标程序的透明度。

开标会议上一般不允许提问或做任何解释,但允许记录或录音。投标人或其代表应该在会议签到簿上签名以证明其在场。开标后,不得要求也不允许对投标进行实质性修改。唱标完毕,开标会议即结束。

一般情况下,在开标时,招标人对有下列情况之一的投标文件,可以拒绝或按无效标处理:

• 投标文件密封不符合招标文件要求的。
• 逾期送达的。
• 投标人法定代表人或授权代表人未参加开标会议的。
• 未按招标文件规定加盖单位公章和法定代表人(或其授权人)的签字(或印鉴)的。
• 招标文件规定不得标明投标人名称,但投标文件上有投标人名称或有任何可能的透露投标人名称的标记的。

⑧评标。投标文件一经开拆,即转送评标委员会进行评价,以选择最有利的投标。这一步

骤就是评标。评标工作一般按以下程序进行：

- 招标人宣布评标委员会成员名单并确定主任委员。
- 招标人宣布有关评标纪律。
- 在主任委员主持下,根据需要,讨论通过成立有关专业组和工作组。
- 听取招标人介绍招标文件。
- 组织评标人员学习评标标准和方法。
- 提出需澄清的问题。经评标委员会讨论,并经 1/2 以上的委员同意,提出需投标人澄清的问题,以书面形式送达投标人。
- 澄清问题。对需要文字澄清的问题,投标人应以书面形式送达评标委员会。
- 评审,确定中标候选人。评标委员会按招标文件确定的评标标准和方法,对投标文件进行评审,确定中标候选人推荐顺序。
- 提出评标工作报告。在评标委员会 2/3 以上委员同意并签字的情况下,通过评标委员会工作报告,并报招标人。

经初步评审合格的投标文件,评标委员会根据招标文件确定的评标标准和方法,对其商务部分和技术部分作进一步评审、比较。

商务评审的目的在于从成本、财务和经济分析等方面评定投标报价的合理性和可靠性,并估量授标给各投标人后的不同经济效果。商务评审的主要内容有：

- 将投标报价与标底价进行对比分析,评价该报价是否可靠、合理。
- 投标价构成和水平是否合理,有无严重不平衡报价。
- 审查所有保函是否被接受。
- 进一步评审投标人的财务实力和资信程度。
- 投标人对支付条件有何要求或给予招标人以何种优惠条件。
- 分析投标人提出的财务和付款方面的建议的合理性。
- 是否提出与招标文件中的合同条款相悖的要求,如重新划分风险,增加招标人责任范围,减少投标人义务,提出不同的验收、计量办法和纠纷、事故的处理方法,或对合同条款有重要保留等。

技术评审的目的在于确认备选的中标人完成本招标项目的技术能力以及所提方案的可靠性。与资格评审不同的是,这种评审的重点在于评审投标人将怎样实施本招标项目。技术评审的主要内容有：

- 投标文件是否包括了招标文件所要求提交的各项技术文件,它们同招标文件中的技术说明或图纸是否一致。
- 实施进度计划是否符合招标人的时间要求,注意计划是否科学严谨。
- 投标人准备用哪些措施来保证实施进度。
- 如何控制和保证质量,这些措施是否可行。
- 组织机构、专业技术力量和设备配置能否满足项目需要。
- 如果投标人在正式投标时已列出拟与之合作或分包的单位名称,则这些合作伙伴或分包单位是否具有足够的能力和经验是项目顺利实施和完成的保障。
- 投标人对招标项目在技术上有保留条件或建议,这些保留条件是否影响技术性能和质量,其建议的可行性和技术经济价值如何。

⑨中标。中标是招标人根据评价报告和推荐的中标候选人名单最后选定一名投标人为中

标者的过程。

⑩合同签订。招标单位与中标的投标单位在规定的期限内签订合同。在约定的日期、时间和地点根据《中华人民共和国经济合同法》及其相关规定,依据招标文件,投标文件双方签订施工合同。

3)项目投标

(1)投标的前期准备　参与投标竞争是一项十分复杂并且充满风险的工作,因而园林企业正式参加投标之前,需要进行一系列的准备工作。

投标的前期工作包括成立投标工作组织、参加投标资格预审、研究招标文件、参加标前会议、搜集相关信息和调查研究。

①成立投标工作组织　园林企业应设置专门的工作机构和人员对投标的全部活动过程加以组织和管理。平时多掌握市场动态信息,积累有关资料,遇有招标项目则办理参加投标的手续,研究投标策略,编制投标文件,争取中标。投标人的投标班子应该由经营管理类人才、技术专业类人才、商务金融类人才和合同管理类人才等组成。

为了保守单位对外投标的秘密,投标工作机构人员不宜过多,尤其是最后决策的核心人员,更应严格限制。

②投标资格预审　资格预审资料的准备和提交是与专业资格预审文件及审查的内容和要求相一致的。资格预审项目一般包括5个方面:投标申请人概况、经验与信誉、财务能力、人员能力和设备。

项目性质不同、招标范围不同,资格预审表的样式和内容也有所区别。但一般都包括:投标人身份证明、组织机构和业务范围表;投标人在以往若干年内从事过的类似项目经历(经验)表;投标人的财务能力说明表;投标人各类人员表以及拟派往项目的主要技术、管理人员表;投标人所拥有的设备以及为拟投标项目所投入的设备表;项目分包及分包人员表;与本项目资格预审有关的其他资料。

③研究招标文件　重点研究招标文件中的下列内容:

a.研究投标者须知。应了解招标项目的资金来源,招标项目资金的提供机构,建设养护资金是否落实。了解资金提供机构关于资金使用的有关规定。了解招标文件对投标担保形式、担保机构、担保数额和担保有效期的规定,应注意若有其中之一不符合招标人要求的将列为废标。了解投标文件送达的时限、方式、份数。了解招标人是否允许对招标文件所提出的方案进行更改、调整、建议。

b.合同分析。投标单位应注意对合同背景进行分析,其一是项目的合同结构,即业主签订多少个合同,不同的专业合同与相关联签订的合同方式、委托监理的方式等;其二是合同的法规背景,给予拟签订的合同相关的法规条款;其三是承包方式、合同计价方式(总价合同、单价合同、成本补偿合同)、合同的风险因素等。

除了以上两个内容以外,还要研究技术规定、分析工程量清单、分析评标办法等。

④调查研究,勘查现场　为了获得投标决策的主动权,投标人要广泛搜集与招标项目相关的各种信息。通过勘查施工现场、查阅资料、参加有关会议、走访同行专家和地域相关管理机构等多种形式开展信息汇集工作,为投标决策提供必要的依据。

调查的主要内容包括施工现场自然条件调查、施工条件调查、施工辅助条件调查、生产要素市场调查、潜在的协作单位调查、招标单位及关联单位情况调查、对竞争对手的调查、项目所在地有关机构情况调查、业主及项目情况调查。

（2）投标决策　投标决策包括3方面内容：针对项目招标，或是不投标；倘若去投标，是投什么性质的标；投标中如何采用以长制短，以优胜劣的策略和技巧。

要决定是否参与某项目的投标，首先要考虑本企业当前的经营状况和参加投标的目的。其次，选择投标项目时，要衡量自身是否具备条件参加某项目投标。

①判断是否投标的方法与步骤　决策理论有许多分析方法，专家评分法在进行投标决策时仍然时常采用。利用专家评分法进行投标决策的步骤如下：

a. 按照所确定的指标对本企业完成该项目的相对重要程度分别确定权数。

b. 用各项指标对投标项目进行衡量，可将标准划分为好、较好、一般、较差、差5个等级，各等级赋予定量数值，如按1.0,0.8,0.6,0.4,0.2打分。

c. 将每项指标权数与等级分相乘，求出该指标得分。全部指标得分之和即为此项目投标机会总分。

d. 将总得分与过去其他投标情况进行比较或预先确定的准备接受的最低分数相比较，来确定是否参加投标。

②报价决策　报价应当根据招标文件的要求和招标项目的具体特点，结合市场情况和自身竞争实力自主报价，但不得以低于成本的报价竞标。

投标报价计算是投标人对承揽招标项目所要发生的各种费用的计算，包括单价分析、计算成本、确定利润方针，最后确定标价。在进行标价计算时，必须首先根据招标文件复标或计算工作量，同时要结合现场踏勘情况考虑相应费用。标价计算必须与采用的合同形式相协调。

③投标策略　投标策略是指企业在投标竞争中的指导思想与系统工作部署及其参与投标竞争的方式和手段。

因招标内容不同、企业性质不同，故所采取的投标策略也不相同。下面仅就园林工程投标的策略进行简要介绍。投标策略的主要内容有：

a. 以信取胜。这是依靠企业长期形成的良好社会信誉、技术和管理上的优势，优良的工程质量和服务措施、合理的价格和工期等因素争取中标。

b. 以快取胜。通过采取有效措施缩短施工工期，并能保证进度计划的合理性和可行性，从而使招标工程早投产、早收益，以吸引招标人。

c. 以廉取胜。在保证施工质量的前提下报低价，这对业主一般都具有较强的吸引力。

d. 靠改进设计取胜。通过仔细研究原设计图纸，若发现明显不合理之处，可提出改进设计的建议和能切实降低造价的措施。在这种情况下，一般仍然要先按原设计报价，再按建议的方案报价。

e. 采用以退为进的策略。当发现招标文件中有不明确之处并有可能据此索赔时，可报低价先争取中标，再寻找索赔机会。采用这种策略一般要在索赔事务方面具有相当成熟的经验。

f. 采用长远发展的策略。其目的不在于从当前的招标工程上获利，而是着眼于发展，争取将来的优势，如为了开辟新市场、掌握某种有发展前途的工程施工技术等，宁可在当前招标工程上以微利甚至无利的价格参与竞争。

4）项目合同签约

项目合同是指项目所有者与中标者为完成项目目标而达成的明确的相互权利和义务关系的具有法律效力的协议。项目合同大致上有：项目总承包合同、项目分包合同、转包合同、劳务分包合同、劳务合同、联合承包合同、采购合同等。

（1）合同的内容　下面以施工合同为例来说明园林绿化工程合同的主要内容。

项目合同内容

①工程范围。工程范围具体包括工程名称、工程地点、工程规模、结构特征、资金来源、投资总额、工程的批准文号等。

②建设工期。建设工期指整个施工工程从开工至竣工所经历的时间。开工日期通常是指建设项目或单项工程开始施工的日期,通常具体约定开工年、月、日。竣工日期是指全部完成约定的建设项目并达到竣工验收标准的日期。

③中间交工工程的开工和竣工日期。在签订分包合同时,在保证总工期的前提下,对单位工程分专业的中间交工项目,具体明确地规定开、竣工日期。

④工程质量。工程质量应当达到有关工程文件的规定,包括工程的适用、安全、经济、美观等各项特性。同时,双方在合同中也可以约定,甲方如要求工程达到优良标准,应当支付给乙方的经济奖励的办法和金额。

⑤工程造价。以招标、投标方式签订的合同,工程造价应以中标时确定的中标价格为准,也可以在合同中明确规定工程价款的计算原则和计算标准。

⑥技术资料交付时间。

⑦材料和设备供应责任。

⑧拨款和结算。工程价款可预付、中间付,也可以竣工后付,皆由双方自行协商确定。

⑨竣工验收。工程验收应以施工图纸、施工说明书、施工技术等文件为依据。

⑩质量保修范围和质量保证期。双方当事人在约定质量保证条款时,应注意质量保修范围和期限等应当与工程的性质相适应,范围不能过小,期限不能过短。

⑪双方协作事项。要完成一个完整的建设工程,其各个环节、各项活动,都需要双方当事人的相互协作配合,因此,应当在合同中对协作事项予以明确规定。

(2)合同的签约　经过实质性谈判,双方当事人就合同的基本条款逐步达成了一致意见。书面合同形成后,当事人各方就应及时签署予以确认,签署时一般要以法人的全称和签署人的姓名、职务作为标准。

(3)合同的管理　合同的管理包括签约前的审批、合同的登记和进程管理。

①签约前的审批　在合同正式签订以前,要认真审查签订合同的对象、商品、成交条件的内容以及合同的合法性、有效性等。特别要注意以下一些问题:

a.对签约的对方,一定要选择资信良好、经营能力较强的专业客户;对资信情况不十分清楚的客户,要控制交易金额,或在一定保护条件下签约;对信用较差、屡次违约的客户,应停止往来。尤其是分包合同更要重视这类问题。

b.审核价格、金额、支付条件及盈亏幅度;对远期付款条件应慎重考虑并规定审批手续,对不易办到的条件,不能轻易接受。

c.交易双方承担的权利义务是否明确、合理可行,有无含糊不清、发生推诿纠纷的可能。

通过审查复核要做到:不签订可能无法执行的合同;不签订留有隐患的合同;不签订不符合法律条例及国际惯例的合同;不签订权利义务不对等的合同;不签订责任条款不明确的合同;不签订无约束力的合同。

②合同登记和进程的管理　合同登记和进程管理要求从签订合同开始,对合同的一切活动及履约过程进行登记。这一登记,包括合同本身主要交易条款的记载,也包括成交直到结算的进程记录,掌握每一笔合同执行的全过程。

合同的登记从收到对方签字的正本合同开始,以后有关合同的变更、撤销、解除、终止以及合同的争议、调解、仲裁、索赔、理赔都要予以记录。

【实训步骤】

(1)教师提供模拟招标文件。

(2)学生分组讨论招标文件。

(3)学生填写由教师提供的绿化工程项目投标书。

(4)对各小组的投标书全班讨论模拟评标。

(5)师生共同分析讨论各小组投标书的得失。

任务2　园林绿化项目施工管理

园林绿化项目
施工管理

[目标]

1.能够撰写园林绿化项目施工安全管理规程;

2.能够检查并落实安全质量管理要求。

1. 园林绿化项目施工管理的内容

园林绿化项目施工管理是指为了完成园林绿化项目施工任务从接受施工任务开始到工程竣工验收、交付使用为止的全过程中,围绕园林绿化施工对象和施工现场而进行的组织与管理工作。施工管理在很大程度上影响着园林企业的生产经营实际效果。

园林绿化项目施工管理的目标是将完成项目所需资源适时、适量进行分配,并寻求资源的优化配置,最有效地完成项目。项目管理是在现实条件下,针对具体项目进行管理,在多数情况下,都不可能是在最好的条件下进行,要求项目负责人在理想与实际条件的结合上进行选择、权衡。在项目的管理中一般都要考虑3个目标:质量、效率和经济。

园林绿化施工管理的主要任务是根据不同的园林绿化工程对象、特点和施工条件,结合企业的具体情况,做好施工准备,合理组织施工过程,协调人力和物力、时间和空间各个方面的矛盾,实现文明施工,使工程正常、有秩序地进行,顺利完成施工任务,并按期竣工验收,交付使用。园林企业应通过施工管理力争用最快的速度、最好的质量、最少的消耗,取得最大的安全效益、经济效益、社会效益和环境效益。

园林绿化项目施工管理的过程包括3个阶段,即施工准备阶段、施工项目管理阶段和竣工验收阶段。其主要内容包括:

①认真落实施工任务,签订施工项目管理承包合同。

②做好施工准备工作。

③抓好施工项目管理工作。

④搞好竣工验收管理工作(见表5.3)。

表5.3　施工管理的主要内容

阶　段	工作名称	内　容
施工准备阶段	施工准备工作	编制施工组织设计、施工图预算和施工预算,落实施工条件,签订分包合同或内部承包合同

续表

阶 段	工作名称	内 容
正式施工阶段	现场施工管理	编制计划,落实措施,跟踪检查计划的实施,及时反馈,平衡调度,保进度、保质量、保节约、保安全
竣工验收阶段	工程竣工验收	整理竣工资料,参加竣工验收,办理移交验收

2. 园林绿化项目控制

园林绿化项目管理的控制过程包括制订控制标准、衡量实际成果和采取措施纠偏3个基本步骤。

1)制订控制标准

控制标准是指计量实际或预期工作成果的尺度,是从整个计划方案中选出的对工作绩效进行评价的关键指标,是控制工作的依据和基础。一般来说,园林绿化项目施工管理控制标准可分为5大类,即数量、质量、时间、成本及效益。

2)衡量实际成果

标准确定后,控制工作的第二步就是对实际工作情况进行测量,并与标准比较,由此发现和提出各种问题。常用的测量方法有3种:一是直接观察法,即直接接触受控机构或对象,了解情况,收集第一手材料作出判断;二是统计分析法,即根据统计报表和其他统计资料分析受控对象的实际工作情况;三是例会报告法,即通过定期或不定期的会议或下属的报告(书面或口头的)调查受控对象的情况。以上3种方法各有利弊,应根据实际情况选用。

3)采取措施纠偏

衡量实际工作情况的目的是找出实际结果与控制标准之间的差距,以便采取措施纠偏。差距可表示为

差距 = 标准(理想状态) − 现状(现实状况)

差距找到后,还要进一步分析产生差距的原因。产生差距的原因既可能是主观努力程度不够,也可能是出现客观条件变化导致标准脱离实际的情况。找出产生差距的原因后,就要对症下药采取纠偏措施。纠偏的方法很多,如可以通过重新制订计划、修改目标来纠正偏差,还可以用改善领导或指导的方法(如更充分地阐明工作任务或实施更有效的领导)来纠正偏差。

3. 园林绿化项目施工安全管理

安全管理是指在项目施工的全过程中,坚持"安全第一,预防为主"的指导方针,运用科学的安全管理理论、方法,通过法规、政策、技术、组织的手段,使人、物、环境构成的施工生产系统达到最有效的安全状态,实现施工安全生产目标所进行的计划、组织、实施、协调、监督等系列活动的总称。

1)园林绿化项目施工安全管理的要求

安全工作要以预防为主,必须从思想上、组织上、制度上、技术上采取相应的措施。安全管理主要表现为以下5个方面:

①统一性。安全和生产是辩证的统一,即在保证安全的前提下发展生产,在发展生产的基

础上不断改善安全设施。生产中越注意安全,就越能促进生产。

②预防性。安全施工要做到防患未然,贯彻安全第一、预防为主的方针。

③长期性。安全施工是施工过程中一项经常性工作,安全措施和安全教育要贯彻始终,必须做到经常化、制度化。

④科学性。各种安全措施都是科学原理与实践经验的结合,不断学习运用科学知识,才能进一步加强和改进安全措施。

⑤群众性。安全施工与每个职工切身利益息息相关,人人重视安全,安全施工才能得到保证。

2)园林绿化项目施工安全管理制度

安全管理需要建立一整套的制度作保证,这些制度包括以下4个方面:

(1)安全生产责任制　安全生产责任制是企业岗位责任制的组成部分。根据"管生产必须管安全"的原则,明确规定企业各级领导、职能部门、工程技术人员和生产工人在施工中应负的安全责任。在当前建筑承包中,必须将施工安全列入承包主要指标内,建立安全施工责任制。

(2)安全检查制度　安全检查是揭示和消除事故隐患、交流经验、促进安全生产的有效手段。安全检查分为经常性安全检查、专业性安全检查、季节性安全检查和节假日检查。

(3)安全生产教育制度　运用各种形式,进行经常的有针对性的安全教育。对新工人、学徒工、临时供给外包队伍人员,要进行入场前的安全教育,学习安全操作规程和安全生产规章制度;在使用新工艺、新材料、新机械设备施工前,必须进行详细的技术交底和安全交底,必要时适当进行技术和安全培训;塔吊、拖拉机等特种作业人员,除进行安全教育外,必须经过培训,持安全合格证方可上岗工作。

(4)伤亡事故的调查处理制度　发生伤亡事故,要按照规定,逐级报告。对重大事故要认真调查,分析原因,确定性质,分别情况,严肃处理。处理坚持"四不放过"的原则,即事故原因分析不清不放过、事故责任者和群众没有受到教育不放过、没有防范措施不放过、事故的责任者没有受到教育不放过。并根据国家有关规定,做好事故的善后处理工作,吸取教训,防止重复发生。

3)加强安全技术工作

加强安全技术工作只要做好4件事:一是严格执行安全生产责任制度,企业及项目经理部各级领导、各个职能系统、各类人员都负起责任,并制订安全施工奖罚条例;二是建立健全安全专职机构,配备安全技术干部,项目经理部设施工专职安全检查员,在现场进行经常性的安全检查;三是要切实保证职工在安全的条件下进行施工作业,现场内的安全、卫生、防火设施要齐全有效;四是技术措施要有针对性,安全交底要认真细致,在施工组织设计施工方案、技术交底中要把安全措施列为主要内容。

4)文明施工

文明施工指运用现代管理方法,科学组织施工,做好施工现场各项管理工作,使之布置得当,秩序良好,利用节约,安全、卫生地生产和生活,做好环境保护。文明施工的内容包括施工现场标识、施工现场设施、施工现场用电、施工现场布置、施工现场道路、施工现场安全、施工现场生活设施、施工现场保卫及施工现场防火等(见表5.4)。

4.网络计划技术简介

网络计划技术是用网络图形式来表达进度计划,是 20 世纪 50 年代中期发展起来的一种科学的计划管理技术,它是运筹学的一个组成部分。网络计划技术最早出现在美国,具有代表性的是关键路径法(Critical Path Method,CPM)与计划评审技术(Plan Evaluation and Review Technique,PERT)。这两种方法的共同点就是作业间关系属肯定型(即某作业完成后接下去干什么是客观确定的,并不需要等到那个作业完成的时候根据情况而定)。目前,在工程建设项目中,都用 CPM 进行网络计算。

(1)网络计划技术的基本内容

①网络图。是指网络计划技术的图解模型,反映整个工程任务的分解和合成。分解是指对工程任务的划分;合成是指解决各项工作的协作与配合。分解和合成是各项工作之间按逻辑关系的有机组成。绘制网络图是网络计划技术的基础工作。

表 5.4　施工安全防护、文明施工措施项目

类　别	项目名称	具体内容
文明施工与环境保护	安全警示标志牌	在易发伤亡事故(或危险)处设置明显的、符合国家标准要求的安全警示标志牌
	现场围挡	现场采用封闭围挡,高度不小于 1.8 m
		围挡材料可用彩色定型钢板、砖、混凝土砌块等墙体
	五板一图	在进门处悬挂工程概况、管理人员名单及监督电话、安全生产规定、文明施工、消防卫“五板”和施工现场总平面图
	企业标志	现场出入的大门应设有本企业标志或企业标识
	场容场貌	道路畅通
		排水沟、排水设施畅通
		工地地面硬化处理(办公区,生活区,现场道路,材料堆放、混凝土搅拌、砂浆搅拌、钢筋加工等场地,外脚手架基础等)
	材料堆放	材料、构件、料具等堆放时,悬挂有名称、品种、规格等标牌
		水泥和其他易飞扬细颗粒建筑材料应封闭存放或采取覆盖等措施
		易燃、易爆和有毒有害物品分类存放
	现场防火	消防器材配置合理,符合消防要求
	垃圾清运	施工现场应设置封闭式垃圾站,施工垃圾、生活垃圾应分类存放。施工垃圾必须采用相应的容器或管道运输
	宣传栏、环保及不扰民措施	宣传栏、安全宣传标语等,洗车(防止污染市区道路),粉尘、噪声控制,排污(污水、废气)措施等

续表

类　别	项目名称		具体内容
临时设施	现场办公生活设施		施工现场办公、生活区与作业区分开设置、保持安全距离
			工地办公室,现场宿舍、食堂、厕所、饮水、沐浴、休息场所等符合卫生和安全要求
	施工现场临时用电	配电线路	按照 TN-S 系统要求配置五芯电缆、四芯电缆和三芯电缆
			按要求架设临时用电线路的电杆、横担、瓷夹、瓷瓶等,或电缆埋地的地沟
			对靠近施工现场的外电线路,设置木质、塑料等绝缘体的防护设施
		配电箱、开关箱	按三级配电要求,配备总配电箱、分配电箱、开关箱 3 类(铁质)标准电箱。开关箱应符合一机、一箱、一闸、一漏。3 类电箱中的各类电箱器应是合格品
			按两级保护的要求,选取符合容量要求和质量合格的总配电箱和开关箱中的漏电保护器
			对大型落地式分配电箱、开关箱设置防护棚和通透式围挡
		接地保护装置	施工现场应设置不少于 3 处的保护接地装置
		现场变配电装置	总配电室建筑材料必须达到 3 级防火要求,室内做硬地坪、电缆沟、吊顶
	临边洞口交叉高处作业防护	通道口防护	设防护棚,防护棚应为不小于 5 cm 厚的木板或两道相距 50 cm 的竹笆,两侧应沿栏杆架用密目式安全网封闭
		预留洞口防护	用硬质材料全封闭;短边超过 1.5 m 长的洞口,除封闭外四周还应设有防护栏杆
		垂直方向交叉作业防护	设置防护隔离棚或其他设施
		高空作业防护	有悬挂安全带的悬索或其他设施,有操作平台、有上下的梯子或其他形式的通道
		基坑、卸料平台防护	设 1.2 m 高标准化的防护栏,用密目式安全立网封闭,悬挂标识
	安全防护用品		安全帽、安全带、特种作业人员(电工、混凝土工、焊工等)防护服装、用品等
其他	机械设备防护	中小型机械防护	设防护棚(同通道口防护并有防雨措施)、操作平台
		垂直运输设备防护	垂直运输设备检测、检验
	专家论证审查		危险性较大工程专家论证审查
	应急救援预案		救援器材准备及演练等
	非正常情况施工		其他特殊情况下的防护费用,如:城市主干道、人流密集、河边等处施工及文物、古建筑、古树保护等

②时间参数。在实现整个工程的任务过程中,包括人、事、物的运动状态。这种运动状态都是通过转化为时间函数来反映的。反映人、事、物运动状态的时间参数包括:各项工作的作业时间、开工与完工的时间、工作之间的衔接时间、完成任务的机动时间及工程范围和总工期等。

③关键路线。通过计算网络图中的时间参数,求出工程工期并找出关键路线。在关键路线上的作业称为关键作业,这些作业完成的快慢直接影响着整个计划的工期。在计划执行过程中,关键作业是管理的重点,在时间和费用方面则要严格控制。

④网络优化。是指根据关键路线法,通过利用时差,不断改善网络计划的初始方案,在满足一定的约束条件下,寻求管理目标达到最优化的计划方案。网络优化是网络计划技术的主要内容之一,也是较其他计划方法优越的主要方面。

(2)绘图实例 例如,通过分析,某工程项目计划涉及的各项工作的先后顺序与逻辑关系见表5.5。网络图的绘制过程如图5.1和图5.2所示。

表5.5 工作逻辑关系表

本工作	紧前工作	紧后工作	持续天数
A	—	C,D,E	5
B	—	E	4
C	A	F	1
D	A	F,G	7
E	A	F,G	3
F	C,D,E	—	1
G	D,E	—	2

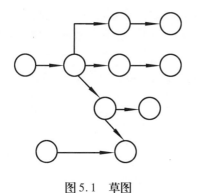

图5.1 草图

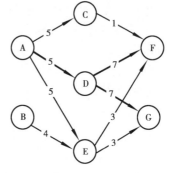

图5.2 网络图

【案例及分析】

案例1

中国园林善于因地制宜,即根据南北方自然条件的不同,而有南方园林与北方园林之称。南方与北方的园林同中有异,异中有同,各有特色,互有补益。从时间上说,中原、北方园林比南方园林发展得早。但南方后来居上,当然,南方园林是在北方文化南渐之后发展起来的。其后,北方园林又取材于南方园林。

皇家宫苑与私家园林也因种种条件的不同,而各有其特性,现在中国园林已逐步形成北方园林、江南园林、岭南园林以及各少数民族地区园林等的地方风格和民族风格。

北方皇家园林与江南私家园林的区别主要表现为风格上的差异。造成风格上的差异的客观原因主要有3个方面:

(1)服务对象不同 北方皇家苑囿是为封建帝王服务的,江南园林则属于私家园林,园林的主人不同,各自的要求不尽相同。

(2)规模及所处外部环境不同 北方皇家苑囿规模大、占地广,多处于自然风景优美的山林、湖泊地区,江南私家园林规模小,多处于市井之内。

(3)气候条件不同　北方气候寒冷、干燥,江南则较温暖、湿润。它们之间的差异表现在平面布局、建筑外观、空间处理、尺度大小以及色彩处理等5个方面。

从平面布局看,江南园林由于多处市井,因此常取内向的形式,因为在市井内建园,周围均为他人住宅,一般均不可能获得开阔的视野和良好的借景条件。北方皇家苑囿由于所处自然环境既优美又开阔,因此多数景点、建筑群均取外向布局或内、外向相结合的布局形式,这样,不仅可以广为借景,而且本身又具有良好的外观。少数园中园,虽取内向的布局形式而自成一体,但多少还要照顾到与外部环境的有机联系。

从建筑物的外观、立面造型和细部处理来看,江南园林远比北方皇家苑囿轻巧、纤细、玲珑剔透。一方面是因为气候条件不同,另外也和习惯、传统有着千丝万缕的联系。如翼角起翘,对于建筑物的形象,特别是轮廓线的影响极大,北方较平缓,南方很跷曲;墙面,北方园林建筑显得十分厚重,江南园林则较轻巧;其他细部处理,江南园林不仅力求纤细,而且在图案的编织上也相当灵巧,北方园林则比较严谨、粗壮、朴拙。

从空间处理看,江南园林比较开敞、通透,内、外空间有较多的连通、渗透,层次变化也比较丰富。北方园林则比较封闭,内、外空间的界线比较分明。

南、北园林建筑在尺度方面的差异也是极为悬殊的。

南、北园林建筑的色彩处理也有极明显的差异。北方园林较富丽,江南园林较淡雅。江南园林建筑最基本的色调不外3种:以深灰色的小青瓦作为屋顶;全部木作一律呈栗皮色或深棕色,个别建筑的部分构件施墨绿或黑色;所有墙垣均为白粉墙。这样的色调极易与自然界中的山、水、树等相调和,而且还能给人以幽雅、宁静的感觉。白粉墙在园林中虽很突出,但本身却很高洁,可以借对比而破除沉闷感。

在堆山叠石以及花木配置方面,北方园林的山石一般较凝重浑厚,江南园林则较虚幻空灵。花木配置方面如以品种的多样而论,江南园林远胜于北方园林。

分析讨论

(1)请归纳我国南、北园林的异同,说明造成这些差异的原因。

(2)分别以一处北方园林和一处南方园林为例比较其不同特点。

案例2

政府投资的某工程,监理单位承担了施工招标代理和施工监理任务。该工程采用无标底公开招标方式选定施工单位。工程实施中发生了下列事件:

事件1:工程招标时,A,B,C,D,E,F,G共7家投标单位通过资格预审,并在投标截止时间前提交了投标文件。评标时,发现A投标单位的投标文件虽加盖了公章,但没有投标单位法定代表人的签字,只有法定代表人授权书中被授权人的签字(招标文件中对是否可由被授权人签字没有具体规定);B投标单位的投标报价明显高于其他投标单位的投标报价,分析其原因是施工工艺落后造成的;C投标单位以招标文件规定的工期380天作为投标工期,但在投标文件中明确表示如果中标,合同工期按定额工期400天签订;D投标单位投标文件中的总价金额汇总有误。

事件2:经评标委员会评审,推荐G,F,E投标单位为前3名中标候选人。在中标通知书发出前,建设单位要求监理单位分别找G,F,E投标单位重新报价,以价格低者为中标单位,按原投标报价签订施工合同后,建设单位与中标单位再以新报价签订协议书作为实际履行合同的依

据。监理单位认为建设单位的要求不妥,并提出了不同意见,建设单位最终接受了监理单位的意见,确定 G 投标单位为中标单位。

分析讨论

(1)分别指出事件 1 中 A,B,C,D 投标单位的投标文件是否有效,说明理由。

(2)事件 2 中,建设单位的要求违反了招标投标有关法规的哪些具体规定?

【复习思考题】

1.关键概念解释

(1)项目　(2)招投标　(3)项目合同　(4)施工管理　(5)施工安全管理

2.思考题

(1)项目一般具有哪些基本特征?

(2)按工程项目分,园林绿化工程分为哪几类?

(3)我国政府规定,哪些园林绿化项目采用招标形式?

(4)简述项目招标的过程。

(5)常用的投标策略有哪些?

(6)施工合同一般包括哪些内容?

(7)如何加强合同管理?

(8)简述园林绿化施工管理的目标、内容和过程。

(9)如何实施园林绿化项目的控制?

(10)园林绿化施工安全管理有哪些要求?

(11)简述网络计划技术的基本内容。

【实训步骤】

(1)网上检索园林绿化项目施工安全管理规程,获取参考样式。

(2)根据本项目任务 1 教师提供的模拟招标文件中给出的信息,起草撰写一份园林绿化项目施工安全管理规程。

(3)网上检索安全检查整改报告,并仔细阅读。

(4)起草撰写一份模拟园林绿化项目施工安全检查整改报告(如教学条件限制,可用学生寝室安全检查整改报告替代)。

项目 6 园林企业生产管理

任务 编制生产计划与实施

[目标]

生产管理的含义　　生产过程

1. 了解年度生产计划的内容和基本要求,尤其是绿化施工类企业生产计划的内容;
2. 能够选择生产计划中的某一段编制生产作业计划并组织实施。

园林企业同其他企业一样,都是把资源投入产品的生产经营过程而形成产品,生产经营具有阶段性和连续性,组织上具有专业化和协作化的特点。因此,一般工业企业产品的生产经营规律大多适用于园林产品的生产经营。但是,园林产品具有固定性、多样性和庞大性,园林生产具有流动性、单件性和露天性,园林企业生产管理的可变因素多,其业务、环境、人员、协作关系经常变化。因此,园林企业生产管理比一般工业企业更为复杂。

1. 企业生产过程

1) 生产

自从有了人类社会以来,就有了生产活动。生产是人类社会最原始,也是最基本的活动之一。"劳动创造了人",这个劳动指的就是生产。在猿向人类进化的过程中,开始是为自己或家庭的生存而生产,包括狩猎、捕鱼、种植、制造工具等。以后是为了交换,也即为了社会而生产。发展到今天,人们为了满足生活的各种需要而生产。所以说,生产是人类社会存在的基本前提,也是社会财富不断延续的源泉。什么时候人类社会停止了生产活动,什么时候就面临瓦解和毁灭,人类社会就不复存在。

生产的本质是能够创造物质和财富来满足人们的需要。因此,生产一般是指以一定生产关系联系起来的人们利用劳动资料,改变劳动对象,以适合人们需要的活动。在这里,主要是指物

质资料的生产,是使一定的原材料通过人们的劳动转化为特定的有形产品。这种转化有 3 种含义:一是被转化物形态的转化,二是功效的转化,三是价值的转化。将 3 个层面上的"转化"合起来,就是指企业生产的产品要满足市场的需要,具有竞争的实力,能够为企业带来赢利,即是生产的经济性与有效性的统一。

2) 生产过程的概念

对生产过程有广义和狭义的理解。狭义的生产过程,是指从原材料投入产品出产的一系列活动的运作过程。广义的生产过程,是指整个企业围绕着产品生产的一系列有组织的生产活动。生产过程包含基本生产、辅助生产、生产技术准备和生产服务等企业范围内各项生产活动协调配合的运行过程。

3) 生产过程的构成

产品或劳务在生产过程中所需要的各种劳动,在性质和对产品的形成上所起的作用是不同的。按其性质和作用,可将生产过程分为:

(1)生产技术准备过程　生产技术准备过程是指产品在投入生产前所进行的各种生产技术准备工作。具体包括市场调查、产品开发、产品设计、工艺设计、工艺装备的设计与制造、标准化工作、定额工作、新产品试制和鉴定。

(2)基本生产过程　基本生产过程是指直接为完成企业的产品生产所进行的生产活动,如园林企业的挖池堆山,花草树木的种植和养护管理。

(3)辅助生产过程　辅助生产过程是指为保证基本生产过程的正常进行所必需的各种辅助性生产活动,如园林企业的设备维修与检修等。

(4)生产服务过程　生产服务过程是指为基本生产和辅助生产服务的各种生产服务活动,如物料供应、运输和理化试验、计量管理等。

以上 4 个过程都是企业生产过程的基本组成部分。其中,生产技术准备过程是重要前提;基本生产过程是核心,占主导地位;其余各部分都是围绕着基本生产过程进行的,为更好地实现基本生产过程提供服务和保证。有的企业还从事一些副业生产活动,生产某些副产品,副业生产过程也是企业生产过程的组成部分。

一个园林建设项目通常由许多单项工程组成,一个单项工程包括许多单位工程,一个单位工程又包括许多分部工程,每一个分部工程又由许多分项工序组成。工序是指一个工人(或一组工人),在一个工作地上对同一种劳动对象连续进行加工的生产活动。工序是组成生产过程的最基本环节,是企业生产技术工作、生产管理组织工作的基础。工序按其作用不同,可分为工艺工序、检验工序和运输工序 3 类。工序划分的粗细程度,既要满足生产技术的要求,又要考虑到劳动分工和提高劳动生产率的要求。

4) 合理组织生产过程的要求

生产管理的对象是生产过程,组织好生产过程是企业能否有效地利用生产资源,根据市场需求作出快速反应并以合理的消耗水平为社会提供优质产品,取得最佳经济效益的关键手段。因此,合理组织生产过程的目标就是使劳动对象在生产过程中行程最短、时间最省、消耗最小,按市场的需要生产出适销对路的合格产品。具体要求有以下 5 个"性":

(1)连续性　生产过程的连续性是指对象在生产过程的各个阶段、各个工序,在时间上紧密衔接、连续进行、不发生或很少发生不必要的等待加工或处理的现象。保持生产过程的连续性可以加速物流速度,缩短产品生产周期,加速资金周转,减少在制品占用,节约仓库面积和生产场地面积,提高经济效益。

要实现生产过程的连续性,首先要合理布置企业的各个生产单位,使之符合工艺流向,没有迂回和往返运输。其次,要采用合理的生产组织形式,避免因组织结构设置不合理而造成物流的不畅通。同时,还要求制订生产计划,使上下工序紧密衔接,并要对生产现场采取有效的控制。

(2)平行性　生产过程的平行性是指在生产过程的各个阶段,各个工序实行平行交叉作业。保持生产过程的平行性,可以缩短产品的生产周期,同时也是保证连续生产的必要条件。比如,现代建筑业采用预制构件,改变过去在地基上一块砖一块砖往上砌的传统工艺,提高了生产过程的平行性,使一幢大楼可以在很短时间内就建立起来。

要实现生产过程的平行性,在工厂的空间布置时,就要合理地利用面积,尽量做到各生产环节能同时利用空间,保证产品的各个零件、部件以及生产过程的各个工艺阶段能在各自的空间内平行进行。

(3)比例性　生产过程的比例性是指生产过程各阶段、各工序之间在生产能力上要保持一定的比例关系,以适应产品生产的要求。

要实现生产过程的比例性,应在生产系统建立的时候就根据市场的需求确定企业的产品方向,并根据产品性能、结构以及生产规模、协作关系等统筹规划;在日常生产组织和管理工作中,经常对生产过程的能力比例进行调整,克服生产过程中出现的"瓶颈",以实现生产过程的比例性。

(4)均衡性　生产过程的均衡性是指产品在生产过程的各个阶段,从投料到成品完工,都能保持有节奏地均衡地进行。在一定的时间间隔内,生产的产品数量是基本稳定或递增的。

要实现生产过程的均衡性,对内要加强生产技术准备部门、辅助生产部门、生产服务部门之间的协调,特别是优化生产计划和强化对生产过程的监控。此外,要争取各方面的支持和配合,建立起比较稳定的供应渠道和密切的协作关系,保证原材料、外购件、外协件能够按质、按量、及时地供应。

(5)适应性　生产过程的适应性也称柔性,是指生产组织形式要灵活,对市场的变动应具有较强的应变能力。市场需求的多样化和快速变化,使企业的生产系统必须面对和适应这样一个多变的环境。

要提高生产系统的适应性,企业应建立柔性生产系统,如准时生产制、敏捷制造等,使较高的机械化和自动化水平与较强的对产品的适应性统一在一起。此外,还可采用混流生产、成组技术等先进的生产组织形式,来提高对市场的适应能力。

2. 生产计划

1) 生产计划的概念

生产计划是企业在计划期内应完成的产品生产任务和进度的计划。它具体规定了企业在计划期(年、季)内应完成的产品品种、质量、产量、产值、出产期限等一系列生产指标,并为实现这些指标进行能力、资源方面的协调、平衡。因此,它是指导企业计划期生产活动的纲领性文件。生产计划内容包括 4 个方面,即施工计划、技术计划、财务计划及发展计划。

生产计划

2)生产计划的内容

(1)施工计划 施工计划是年(季)度计划的核心,是编制技术类计划和财务类计划的依据。施工计划应对工程项目、施工进度、产值、产量等作出安排。它包括园林企业施工计划一览表、年产值计划、年产量计划、重点工程项目形象进度计划。下面分别作简要介绍。

①建筑企业生产计划一览表。项目栏按指令性、指导性、市场性分别填列,见表6.1。

表6.1 园林企业施工计划一览表

编制单位:

编制年度: 年

项目名称	建设性质	规模	总投资	产值/万元			产 量					开工日期	计划竣工日期	上年计划/上年实际完成	本年计划与上年度比,计划与计划比,计划与实际比	建设地址
				截至去年年底累计完成	本年计划	明年计划	全部	单位	截至去年年底累计完成	本年计划	明年计划					

②年产值计划。年产值计划包括多种经营计划,见表6.2。

表6.2 年产值计划

产值分类 / 负责单位	总产值/万元					建安总产值/万元					净产值/万元				
	合计	一季度	二季度	三季度	四季度	合计	一季度	二季度	三季度	四季度	合计	一季度	二季度	三季度	四季度
公司															
一分公司															
⋮															

③年产量计划。"产量"是指实物工程量,见表6.3。

表6.3 年产量计划

单位	产品名称	计量单位	产 量					销售量					重点工程形象进度完成率				
			合计	一季度	二季度	三季度	四季度	合计	一季度	二季度	三季度	四季度	平均	一季度	二季度	三季度	四季度
公司																	
一分公司																	
⋮																	

④重点工程项目形象进度计划。按国家重点大中型项目和省(市)重点分别填列,见表6.4。

表6.4　重点工程项目形象进度计划表

工程名称	工程地点	总投资额/万元	工程量/m²	总建安产值/万元	开工日期	计划竣工日期	上年度累计完成		本年度计划		总承包施工单位
							建安产值/万元	形象部位进度	建安产值/万元	形象部位进度	

（2）技术类计划　技术类计划是支持性或保证性材料，是为施工计划创造条件的计划。包括劳动工资计划、主要材料需要量计划、主要机械设备平衡计划、附属企业生产计划、技术组织措施计划等。

①劳动、工资计划。劳动、工资计划包括主要工种劳动力平衡计划（见表6.5）、工资总额与年度平均工资的工资计划、安全生产措施和安全生产的安全计划。

表6.5　主要工种劳动力平衡计划

编制单位：

计划单位和项目＼工种		木工	瓦工	抹灰工	钢筋工	混凝土工	架子工	油工	防水工	机械工	机修工	起重工	焊工	水暖工	电工	普工	备注
公司合计	计划需用																
	现有人数																
	平衡结果±																
分公司	计划需用																
	现有人数																
	平衡结果±																

②材料计划。在表6.6中填写主要材料需要量计划。

表6.6　主要材料需要量计划

主要物资名称	单位	规程	计划用量	计划用量计算依据（即产值、产量的消耗标准）	分季计划工作用量			
					一季度	二季度	三季度	四季度
公司钢材合计								
一分公司								
⋮								

③机械计划。按机械化施工方法所需的机械,以自有、租赁机械均生产效率的原则,做出主要机械设备平衡计划,见表6.7。

表6.7 主要机械设备平衡计划

机械名称与型号	现有台数					本期计划				平衡结果		备注
	合计	状 态			日历台班数	需用量				台班数±	折算台数	
		完好	封存	待报废		台班数	其中重点工程					
							××工程	××工程				
公司割草机合计												
一分公司												
⋮												

④附属企业生产计划。附属企业生产计划是实现园林工业化、使工程顺利进行的重要保证,见表6.8。

表6.8 附属企业生产计划

项 目	工业产值/万元	主要产品产量				劳动生产率/(元·人$^{-1}$)	平均人数/人	成 本			实现利润/万元
		混凝土构件/m³	木构件/(m³·件$^{-1}$)	××	××			上年实际成本	本年计划成本	降低成本/%	
总 计											
××厂											
⋮											

⑤技术组织措施计划。技术组织措施计划是为实现目标服务的,见表6.9。

表6.9 技术组织措施计划

序 号	措施项目名称	措施内容	对 象	数 量	经济效果		执行者
					单位数量的节约额	该项节约额	

(3)财务性计划 财务性计划包括降低成本计划和利润计划。

①降低成本计划。降低成本计划见表6.10。

表 6.10　降低成本计划

负责单位	工程成本降低额/万元					工程成本降低率/%				
	合计	一季度	二季度	三季度	四季度	平均	一季度	二季度	三季度	四季度
公　司										
一分公司										
⋮										

②利润计划。利润计划见表 6.11。

表 6.11　利润计划

负责单位	实现利润总额/万元					资金利润率/%				
	合计	一季度	二季度	三季度	四季度	平均	一季度	二季度	三季度	四季度
公　司										
一分公司										
⋮										

(4)发展计划　发展计划是为企业未来的发展创造条件的计划。

①改造、开发计划。技术改造、开发计划见表 6.12。

表 6.12　技术改造、开发计划

项目名称	单　位	数　量	单　位	总　价	费用来源	起止期限	负责部门、人	经济效果预计	说　明

②智力开发、培训计划。填列智力开发和培训计划,见表 6.13。

表 6.13　智力开发、培训计划

项目名称	派往单位	数量	费用			起止期限	负责部门、人	说　明
			人次费用	合　计	来　源			

③生产、生活基地建设计划。生产、生活基地建设计划见表 6.14。

表 6.14　生产、生活基地建设计划

项目名称	单　位	数量	费用			起止期限	负责部门、人	说　明
			单　价	合　计	来　源			

生产作业计划

在制订上述计划之后,按考核要求,做出计划指标的汇总表。

3. 生产作业计划

生产作业计划是实施性计划,是年季度计划的具体化,是企业各项经营目标的具体落实,是组织日常生产活动的计划。其主要内容是生产综合进度计划,同时通过工艺卡、任务单、限额领料单、队组承包书、班组经济活动分析,以及民主管理等方式使企业月、旬作业计划得以实现。

1)生产作业计划的工作内容

①编制企业各层次的生产作业计划,即把企业的年度生产计划具体分解为全场的生产作业计划(一般是按月编制),并进一步规定大组、班组在短时期内(如月、旬、周、日、小时)的具体生产任务。

②编制生产准备计划。根据生产作业计划任务,规定原材料和外协件的供应、设备维修和工具准备、技术文件的准备、劳动力调配等生产准备工作的要求,以保障生产作业计划的执行。

③进行设备设施的负荷核算和平衡,就是使生产任务能得到完成,并使生产能力得到充分利用。

④日常派工。它是根据工段和班组的作业计划任务,在更短的时间内具体安排每个工作地和工人的生产任务和进度,下达生产指令,使作业计划任务开始执行。

⑤制订或修改期量标准。所谓期量标准,是为种植对象在生产期限、生产数量方面所规定的标准数据。它是编制作业生产计划的依据。

⑥生产作业计划执行情况的考核。

2)生产作业控制

企业的生产计划和生产作业计划,为日常生产活动提出了目标和根据,但在执行过程中,仍会出现很多预料不到的情况,造成实际与计划的偏差,这就需要及时监督和检查,发现偏差立即进行调节和校正。这种在计划执行过程中的监督、检查、调节和校正等工作,就是生产控制工作。

(1)生产作业控制的内容要求　生产作业控制又称生产调度,是指在生产作业计划执行过程中,有关产品生产数量和进度的控制。其目的是保证完成生产作业计划所规定的产品数量和交货期限指标。

生产作业控制工作的主要内容:一是按照生产作业计划组织日常的生产作业活动,经常检查计划执行情况,发现问题及时解决;二是检查、督促和协调有关部门及时做好生产准备工作;三是根据生产需要合理配备劳动力;四是做好作业核算,对计划完成情况进行统计分析工作。

生产作业控制工作的基本要求:一是计划性;二是权威性;三是预见性;四是及时性;五是群众性。

(2)作业核算　作业核算是生产作业控制工作的重要内容,它及时地反映作业计划的实际执行情况,是进行作业控制的必要依据。

生产作业核算的内容通常包括产品的出产量和投入量(出产期和投入期)、库存量,以及各个单位完成的工作任务、生产工时和设备的利用率等。

作业核算工作的要求是:数据准确、资料完整、分析正确、上报及时。

作业核算的方法:首先把生产作业情况记录在原始凭证上(主要有生产记录、领料单、入库单、废品单);然后把凭证上的数据汇总记录到台账上;通过统计和图表分析,把计划与实际对比,就可及时发现问题,采取措施,保证生产作业计划的完成。

【案例及分析】

案例

现有3个生产计划,其相关数据如下表:

项 目	计划1	计划2	计划3
存货需求量/件	8 000	6 885	3 691
销售高峰时需要的生产能力	100	120	165
增量成本/元			
季节性存货成本/元	318 000	239 000	47 300
调节劳动力成本/元	0	48 000	104 000
加班加点费/元	0	11 000	44 000
转包成本/元	0	0	57 750

注:1.每件产品的储备存货成本为60元/年。

2.如果每天产量有20件产品的变化,则需要增加或解雇40人,雇用并训练一个雇员的成本是200元。

3.以额外劳动生产的产品,每件产品成本需增加10元。

4.因转包生产的产品,每件需增加额外成本15元。

分析讨论

应该选择哪种生产计划? 为什么? (注意,不能只考虑生产成本)

【复习思考题】

1.关键概念解释

(1)生产   (2)生产计划

2.思考题

(1)生产过程由哪些内容构成?

(2)生产计划有哪些内容?

(3)生产作业计划的内容有哪些?

【实训步骤】

(1)由教师提供企业年度生产计划。

(2)学生小组讨论,选定上述生产计划中的某一时段,并编制生产作业计划。

(3)组间交流生产作业计划。

(4)教师点评,学生修改,完稿。

模块 3

拓展部分

1 园林企业经营战略管理

1.1 企业经营战略概述

企业经营战略是指对企业的生存与发展所进行的总体性谋划,它是企业经营活动的总纲,是关系企业未来前景的大事,也是园林企业的立业之首。在市场经济中,每一企业都应制订出切实可行的经营战略。

1.1.1 企业经营战略的基本概念

"战略"一词出自军事术语。《孙子兵法》中有"上兵伐谋"。"谋"就是"战略"。英文的"战略"一词是希腊语"将军"的衍化,意指将军的用兵艺术。现代社会常把战略用于政治与经济领域,20世纪60年代开始用于企业,于是出现了经营战略或战略管理。

企业经营战略是指企业为适应未来环境的变化,在充分了解企业内外环境的基础上,为求得长期生存和不断发展而进行的总体性谋划。具体来说,企业经营战略就是在保证实现企业使命的条件下,扬长避短,在充分利用企业内外环境中的各种机会并积极不断地创造新机会的基础上,确定企业同环境之间的关系,规定企业经营所从事的范围、发展方向、竞争策略等,并根据情况不断调整企业结构和分配企业的全部资源。由此可看出,企业经营战略是企业经营思想的集中体现,企业的一系列规划与决策都围绕企业经营战略而进行。

需要说明的是,经营战略是一种以变革为实质的概念,经营战略归根到底是寻求竞争优势的指导方针。现代市场是一个风云变幻的市场,竞争异常激烈。企业要在这样的环境中生存发展,就必须不断地对企业进行创新,创造性地经营企业。也就是说,企业要通过实施具有改革创新实质的经营战略,以适应未来激烈多变的环境。

由以上对企业经营战略的解释可以看出,企业经营战略具有以下4个特征:

(1)系统性　系统性有广泛的内涵:其一,企业经营战略是指导企业全局的对策与谋划。企业经营战略不是着眼于解决某一项局部的具体经营问题,而是从企业取得长期稳定发展这个全局出发,为解决各种经营问题制订一个行动纲领。这也是经营战略区别于其他策略、方针的一个最主要的特征。企业经营战略所追求的不是某一方面的胜利,而是企业最终的总体效果。尽管经营战略包括很多局部的活动,但这些局部活动是紧紧围绕着战略的总目标进行的,是经营战略的有机组成部分。其二,战略本身是一个系统。企业可以从具体条件出发选择不同的战略,但是任何战略都应有一个系统的模式,既要有一定的战略目标,也要有实现这一目标的途径或方针,为了实现这些途径或方针,还要制定政策和规划等。其三,战略应该是分层次的。既有总战略又有分战略,既有总公司战略和总厂战略,又有分公司和分厂战略、职能系统战略,形成一个战略体系。

(2)长远性　企业的经营战略是为企业未来的生存发展而制订的,其着眼点不是解决企业眼前遇到的麻烦,而是迎接未来的挑战。未来并不是遥远的不可知的,而是目前环境态势的有规律的发展。因此,战略的长远性绝不意味着脱离眼前的现实,凭空臆造一个未来世界,以理想的模式表达企业的愿望,而是在环境分析和科学预测的基础上展望未来,为企业谋求长期发展的目标与对策。人无远虑,必有近忧,没有这种对未来的高瞻远瞩,企业必将永远被眼前的困扰所羁绊而不能自拔,失去经营的主动性,从而也就增加了经营的风险。

(3)竞争性　企业的经营战略就是在企业外部环境不断扩大,竞争愈加激烈,从而使企业的生存和发展不断面临严峻挑战时产生的。其目的就是要在激烈的竞争中战胜对手,不断壮大自己,使本企业在争夺市场和资源的斗争中占有优势。同时,企业的经营战略也是企业针对来自各方面的冲击、压力、威胁和困难,并为迎接这些挑战而制订的长期行动方案。那些不能强化企业竞争力量,不能迎接挑战的各种企业行动方案,绝不能构成企业的经营战略,这是由现代市场的激烈竞争的特点所决定的。

(4)纲领性　企业经营战略是对企业长远发展的全局性谋划,规定的是企业总体的、长远的发展方向和目标。未来的不可预测性决定了企业经营战略所采取的基本行动方针、重大措施等内容,都是原则性、概括性的规定,或者说,它们都具有行动纲领的意义。只有针对实际情况,不断地展开、分解和落实经营战略,制订出具体的经营方针,才能保证企业经营战略的实现。

1.1.2　企业经营战略的构成要素

《三国演义》中的"隆中对"所描述的是一幅绝妙的战略图景。在对客观形势和主观条件做了科学分析的基础上,诸葛亮首先为刘备确定了一个基本的战略目标——"三分鼎",而实现这个战略目标的总方针就是"联吴抗曹"。然后,诸葛亮又为刘备设计了一套具体的战略规划——"先取荆襄后取川,待机而动争中原",这一战略的前半部完全实现了,因刘备未能始终如一地贯彻"联吴抗曹"的战略总方针,使后来的战略发生转变,"待机而动"成了泡影。

"隆中对"给我们的启示是,任何一个战略系统都需要包括3项最基本的内容,即战略目标、战略方针和战略规划。经营战略也不例外。

（1）战略目标　经营的战略目标重点是企业的成长方向，包括市场开发、产品开发、企业规模的扩大与兼并、竞争优势的增长。这是经营战略的出发点和归结点，因此，它在经营战略体系中居于主导地位。

（2）战略方针　战略方针是为了实现战略目标所制订的行为规范和政策性决策。如果把战略目标比作过河，战略方针就是解决桥或船的问题。没有正确的战略方针，任何战略目标都难实现。因此，战略方针在经营战略体系中居于关键或核心地位，对战略目标的实现起保证作用。

（3）战略规划　战略规划是企业经营战略的实施和执行纲领。它的任务是把企业的战略目标具体化，把企业的战略方针措施化，并制订出分阶段实现战略目标的具体步骤。因此，它在企业的战略体系中居于一个特殊的地位，既是企业经营战略的一个重要组成部分，又是指导战略实施的纲领性文件，以至于人们往往把经营战略与战略规划视为一体。

1.2　园林企业经营战略环境分析

1.2.1　外部环境分析

1）外部环境的特征

外部环境是指存在于组织外部的环境要素，从经营角度来看，企业的外部环境是指那些与企业有关联的外界因素的集合，它具有以下特征：

（1）客观性　环境是客观存在的，外部环境发生变化，是自然规律和经济规律的客观体现。

（2）复杂性　企业自身是极其复杂的，而围绕着它的环境就更加复杂，且具有随机性。

（3）不可控性　环境是不可控因素的集合，企业系统只能调整内部因素来适应环境的变化。

（4）动态性　环境在不断地变化，并且是多维、加速度地变化。

由于经营环境具有这些特征，因此，企业在制订经营战略和进行经营决策时，必须进行经营环境的分析，获取有关知识和信息，以适应环境的变化，取得自身的生存和发展。

2）外部环境分析

园林企业的外部环境包括一般环境和特定环境。

（1）一般环境因素（宏观环境）也称非市场因素，这类环境因素影响着社会中的一切组织，不论管理者是否意识到它的存在，它都或多或少地影响着组织的发展。这些环境因素是由特定社会中的经济、技术、社会、政治和自然等要素构成的社会环境及这个社会所处的国际环境，是对园林产品市场发生间接影响的因素。一般环境因素可分为以下5个方面：

①经济环境。它主要包括：整个国民经济的发展状况，如国民经济的迅速增长、调整或紧缩等；产业结构的构成与发展，如初级产品工业和次级产品工业的力量构成及变化等；价格的升降和货币价格的变化；银行利率的升降和信贷资金的松紧程度；国际经济状况，如初级产品价格的升降、石油价格的升降、汇率的变化等。

②技术环境。技术是企业外部环境因素中最活跃的因素，它可以给企业带来巨大的成功，

也可以使企业陷入困难境地。因此,重视对有关科技发展的研究和分析是企业生存与发展的前提条件之一。一般来说,它包括两个方面的内容:一是注重对宏观科技发展趋势的研究分析。例如,新技术革命的成果迅速推动了核能、太阳能、生物能、风能、潮汐能等替代性能源的发展,减少了世界经济发展对非再生性的石油能源的依赖,这对于石油工业部门是一个重要信息。二是企业对科学技术发展的研究要着重于本企业产品、材料、制造工艺、技术装备等相关科技发展的研究、分析。这些相关科技的发展水平和发展速度,对于企业提高技术水平,发展新产品等具有决定性的意义。

③社会环境。社会因素主要包括人口环境和文化环境。人口环境是指人口的增减对需求的增减程度;文化环境是指人们在特定的社会制度下所形成的道德观念、规范、民族习俗、宗教信仰、文化水平等。

对社会环境进行分析,需要了解消费者和用户所在国家的文化背景、风俗习惯、传统礼仪、价值观念、宗教信仰、审美观念、商业习惯,以及人口总数、人口发展趋势、结婚率、离婚率、出生率、死亡率、环境保护状况等。

④政治环境。政治因素主要是指国家的政治形态、独立自主程度、政局的安定程度和在世界上的战略地位。政治因素是企业外部环境分析的重点之一,企业必须注重对政治形势的分析,把握政治形势的发展变化。

⑤自然环境。企业的自然因素主要是指资源及地理气候等自然条件,如土壤资源、土壤特性、空气、水等气候自然条件。企业的经营活动依赖于物质资源,也受自然物质资源的限制。就园林企业而言,地理、气候等自然条件对企业经营产生着极大的影响。

(2)特定环境因素(微观环境)也称主体环境因素,是指与企业经营直接有关的外部环境因素,如对企业具有潜在影响的竞争对手、服务对象、资源供应者、管理部门等。与上述一般环境因素相比较,企业对于特定环境因素能施加一定的影响,因而在企业经营战略或策略规划中具有一定的主动权。特定环境因素主要有下列内容:

①股东。股东是企业的出资者或所有者。股东对企业的态度影响企业的经营发展。

②顾客。顾客是企业产品的消费者和使用者。顾客对企业的态度从对企业产品的好恶上反映出来。他们是企业生存与发展的决定因素,因此也是企业之间竞争的唯一目标。

③金融机构。金融机构是向企业提供融资,从企业支付利息中获利的部门。它是企业能够获得足够资金的重要支柱,能在很大程度上促进和限制企业的经营。

④竞争企业。竞争企业是指将相同或相似产品投向与本企业相同市场的企业。竞争企业是本企业同一产品市场的争夺者,它的发展动向及兴衰与本企业有密切的关系,因此,它是企业环境分析的重要内容之一。

⑤外部机关团体。包括政策机关、教育机关和宗教团体等。它们虽然不直接参与企业的经营,但是对企业有重要的作用。例如,教育机关里的大学科研所向企业提供新概念、新技术或与企业合作开发新产品;调查机关向企业提供必要的情报;宣传机关为企业进行各种形式的宣传和广告;等等。这些团体机关对促进企业的经营有重大作用。

1.2.2 内部条件分析

企业经营的内部条件是指构成企业内部生产经营过程的各种要素,也称素质或结构,但指的都是同一性质的概念。

1)内部条件分析的任务

进行企业经营内部条件分析的目的是结合企业经营外部环境分析的成果,正确地制订企业经营战略和各项决策。首先,明确了企业的长处,既可更好地利用和选择外部环境变化给企业带来的机会,又可更有把握地避开威胁,为企业的发展创造有利条件;其次,通过对企业经营内部条件的分析,看到自身的短处,为不断提高企业素质指明了方向。

企业经营内部条件分析的任务,归纳起来有以下两条:能准确地弄清自己的长处和优势、短处和劣势;为进一步弄清楚造成短处和劣势的原因,挖掘内部潜力,指明方向,创造条件。

2)内部条件分析的内容

企业经营内部条件分析的内容可多可少,可粗可细,它主要取决于分析的目的和各种不同的角度。同时,由于企业所属行业的区别和企业所处外部环境的差异,不同企业或同一企业在不同时期的主要矛盾也不一样,因此,分析内容的多少及重点也会不同,要因地因时而定。但是,一般来说,企业经营内部条件分析的重点内容是企业素质、企业产品和企业财务状况。通过对这3项重点内容进行分析,找到它们的影响因素,然后把分析引向纵深,就有可能客观、正确、全面地得出企业内部条件的总体结论,为决策者提供决策依据。

(1)企业素质分析

①企业素质的概念。所谓企业素质,是指企业在一定的社会生产条件下所具有的生存和发展能力的总和,也就是企业的生命力。企业素质体现构成企业各要素的质量及其相互结合的本质特征,它是决定企业生产经营活动所必须具备的基本要素的有机结合所产生的整体功能。企业素质是个"质"的概念,而不是"量"的概念。看一个企业的素质好不好,主要不是看它的资本实力有多大、产值有多高,或职工人数有多少,即不是看它的规模大小,而是看这个企业的"质量"好不好。企业素质是个"整体"概念。考察企业素质不仅要看它的各个要素的质量,更重要的是要看各要素之间的内在联系和相互结合、相互制约的整体功能。企业素质是个"动态"的概念,企业素质的好坏不仅与其"先天"因素(即企业创建初期的各因素)的素质有关,而且与其"后天"因素(即企业创建以后,科学技术的发展、社会消费结构的提高,都对企业素质提出新的要求)的素质有关。企业应不断进行改善和提高自己的素质。

②企业素质的内容。主要包括3个方面:即企业的技术素质、企业的管理素质和企业的人员素质。企业的技术素质是企业素质的基础,它主要包括劳动对象的素质(即原材料、半成品及产成品的质量及水平)和劳动手段素质(即企业的设备、工具工装及工艺水平)。企业的管理素质是企业素质的主导,是技术素质得以发挥的保证,它包括:企业的领导体制、组织结构、企业基础管理水平及管理方法、管理手段、管理制度的水平、企业经营决策能力、企业文化及经营战略。企业的人员素质是企业素质的关键,它包括企业干部队伍素质和员工队伍素质。干部队伍素质包括企业经营者、管理人员、科技人员的政治素质、文化素质、技术素质及身体素质,以及与各种工作结构配套情况;员工队伍素质包括基本生产工人、辅助生产工人、生活后勤工人等的政治思想素质、文化技术素质及身体素质等。与此同时,人员素质还包括企业各部分人员的年龄结构、政治结构、文化结构、技术结构及员工的作风、各部分人员的工作积极性和主动性的高低等。

③企业的素质结构。是指企业素质的各种构成因素相互结合的方式,图1.1反映了企业素

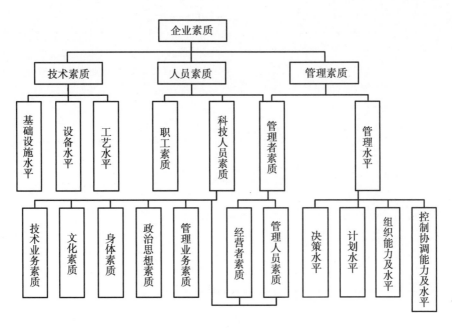

图 1.1 企业素质结构图

质的基本构成因素。

由图 1.1 可以看出,企业素质是由各个因素以某种确定的方式构成的,其中有些因素之间存在着相互包容的关系。例如,管理者素质既属于人员素质又属于管理素质。

企业素质可通过企业能力得到反映,企业能力是企业素质的表现形式,企业素质主要通过企业的 4 种能力得以表现。

①企业产品的竞争力。企业是通过自己的产品去参加社会竞争、满足环境的要求,因此,产品竞争力是企业素质的一个综合反映,产品竞争力主要表现在产品盈利能力和产品适销能力两个方面。

②企业管理者的能力。即企业的决策能力、计划能力、组织能力、控制与协调能力以及它们共同依赖的管理基础工作的能力。这些管理能力直接决定了企业人、财、物中的潜力和潜在优势的充分发挥。

③企业生产经营能力。企业生产经营过程主要包括产品开发过程、资源输入过程、产品生产过程、产品销售过程、售后服务与信息反馈过程。这些过程的好坏都是由企业的技术素质、人员素质和管理素质共同决定的,是这三大因素在企业生产经营过程中的综合表现。

④企业的基础能力。它包括企业的基础设施对生产的适应能力、设备技术能力、工艺能力、职工文化技术能力、职工劳动能力以及企业职工的团结协作、开拓创新和民主管理能力等。

企业素质分析是综合性很强的分析。企业素质的好坏是对某一个标准而言的,由于比较的标准不同,因此对企业素质分析的方式方法也不同。目前,较多采用的分析方法是因素对比分析法,即按照企业现在所处的外部环境的要求,特别是以同行业中最强的竞争者为标准,把构成企业素质的因素分项列出进行比较,并作出评价。某企业素质分析评价见表 1.1。

表1.1　某企业素质分析评价表

构成要素	分析内容	评价分
经营管理	①企业上层领导班子群体结构合理,领导人员具有较丰富的专业知识,有较强的决策能力和组织领导能力 ②经营管理工作扎实,经国家验收步入二级企业 ③管理组织机构健全,调整工作居同行业前列,适应性强	9
研究与发展	①新产品开发能力较强,正在采取措施开发 ②现有产品尚不能满足市场的多种需求	5
生产	①拥有一定的性能优良、技术先进的设备,但综合生产能力未充分发挥 ②生产专业化程度不是很高,新产品尚不能适应大批量生产	4
销售	①老产品有较多的稳定老用户,新用户销售渠道已经沟通 ②新产品销售工作也采取了措施	8
平均评价分: 6.5		

注:表中每个构成要素最优为10分,最劣为 –10分。

　　表1.1列出了企业素质的构成因素,根据企业性质的不同,分析的要求可粗可细。例如,若要对企业上层领导的素质作较深入的分析,可把企业上层领导的素质进一步分为领导班子结构的合理性、领导人员的政策水平、领导班子的团结合作状况、领导人员的创新精神、领导人员的实干作风、领导人员的决策本领、领导人员的组织领导能力等素质。

　　对企业素质的各构成因素进行质的对比分析时,能进行定量对比的,尽量用数量显示其优缺点。因此,对历史资料要进行统计计算。对前景的预计,应尽量运用预测所得出的数字进行对比分析。

　　对于那些无法用确定的数量来表示的因素,例如领导班子的政策水平、创新精神、实干作风、组织领导能力等,可把主观上对它的质的分析,用打分的方式(5分制或10分制均可)表示出来。以10分制为例,把企业素质的各个因素与竞争者相比,若属绝对优势定为10分,绝对劣势定为 –10分,双方势均力敌定为0分,则可按各因素对竞争者的优劣程度,分别在10分与–10分之间评定出一个适当的相对比较量,以表明与竞争者对比时企业素质的好与差。表1.1的评分结果表明,企业的素质条件与竞争对手相比处于优势,但还不是绝对优势。

　　(2)企业产品分析　产品是企业生存发展的基础,正确地评价和选择产品是企业进行产品决策、制订产品策略的前提。分析和评价产品,主要从产品的发展性、收益性、竞争性3个方面去考虑。发展性是指产品处于寿命周期的哪一个阶段;收益性主要是指产品的利润率;竞争性主要是围绕产品的竞争要素等进行分析。通常可通过以下具体项目进行这3个方面的分析评价,从而得出企业产品优、劣势的定性概念。

　　①产品性能与质量分析。从市场营销的观点看,产品是满足消费者需要和对社会作出贡献的商品。产品质量的好坏,是否能够满足消费者的需求,是决定产品市场营销状况的重要因素。

　　产品性能分析主要分析产品的功能是否能满足消费者的需要,在性能上有哪些优缺点,产品的品牌价值如何等。广义上讲,产品性能分析也包括对产品的包装、售后服务等方面的分析。分析产品性能,要注意与同行业其他厂商的同类产品进行比较,通常可采用产品的平均技术性能指标进行对比,也可以结合产品竞争力分析进行。

产品质量分析主要分析产品合格率、产品成本率、产品等级品率、产品质量分数、废品率、返修率等。

②产品竞争力分析。产品竞争力分析主要是分析本企业的产品在技术性能、质量、外观、包装、品牌、售后服务、价格、成本、销售渠道、促销策略等方面与竞争对手相比较的情况。可采用对比评分法进行分析,分析步骤为:第一步,选择竞争产品,确定产品竞争力的评比项;第二步,确定各个项目的评分标准并绘制评分表格;第三步,确定参加评分的人员;第四步,根据评分标准把企业产品与竞争对手产品的各项目的评分计入表格并计算总分,根据评分标准结果分析本企业产品的优势和劣势。

③产品市场地位分析。产品的市场地位主要用产品的市场占有率和市场覆盖率来表示,即

$$市场占有率 = \frac{本企业产品销售量(额)}{市场上同类产品销售总量(额)} \times 100\%$$

$$市场覆盖率 = \frac{本企业产品投放地区数}{本市场应销售地区数} \times 100\%$$

市场占有率反映了企业产品在某一个特定范围内的市场地位,而市场覆盖率则反映了企业产品在空间上的覆盖状况。

④产品生命周期分析。产品生命周期是根据产品在市场上的销售状况,把产品从投入市场到被市场淘汰的全过程,分为投入期(产品研制成功到投入市场)、成长期(产品在市场上被承认,销售增长幅度大)、成熟期(大量生产,大量销售)、衰退期(被新产品淘汰或销售锐减)。产品生命周期分析,就是分析产品处在生命周期的哪个阶段,从而采取相应的经营策略。产品生命周期分析可与产品成长性分析结合进行。

⑤产品的成长性分析。产品的成长性可由销售增长率和市场扩大率来表示,即

$$销售增长率 = \frac{本年度销售量(额) - 上年度销售量(额)}{上年度销售量(额)} \times 100\%$$

销售增长率和产品在生命成长周期中所处的阶段有很大关系。根据国外经验,投入期的销售增长率不稳定,成长期通常在10%以上,成熟期一般稳定在1%~10%,衰退期则是负数。因此,销售增长率也是判断产品处于生命周期哪个阶段的重要依据。

市场扩大率是反映产品市场地位的变化的指标,即

$$市场扩大率 = \frac{本年度市场占有率}{上年度市场占有率} \times 100\%$$

⑥产品的获利能力分析。产品的获利能力是反映产品为企业提供经济效益的重要指标。企业生产的不同产品,有的获利能力大,有的获利能力小。可按照各种产品的销售收入和利润情况分别排队,从差异中发现产品开发和经营管理上的问题,找出原因,制订正确的经营策略,同时确定合理的产品组合。

(3)财务分析　主要是对企业的资金筹措、供应和运用状况进行分析。它反映着企业的盈利能力和经济效益。对企业的资金筹措、供应和运用状况进行认真分析,可获得许多反映企业内部条件的有用信息。财务分析的主要内容有以下4个方面:

①企业财务管理体系分析。

②资金的筹集和供应分析。

③财务管理要素的分析和评价。包括资金效益分析,生产费用分析,产品成本和利润分析,利润和资金关系分析,成本、价格和利润关系分析,盈亏分析等。其中,最重要的是资金效益分

析和盈亏平衡分析。

④对生产经营活动实行财务监督分析。

1.2.3　企业经营战略环境分析的方法

变化着的环境具有不确定性,这种不确定性对管理活动产生着巨大影响,对管理者的管理行为有着强大的约束力。一般来说,管理者难以改变环境力量的大小和方向,但只要能正确地分辨和评价环境力量,并能正确地预测其发展趋势和它对组织将产生的影响,并拿出有效对策,就是一个优秀的管理者。正确地分辨和评价环境力量需要一定的科学方法,一般有 SWOT 分析法、波斯顿矩阵分析法和麦肯锡矩阵分析法等。

1)SWOT 分析

SWOT 是一种对企业的优势(Strength)、劣势(Weakness)、所处市场环境的机会(Opportunity)及威胁(Threat)进行分析的方法。它把企业内外环境所形成的机会、威胁、优势、劣势 4 个方面的情况结合起来,用"十"字图表对照分析。

如表 1.2 所示,某园林企业利用 SWOT 分析法,以寻找制订适合本企业实际情况的经营战略。通过对照分析,根据国内市场增量上升较快的有利条件,提出了"注入高科技项目,着力提升设计能力和施工资质"的经营战略。

表 1.2　某园林企业内外环境分析

外部因素	内部因素	对　策
机会: 1.城镇化 2.美丽乡村建设 3.行业增长快	优势: 1.具五万亩苗木生产基地 2.科技投入持续 3.产业链较为完整	1.差异化战略 2.注入高科技项目 3.重点引进人才,提升设计能力、提升资质、组建投标专业部门
威胁: 1.行业高端企业率先进入资本市场 2.企业进入门槛低,低端市场竞争激烈	劣势: 1.三级资质 2.设计能力弱 3.投标策略落后	

由这个实例可以看出,SWOT 分析法的主要优点是简便、实用和有效。其特点是通过对照,把企业外部环境中的机会和威胁,企业内部环境中的优势和劣势联系起来进行综合分析,有利于拓展思路,正确地制订经营战略。

公认的"优势、劣势、机会与威胁"表可能为事项的确定提供一个明确的启示以便达到以下目的:

①利用优势,挖掘机会(SO 战略)。把发现的机会与优势联系起来,它们是否相互吻合?如果是,能否基于这些优势去挖掘利用这些机会?

②利用优势,克服威胁(ST 战略)。把发现的威胁与优势联系起来,它们是否吻合?如果是,如何运用优势,将威胁转化为机会?或者,能否用不同的方式去运用优势,以回避你必须面

对的威胁？

③捕捉收获机会以克服劣势（WO战略）。把发觉的机会与劣势联系起来，它们是否吻合？

④计划紧急处理那些将加剧恶化劣势的威胁（WT战略）。将发现的威胁与劣势联系起来，它们是否吻合？

2）波斯顿矩阵分析法

这是将整个市场的需求增长率和企业的相对市场占有率作为衡量标准并形成矩阵图形，然后对企业的经营领域进行分析和评价的一种综合方法。需求增长率反映了市场需求对企业的吸引力，某个经营领域的需求增长率大，对企业从事该生产经营活动的吸引力也大。相对市场占有率反映了企业某个经营领域在市场中的竞争地位，这一指标高，说明企业在该经营领域的竞争地位强。

这一方法是将需求增长率和相对市场占有率分别按一定的水平划分为高低两种状况，两个指标一组合，就形成4个象限，即4个区（见图1.2）。

处于双高位置的区是"明星"区；处于双低位置的区是"瘦狗"区；需求增长率高，相对市场占有率低的区属于"问题"区，也称风险区；需求增长率低，相对市场占有率高的区是"现金牛"区，也称厚利区。这4个

图1.2　波斯顿矩阵图

区的划分为企业对现有的各种经营领域进行综合分析以及经营领域的选择指明了方向。对处于"明星"位置的经营领域，应抓住机遇，加强力量，重点投资，促其发展；对处于"现金牛"位置的经营领域，应严格控制投资，维持现有规模，设法获取尽可能多的利润，以支持处于"明星"区和"问题"区经营领域的发展；对处于"问题"区的经营领域因需求增长率高，有发展前途，应加以完善和提高，促使其成为新的明星经营领域；处于"瘦狗"区的经营领域属于失败或衰退的经营领域，应果断放弃和淘汰。这一方法有助于企业进行经营领域的选择和资源的有效分配。应用波斯顿矩阵分析法有一定的适用条件，即企业环境动荡水平比较低，市场需求的增长比较容易预测，不会出现难以预料的变化。

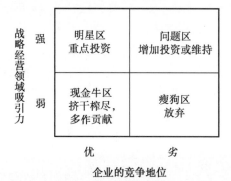

图1.3　麦肯锡矩阵图

3）麦肯锡矩阵分析法

这是以战略经营领域的吸引力和企业的竞争地位两个综合性指标进行组合形成矩阵，进行分析的综合性方法。这种方法与波斯顿矩阵方法一样，也形成4个区，只是衡量的指标有所变动（见图1.3）。

这两个指标所涵盖的内容比波斯顿矩阵方法的两个指标更丰富。例如，战略经营领域吸引力这一指标除包括未来需求增长率这一具体指标外，还包括未来的盈利率指标，并考虑环境中的相关变化和偶发事件对各个经营领域的影响，确定其机会和风险，最后根据需求增长率和盈利率的估计值确定其战略经营领域的吸引力大小。又如，企业竞争地位这一指标则是根据3个因素的综合而加以确定的，这3个因素是：

①企业在某一经营领域的投资达到最佳投资水平的程度。

②企业当前竞争战略达到最优竞争战略的程度。

③企业目前能力达到该经营领域一流企业所需能力的程度。

把这些因素结合起来分析,即可确定企业在某一经营领域中的竞争地位。

战略经营领域吸引力这一指标根据一定的标准可划分为强、弱两种状况;企业竞争地位可划分为优、劣两种状况。两个指标一组合,形成 4 个区,再把企业所有的经营领域根据这两个指标的水平分别列入各区,然后进行经营领域的分析和选择。

这一方法克服了波斯顿矩阵方法的某些不足,从而扩大了适用范围,即对企业处于不同竞争环境(包括比较动荡的不稳定环境)进行经营领域的分析和选择也是适用的。

1.3 园林企业战略的制订与实施

1.3.1 企业战略的制订

战略制订包括:确定企业任务,认定企业的外部机会与威胁、内部优势与弱点,建立长期目标,制订备选战略方案,选择特定的实施战略。战略制订过程所要确定的问题包括:企业进入何种新领域? 放弃何种业务? 如何配置资源? 是否扩大经营或进行多元经营? 是否进入国际市场? 是否进行合并或建立合资公司? 如何防止被敌意接管? 等等。

由于没有任何企业拥有无限的资源,因此,战略制订者必须确定,在可选择的战略中,哪一种能够使公司获得最大收益。战略制订决策将使公司在相当长的时期内与特定的产品、市场、资源和技术相联系。经营战略决定了企业的长期竞争优势。无论结果好坏,战略决策对企业都具有持久性的影响,它决定了企业各主要经营活动的成败。

具体来说,战略制订包括以下步骤:

(1)形成战略思想 战略思想是企业谋求发展和处理重大经营问题、经济关系的指导思想,是制订和实施战略的基本思路。它反映了企业高层管理者的世界观、价值观,表明了企业的行为准则,体现了经营者和广大职工对未来的希望和看法。形成战略思想应从战略思维开始,进行战略思维本身也是一种过程,人们对处理问题的认识和态度逐步从模糊到明确的过程,也就是战略思想形成的过程。战略思想的形成要求进行全方位、多维、开放性的思维,进行超前性、创造性的思维;要求形成新的观念、新的思路,以指导战略的制订和实施。例如当企业面临逆境时,要形成克服困难、勇于拼搏的战略思想;在处于顺境时,要确立居安思危、发展优势的战略思想。

(2)环境调查 环境调查是制订和实施战略的前提,是一项十分重要的基础性工作。环境调查主要包括两个方面:一是企业内部环境调查,了解企业各种资源和经营实力情况;二是企业外部环境调查,了解企业所处的宏观环境和市场环境、行业环境。通过环境调查,明确企业本身的优势和劣势,以及企业所面临环境的机会和风险,为正确制订和实施经营战略方案提供客观的依据。

(3)拟订、评价和选择战略方案 这是经营战略的决策阶段,在明确了战略思想和对环境进行了调研,并有了分析结果之后,就需要拟订多种战略方案,对每个方案进行评价,找出各方案的优缺点,并作出选择,最后确定满意的经营战略方案。战略方案应包括战略目标、战略重点、战略方针、战略阶段和战略对策等内容。

(4)战略方案的落实和修改完善　选择经营战略方案后,需要加以落实,使之具体化。也就是说,需要通过战略规划或战略计划使之具体化,从时间和空间上加以落实:在时间上,划分为若干战略阶段,明确每个阶段的计划目标;在空间上,将每个阶段的计划目标落实到每个部门和各个生产经营单位,直到个人。根据各部门、各单位的计划任务进行资源的合理配置,保证战略任务的顺利实施。在战略方案的执行过程中,经营环境可能会出现预料之外的变化,使战略方案中的某些部分失去了指导作用,因而需要及时地对原方案进行必要的修改、调整,使其更加符合实际,发挥其正确的指导作用。

1.3.2　企业战略的实施

战略实施是战略管理的行动阶段。战略实施要求企业树立年度目标、制订政策、激励员工和配置资源,以便使制订的战略得以贯彻执行。战略实施活动包括培育支持战略实施的企业文化、建立有效的组织结构、调整企业经营方向、制订预算、建立和使用信息系统,以及将员工报酬与组织绩效挂钩等内容。实施意味着动员员工和管理者将已制订的战略付诸行动。战略实施是战略管理过程中难度最大的阶段,它要求企业人员守纪律,有敬业和牺牲精神。战略实施的成功与否取决于管理者激励员工能力的大小,它与其说是一门科学,更不如说是一种艺术。已经制订的战略无论多么好,但如未能实施,便不会有任何实际作用。

战略实施活动会影响到企业中的所有员工及管理者,每个分公司或部门都必须回答诸如"为实施企业战略中属于我们责任的部分,我们必须做什么""我们能将工作做得多好"之类的问题。战略实施是对企业的一种挑战,它要求激励整个公司的管理者和员工以自豪感和热情为实现已明确的目标而努力工作。

1)经营战略实施的模式

经营战略的实施有5种模式:指挥型、变化型、合作型、文化型、增长型。

(1)指挥型模式　这种模式的特点是企业总经理如何制订出最佳战略。要求总经理运用经济分析和竞争分析,制订出一个能指导日常工作决策的企业战略,并靠其权威通过发布各种指令来推动方案的实施。这种模式是假定企业在采取行动之前就已进行了大量的分析,总经理拥有相当大的权力和近乎完美无缺的信息,能够较好地作出日常决策。

运用这种模式需要容易实施的战略、准确的信息、较客观的规划人员。

指挥型模式的最大问题是把谋略者与执行者分开,即企业的高层管理者制订战略,然后强制下层管理人员执行,这样就有可能产生下层执行者缺少执行战略的动力和创造精神,甚至会拒绝在他们看来不能接受的战略方案和具体措施。

(2)变化型模式　变化型模式是指挥型模式的完善与补充。它不仅重视经济分析,制订出好的战略,而且深入考虑如何运用组织机构、激励手段和控制系统来促进战略实施。总经理要对行政管理系统进行设计,增强战略实施的协调性,用行为科学的方法把他的组织纳入战略规划的轨道,推动所属经营单位为实现战略目标而努力。

变化型模式除运用分析工具外,还增加了3种行为科学的方法,以加强战略实施成功的可能性。

①利用组织机构和参谋人员,明确地传递企业优先考虑的事物信息,把注意力集中在需要的领域。

②建立规划系统、效益评价及激励补偿等手段,以便支持实施战略的行政管理系统。

③运用文化调节的方法促进整个系统发生变化,使战略得到更多的支持。

企业高层管理者借助一整套强有力的战略实施手段,在众多不同组织中实现更为复杂的战略规划。这种模式在许多企业中比指令型模式更为有效。但这种模式并没有解决指令型模式存在的如何获得准确信息的问题、单位及个人利益对战略计划的影响问题,以及战略实施的动力问题;并且还产生了新的问题,即在通过控制企业的组织体系和结构来支持某一战略的同时,也会使总经理失去战略的灵活性,在环境发生变化时,使战略变化更为困难。因而,从长远观点看,环境不确定性大的企业,应避免采用那些不利于战略灵活性的措施。

(3)合作型模式　合作型模式是建立在认为战略是集体协商基础上的产物。其主要特点是:把参与决策的范围扩大到企业高层管理集体之中,调动高层管理人员的能动性,使高层管理集体协调一致,发挥集体智慧,使每个高层管理者都能在战略的制订过程中作出各自的贡献。在这种情况下,总经理的工作重点是组织一支合格胜任的管理人员队伍,并使他们很好地合作。

从总体上看,合作型模式克服了前两种模式存在的局限性:总经理接近了一线管理人员,获得了大量准确的信息;同时,其战略建立在集体智慧的基础上,从而提高了战略实施成功的可行性。它的最大缺陷是:由于战略是不同观点、不同目的参与者相互协商的产物,可能会降低战略的经济合理性;同时,仍存在着谋略者与执行者的区别,因此,还不能做到吸收全体人员的智慧。

(4)文化型模式　文化型模式是要在整个组织里灌输一种适当的文化,以使战略得到实施。它是把合作型模式的参与成分降到了较低的层次,打破谋略者与执行者之间的鸿沟,力图使整个组织都支持企业的目标和战略。其主要特点是:总经理通过沟通和灌输企业的使命来加强对企业组织的指导,并允许每个人参加设计和企业使命相吻合的自己的工作程序。计划一旦形成后,总经理便起指导者的作用,鼓励每个决策者执行这一计划的具体细节。由于企业内各种组织和决策参与者是在共同目标下工作的,因此,就能使企业的战略实施迅速、风险少,使企业能在较平稳的条件下发展。

文化型模式也有其局限性:

①这种模式假设企业的职工都是有学识的,实际上很难达到这种程度。

②极为强烈的企业文化可能会掩盖企业中存在的某些问题,企业为此要付出代价。

③采用这种模式要耗费较多的人力和时间,而且还可能因为企业高层经理不愿放弃控制权而使其形式化。

(5)增长型模式　这种模式的基本特点是:激励管理人员的创造性,制订与实施完善的战略,使企业的能量得以发挥,并使企业实力得到增长。采用这种模式,企业的战略不是从最高层自上而下地推行,而是从基层经营单位自下而上地产生。它要求总经理既能激发企业内部富有革新的锐气,又能在基层提出的各种建议中,淘汰不适当的方案。

运用这种模式要解决以下4个认识问题:

①总经理不可能控制所有重大的机会和威胁,有必要给下层管理人员以宽松的环境,激励他们做出有利于企业长期利益的经营决策。

②总经理的权力是有限的,不可能把自己的愿望强加于组织成员。

③总经理只有在依赖下级的情况下,才能正确地制订和实施战略。一个稍逊色的但得到人们支持的战略,要比那种"最佳"的、根本得不到人们热心支持的战略有价值得多。

④企业的战略总是集体共同决策的产物,靠一个人是很难作出的。为此,企业领导应坚持发挥集体智慧的作用,减少集体决策的各种不利因素。

当然,集体决策也有局限性,总经理应采取相应的措施减少集体决策的风险。

上述5种战略实施模式在制订和实施战略上的侧重点不同,在实际运用过程中,上述5种战略实施模式并不是互相排斥的,但也不是任何一种模式都能通用于所有的企业。这取决于企业各种经营的程度、发展变化的速度,以及企业目前的文化。

2) 经营战略实施的原则

经营战略的实施需要遵循以下原则:

(1)目标分解、任务合理的原则　企业经营战略目标应分解为企业各部门和下属各单位的具体目标,以便落实责任和检查监督。各部门、各单位直至个人应完成的具体目标应合情合理,既有利于挖掘潜力,调动各方面的积极性,又要切实可行,具备实施条件,有实现目标的可靠保证。

(2)统一领导、组织协调的原则　实施企业经营战略,必须由企业高层管理者进行统一领导,加强协调,使企业各部门、各单位以及全体职工统一行动、步调一致、相互配合、密切协作,以保证企业经营战略总体目标的实现。

(3)突出重点、兼顾全局的原则　一个合理的经营战略方案应明确地规定战略重点,以突出企业的主攻方向。这些重点一般应是对企业发展的全局有决定性影响的方面,如企业的优势或制约全局的薄弱环节、主要矛盾等。抓住重点,有利于推动全局。同时也要兼顾全面,用重点来带动一般,用一般来保证重点。

(4)适应变化、机动灵活的原则　战略是对未来一定时期的谋划和方略,在战略实施过程中,环境总会发生这样或那样的变化。战略的制订者和实施者应机动灵活,适时调整和修改原有的战略方案,使之符合变化了的新环境,以充分发挥战略的指导作用。

1.3.3　企业战略的控制

1) 战略控制的含义

战略控制是战略管理过程的最后阶段。它是指在战略计划实施过程中,为了保证按战略计划的要求进行生产经营活动,所采用的不断评审实际工作,将反馈回来的实际成效信息与计划目标比较,及时发现偏差、采取纠正措施的活动。企业经营战略的实施过程,有时同不断变化的环境之间存在着一定的矛盾,实施结合也会同预定目标产生一定的偏差。这就需要及时采取纠正措施加以控制,主要是建立一套战略实施的控制系统。

企业战略控制是企业系统中战略层活动的控制,不同于管理层、作业层的控制。其特点表现为:

①战略控制系统是开放的。因为战略层的活动处于企业与外部环境的衔接处。

②战略控制的标准依据是企业的总体目标。因为战略是追随企业总目标的一个方面,当战略规划目标接近企业总体目标时,才能起到控制标准的作用。

③战略控制的标准有两种类型,即成效标准和废弃标准。当战略执行过程中出现偏差时,若这一偏差值落入成效标准范围内,就可以采取修正措施或修正规划,以保证战略目标的实现;而当这一偏差值落入废弃标准范围内时,则表明原战略规划所依据的假设条件发生了重大变化,原有的战略应废弃。

④战略控制的功能是既要保护战略规划的稳定性,又要允许其变化。它使企业系统维持一种动态的平衡,使企业系统具有足够的稳定性,以承受周期性的冲击,走向相关的目标;同时,又主张变化,但这种变化是可接受的和符合期望的。

2)战略控制的过程

战略控制过程是将实际工作情况与工作评价标准进行对比,发现差距,找出原因,并进行纠正的过程。战略控制是一个活动过程,它由以下4个步骤组成:

(1)确定控制标准　评价标准是战略控制的依据,是工作成果的规范,是从一个完整的战略计划中所选出的对工作成果进行计量的一些关键点,它用来确定是否达到战略目标和怎样达到战略目标。战略目标以及低层次的组织目标、个人目标和计划要求都是评价标准,一般以战略目标的具体化——战略计划及其指标体系作为评价和控制战略执行效果的标准。评价标准一般由定量和定性两个方面的标准组成。定量评价标准一般可选用下列指标:资金利税率、人均创利、劳动生产率、销售利润率、销售增长额、市场占有率、投资收益、股票价格、每股平均收益、工时利用率等。定性评价标准一般从以下几方面加以制订:战略与环境的一致性、战略中存在的风险、战略与资源的配套性、战略执行时间性、战略与企业组织机械的协调性等。

(2)检查实施,衡量成效,寻找偏差　对战略执行前、执行中、执行后信息反馈的实际成效加以分析比较,将执行的结果与计划目标、指标进行比较,是完成还是未完成? 如果完成了,超过多少? 如果未完成,差额多少? 找出实际活动成效与评价标准的差距及其产生的原因。这是发现战略实施过程中是否存在问题和存在什么问题,以及为什么存在这些问题的重要过程。要做好这项工作,必须建立管理信息系统,并采用科学控制方法和控制系统,在适当的时间、地点来进行评价。

(3)分析原因,采取措施,纠正偏差　对通过成效衡量发现的问题,必须针对其产生的原因采取纠正措施,才能真正达到战略控制的目的。纠正的措施有的是改变战略实施的活动、行为,有的是改变战略的目标、措施和计划。

(4)改进调整,完成战略目标　企业经营战略是指导企业中长期发展的,应当在相当长的时期内具有稳定性,但企业外部环境和内部条件是经常变化发展的,因而经营战略不可能绝对地一成不变。为了发挥经营战略的正确指导作用,必须根据市场需求、环境变化和企业内部条件的变化,及时进行调整,以保证它的正确性。在采取必要的纠偏措施后,要按规定的目标继续努力,加以完成。

上述几个方面的活动有机结合在一起,构成完整的战略控制过程。

3)战略控制的方式

进行战略控制,可以有不同的控制方式,需根据实际情况做出选择。选择控制方式:一要考虑控制的可行性,二要考虑控制要求、控制量和控制成本。总之,要从企业实际出发,做出正确的选择。企业经营战略实施控制的方法主要有：

(1)避免控制　就是管理人员采取适当的手段,使不适当的行为没有机会产生,从而达到不需要进行控制的目的。例如采用自动化手段减少所需要的控制,或把权力集中于少数高层管理人员手里,以减少分层控制所造成的矛盾。

(2)直接控制　是指企业必须将经营战略纳入控制过程,采取控制措施并进行控制活动。这类控制主要有具体活动的控制、成果控制、人员控制等。

(3)事前控制　在实施战略之前,要设计好正确有效的战略计划。该计划要得到企业高层领导人的批准后才能执行,其中有关重大的经营活动必须经过企业领导人的批准同意才能开始实施,他所批准的内容往往就成为考核经营活动绩效的控制标准,这种控制多用于重大问题的控制,如任命重要人员,签订重大合同,购置重大设备等。

(4)事后控制　这种控制方式是在企业经营活动之后,才把战略活动的结果与控制标准相比较,这种控制方式工作的重点是要明确战略控制的程序和标准,把日常的控制工作交由员工。

(5)经营审核　经营审核是在弄清经营成果的基础上,深入企业政策、职权应用、管理质量、管理方法等方面进行综合分析研究和专门分析研究,分析它们的效果,作出正确评价。从而推动经营管理工作的改进,保证战略目标的实现。

(6)个人现场观察　这是指企业各级领导者深入各种生产经营现场进行直接观察。一个有经验的领导者即使偶然至车间、办公室走一下,也能从中得到许多有用的情报。

【案例及分析】

案例1

欣欣花木是一家从事花木生产、销售的企业,在计划经济时代,由国家扶持,理所当然得到了发展。但现在,这家企业强烈地感觉到了同行的竞争,经营业绩每况愈下。公司总经理很是担心,便请来了某高校的一位管理学教授帮忙分析原因。该教授经过调查,提出了以下看法:企业的目标大多数是为期一年的,而且主要是一些经济指标;一般地,各主管人员是好的"消防战士",但他们只注重"救火",而不太注意事先防止问题的发生;没有什么集体的努力,每一个主管人员都集中精力于自己的任务;主管人员大都只关心内部的经营活动,而不关心外界的环境变化。总经理认真地听取了教授的报告,认为重要的问题是:现在应该怎么办才能解决这些问题,从而增强企业的竞争能力。

分析讨论

当总经理征求你的意见时,你将如何回答?

案例2

胡××任园林公司苗圃负责人已经一年多了,厂里各方面工作的进展出乎他的意料。记得他上任后的第一件事就是亲自制订了一系列工作的目标,如为了减少浪费、降低成本,他规定在一年内要把原材料成本降低10%~15%,把运输费用降低3%。他把这些具体目标都告诉了下属的有关方面的负责人。现在年终统计资料表明,原材料的浪费比去年更严重,浪费率竟占总额的16%;运输费用则根本没有降低。他找来了有关方面的负责人询问原因。负责生产的副厂长说:"我曾对下面的人强调过要注意减少浪费,我原以为下面的人会按我的要求去做的。"而运输方面的负责人则说:"运输费用降不下来很正常,我已经想了很多办法,但汽油费等还在涨,我想,明年的运输费可能要上升3%~4%。"

胡××了解了原因,又把两个负责人召集起来布置第 2 年的目标:生产部门一定要把原材料成本降低10%,运输部门即使是运输费用提高,也绝不能超过今年的标准。

分析讨论

胡××的控制有什么问题? 怎样才能实现他所提出的目标?

【复习思考题】

1. 关键概念解释

(1)企业经营战略　(2)企业素质　(3)企业经营战略的控制

2. 思考题

(1)什么是企业经营战略? 企业经营战略有哪些特点?

(2)企业经营战略的构成要素有哪些?

(3)企业经营战略外部环境分析的主要构成因素有哪些? 为什么要进行外部环境分析?

(4)什么是内部条件分析? 它在制订经营战略过程中有什么作用?

(5)简述 SWOT 分析法。

(6)简述麦肯锡矩阵分析法。

(7)企业经营战略制订的程序是什么?

(8)企业经营战略实施的模式有哪些? 谈谈其优缺点。

(9)简述经营战略控制的过程与特点。

(10)列举战略控制的方式。

3. 实训题

选择并参观一家企业,试着对其进行内部条件和外部环境分析,并写出分析报告。

2 园林企业质量管理与技术管理

2.1 园林企业质量管理

产品质量

2.1.1 质量的含义

质量的含义有广义和狭义之分。广义的质量,是指"产品、体系或过程的一组固有特性满足规定要求的程度"。根据这一含义,质量可分为产品质量、工序质量和工作质量。产品质量是指产品适合于规定的用途以及在使用期间满足顾客的需求。这里的产品包括有形的实物产品和无形的服务。工序质量是指工序能够稳定地生产合格产品的能力。工作质量是指企业管理、技术和组织工作对达到质量标准和提高产品质量的保证程度。狭义的产品质量,是指实物产品的质量,包括实物产品内在质量的特性,如产品性能、精度、纯度、成分等,以及外部质量特性,如产品的外观、形状、色泽、手感、气味、清洁度等。

实物产品质量特性一般可概括为产品性能、寿命、可靠性、安全性及经济性 5 个方面。

2.1.2 全面质量管理

1)全面质量管理的概念

全面质量管理
及基本方法

全面质量
管理的内容

全面质量管理是指一个组织以质量为中心,以全员参与为基础,通过让顾客满意和本组织所有成员及社会受益而达到长期成功的目的的管理途径。

全面质量管理并不等同于质量管理,它是质量管理的更高境界。质量管理只是组织所有管理职能之一,与其他管理职能(如财务管理、劳动管理等)并存。而全面质量管理则是将组织的所有管理职能纳入质量管理的范畴。下面重点以园林工程企业为例作进一步的说明。

全面质量管理包含着3个基本思想：

（1）对全面质量的管理　产品质量是指产品适用于规定的用途,满足社会和用户一定需要的特性,它是在被使用或被消费的过程中实现的。以往认为产品质量主要是产品性能,如物理性能、化学性能和技术性能等,以及使用功能,如可靠性、安全性、寿命等。对于园林工程来讲,就是指工程实物的质量,这是狭义的质量概念。全面质量的质量概念是广义的、综合的,已大大超过通常所指的上述质量概念。广义的质量一般包括3个部分:产品质量、成本质量、工程进度质量;工作质量、工艺质量、操作质量;人的质量。全面质量管理强调系统管理、综合管理,要求全面提高管理工作的质量。因此,全面质量管理中的质量是指满足用户使用要求的全面质量,是综合性的质量。全面质量的管理是指对全面质量的每一个内容进行管理。

（2）对全部过程的管理　产品生产的全过程应从市场调查开始,经过计划、设计、外协、准备、制造、装配、检查、试验、销售,直到技术服务为止的每个阶段。

因此,全部过程的管理,是对上述影响产品质量的全部过程的每个阶段都要进行管理。对于园林工程企业来说,就是指从合同签订开始,经过施工准备、具体施工、竣工验收、定期回访等各个阶段都要进行管理。

（3）全体人员参与的管理　由于实行全过程的质量管理,因此,企业中的每个人都直接或间接地与生产质量有关系。每个人都要在自己的工作中去发现与产品质量有关的因素或特点,进而在同其他人的工作中把与产品质量有关的部分协调起来,各负其责,这样就会使产品质量改进或提高。因此,全体人员参与的管理,是指全体人员在各自有关工作中进行管理。

2）工程质量、工序质量和工作质量

产品在生产过程中,都要涉及人、原材料、设备、方法及环境5个方面。这5个方面的每一个方面又包括许许多多的因素,这许许多多的因素在生产过程中同时影响着产品质量。显然,产品质量的好坏取决于这许许多多影响因素的作用过程。这些同时起着影响作用的过程,称为工序。因此,工序质量就是指工序好坏,工程质量取决于工序质量。

这5个方面各种因素的管理,都需要人去做工作。当然,工序质量的好坏就取决于这些工作质量的好坏。因此,工程质量、工序质量和工作质量之间的关系可表示为:工作质量—工序质量—工程质量。工程质量就是园林工程企业的产品质量。

因此,要保证工程质量,必须保证工序质量;要保证工序质量,必须保证工作质量。也就是说,要抓工程质量,必须要首先抓工作质量,这是基础和保证。

3）全面质量管理的思想基础

行动是受思想支配的,全面质量管理也要有一个思想基础,具体表现为以下5点:

①"质量第一"是根本出发点。在质量、数量和成本的关系中,要认真贯彻保证质量的方针。

②贯彻"以预防为主"的方针。好的质量是生产出来的,而不是检查出来的。好的检查虽然能对生产起反馈作用,但毕竟还是需要通过生产改进它的质量,故产品质量的大部分责任是在生产,而不是在检查。因此,管理应当从事后把关转到事前控制方面来。从这个意义上来说,检查就不只是对产品质量进行检查,而更应对工序质量和工作质量进行检查,这样才能做到预防为主。

全面质量管理
的强调观点

③一切用数据说话。广泛地运用数理统计方法;评价工程的优劣要有一个客观的评定标准和明确的概念;要用数据来判断事物,数据是进行全面质量管理的基础。

④全面质量管理是每个职工的本职工作。

⑤下一道工序是上一道工序的用户,质量管理要建立为用户服务的思想。施工企业生产连续性很强,工序之间依存性很大,不进行全过程的管理,要实现平行流水立体交叉作业是根本不可能的。只有上一道工序真正做到对下一道工序负责,才能保证整个施工过程中的各方面的组织与协调。这就要求每道工序和每个岗位都要立足于本职工作的质量管理,凡是本工序和本岗位的质量问题,一定要争取在本工序和本岗位之中解决不给下一道工序留麻烦。工程最终要交给用户,因此,全面质量管理要建立为工程最终用户服务的思想。

2.1.3 质量体系与质量认证

1)质量体系建立的原则

质量体系是为质量管理服务的,它是搞好质量管理的依托。

质量体系的建立和运行要以质量方针和质量目标的展开和实施为依据,同时,一个好的质量体系也应当是经济且有效的。

企业应根据市场情况、产品类型、生产特点、顾客和消费者的需要,以标准为依据,选择适用的要素并确定采用的程度,建立企业的质量体系。企业内部的质量体系的建立应以GB/T 19004标准为指南,外部的质量体系应以GB/T 19001、GB/T 19002、GB/T 19003标准的要求来建立,这样建立起的质量体系才能够满足质量管理和为顾客及消费者提供信任的要求。

2)质量体系建立和实施的程序

不同的企业在建立质量体系时,可根据实际情况,采用不同的步骤和方法。一般程序包括质量体系的确立、质量体系文件编制和质量体系实施运行3个阶段、16个步骤(见图2.1)。

①领导决策,统一思想。建立和实施质量体系的关键是企业领导的高度重视、正确决策、亲自参与。

②组织落实,成立投标小组。企业领导层决定投标后,接着就要制订政策,选择人员组成投标小组。如果原来质量体系的组织系统比较健全,投标小组可以以质量管理综合部门为主组成,吸收少量技术、生产部门的骨干参加。

③学习培训,制订工作计划。必须自上而下进行分层次培训,学习研究标准,明确认识,领会实质,使企业的全体职工都了解建立和实施质量体系的重要意义。

关于制订工作计划,应考虑的内容是:明确目标、控制进度、突出重点。这里所说的重点是系统中的薄弱环节及少数关键。

④制订质量方针,确立质量目标。质量方针是企业领导质量意识的体现,也是企业文化的体现。质量方针不能只是一种口号,而应该体现企业的特色,并有深刻内涵。

⑤调查现状,找出薄弱环节。只有充分地了解企业的现状,认识到存在的问题,才能建立适合企业需要的有效的质量体系。当前存在的主要问题就是今后建立质量体系时要重点解决的内容。

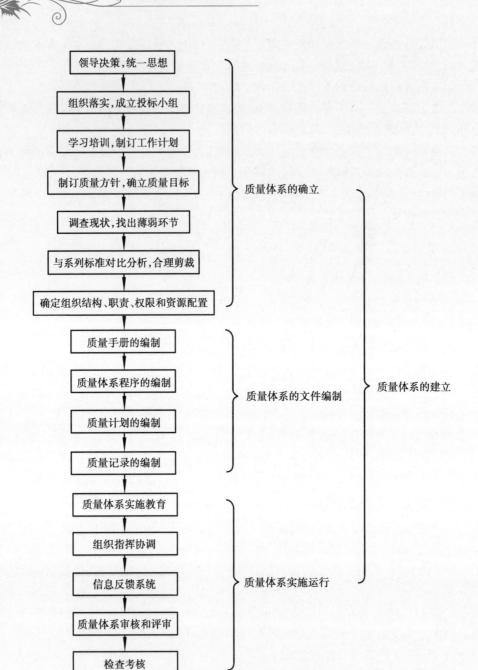

图 2.1 建立健全质量体系工作流程图

⑥与系列标准对比分析,合理剪裁。要将上面调查的结果与系列标准进行逐条、逐项的对比分析,从而确定企业所需的质量体系要素。

⑦确定组织结构、职责、权限和资源配置。要落实质量体系要素展开以后对应的质量活动,就必须将各项质量活动相应的工作职责和权限分配到各职能部门。一般地讲,一个职能部门可以负责或参与多个质量活动,但绝不应让多个职能部门共同负责一项质量活动,以免出现问题,相互推脱责任。

资源是质量体系的重要组成部分,企业应根据各项活动的需要,引进技术设备和软件以及人员进行适当的调配和充实。

⑧质量手册的编制。质量手册一般可分为质量管理手册和质量保证手册两类。质量管理手册是指企业为满足其质量方针和质量目标的需要,建立和实施质量体系而编制的手册。质量保证手册是指企业为了向顾客或其他外部单位介绍本企业的质量体系,以证明企业具有某种质量保证能力所用的手册。

质量体系程序是质量手册的支持性文件,是企业的各个职能部门为落实质量手册的要求而规定的实施细则。

⑨质量体系程序的编制。质量体系程序是指为进行某项质量活动所规定的途径。编制质量体系程序就是要明确各体系要素和各项质量活动由谁干、干什么、干到什么程度、怎么干、如何控制、要达到什么要求、需要形成何种记录和报告、相应的签发手续等。必要时可辅以流程图。

⑩质量计划的编制。质量计划是指针对特定产品、项目或合同,规定专门的质量措施、资源和活动顺序的文件。质量计划的格式和详细程度应与顾客的要求、企业的生产特点和将要完成活动的复杂性相适应。

⑪质量记录的编制。质量记录是指为已完成的活动或达到的结果提供客观证据的文件。它是产品质量水平和企业质量体系中各项质量活动的客观反映,因此,应如实加以记录。

⑫质量体系实施教育。人是质量体系资源中最重要的要素,要通过人员培训使企业全体职工在思想认识、技术、管理业务上都有所提高,使质量体系有效地运行。

⑬组织指挥协调。组织协调工作主要是在企业最高管理者的领导下,先由各职能部门分别就质量体系设计不周、计划项目不全、体系情况因素的变化和运行中发生的问题进行协调,以取得共识。

⑭信息反馈系统。要提高管理的科学性、有效性、及时性,就应建立一个现代化的信息管理系统。企业运行中的每一步都有质量信息,对这些信息应分层次、分等级进行搜集、整理、存储、分析、处理和输出,反馈到各级执行或决策部门,以提供作出正确判断的依据。

⑮质量体系的审核和评审。质量体系审核是质量审核的一种形式,是实现质量方针中所规定目标的一种管理手段。确定质量体系各要素是否有效实施并与实现规定目标相适应,同时还提供减少、消除,特别是预防不合格所需的客观证据。质量体系评审是指由最高管理者就质量方针和因情况变化而制订的新目标对质量体系的现状与适应性所作的正式评价。

⑯检查考核。检查考核是指质量体系运行中的检查与考核,以便为完善质量体系提供信息。

3) PDCA 循环

推行全面质量管理,应按一定的步骤与方法进行工作,即按一定程序办事。其顺序是按计划、实施、检查及处理4个阶段循环推进,简称 PDCA 循环。P(Plan)是计划,D(Do)是实施,C(Check)是检查,A(Action)是处理。每一个循环都要经过这4个阶段,其中,共有8个步骤。

(1)计划阶段　所谓计划,就是要明确这样几个问题:干什么、谁去干、什么时候干、在什么地方干、怎样干,再对这每一个问题问一个为什么。它包括调查分析、选题、定目标、研究对策、确定实施计划。其步骤是:

①调查分析现状,找出存在的质量问题。

②分析原因和影响因素。

③找出影响质量的主要因素。

④制订改善质量的措施,提出行动计划,预计效率,并具体落实到执行者、时间、地点、完成方法等方面。

(2)实施阶段　有了计划,按照计划去干,就是实施,即组织对质量计划或措施的认真贯彻执行。

(3)检查阶段　实施过了,干得怎么样,是否达到了预期的效果,是对实际工作结果与预期目标的对比,看执行的情况如何。这阶段只有一步,即检查采取措施的效果。

(4)处理阶段　干得有效果,就要想办法巩固并确定为标准;干得没效果,就要采取措施加以纠正,防止以后再发生。这些措施又都要反映到下一个计划中去,这就是处理。处理包括以下两个步骤:

①总结经验、巩固成绩,进行标准化。

②提出尚未解决的问题并找出原因,转到下一个 PDCA 循环中去。

经过这 4 个阶段、8 个步骤,一个循环就完成了。再计划、实施、检查、处理,这样一个循环接着一个循环进行下去,产品质量不断提高。

这种工作方式有以下 4 个要点:

①完整性。这 4 个阶段一个也不能少,这 4 个阶段都走下来,才算做完了一件工作。

②程序性。这 4 个阶段的先后顺序一定是:计划、实施、检查、处理。

③连续性与渐进性。这 4 个阶段按顺序做下来,就是一个循环,做好了一件工作,但质量管理工作到此并不能结束,要一个循环接一个循环地做下去,使循环不断转动起来,使产品质量逐步提高。

④系统性。PDCA 循环作为科学管理方法,可运用于企业各方面工作。它是大环套小环,整个企业是个大环,企业的各部门都有自己的 PDCA,是中环,依次又有更小的环,直到个人的最小的环。但是,质量管理的真正效果是在大循环转动起来之后,才能取得。这个循环的好坏、快慢,是各级管理水平高低的重要标志,如图 2.2 所示。

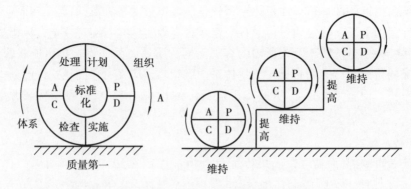

图 2.2　PDCA 循环

PDCA 循环大大加快了积累经验的过程,推动了质量的提高、管理的改善、技术的发展、人才的成长。

4)质量认证

质量认证是为确信产品和服务完全符合有关标准或技术规范而进行的第三方机构的证明活动,是国际上通行的制度。随着商品经济规模的扩大和经济多元化、国际化,为了提高产品信誉度,减少产品质量的重复检验,消除贸易技术壁垒,维护供方、需方、顾客、消费者各方的利益,产生了第三方认证。对一个企业来说,申请权威机构对其质量管理体系进行认证,使用国际公认的合格标志,其产品和服务就可以得到世界各国的普遍承认,并在国内外市场上获得顾客的信任,有利于扩大市场占有率,参与国际竞争。

2.1.4 园林企业质量管理

1)编制质量体系文件

质量体系文件是企业开展质量管理和质量保证的基础,是质量体系审核和质量体系认证的主要依据。建立、完善质量体系文件可以进一步理顺关系,明确职责、权限和协调好各部门之间的关系。

通常将质量体系文件划分为3个层次(见图2.3)。任何层次的文件既可分开,又可合并。

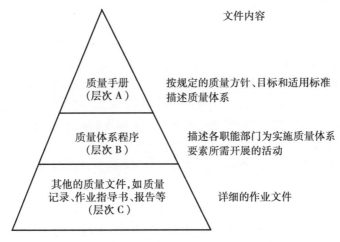

图2.3 典型的质量体系文件划分层次

此外,在上述质量体系文件的基础上,针对某项特定产品、项目或合同可能需要编制专门的质量计划。

质量手册和质量体系程序在2.1.3小节中已有介绍。

其他的质量文件是详细的作业文件,如质量记录、作业指导书等。

2)做好质量管理的计量工作

通过计量工作,可提供各方面的数据,以实现质量管理的定量化。没有计量,或计量不准,就根本谈不上正确贯彻执行质量标准。质量管理要求一切用数据说话。若计量不准,误差大,就会出现虚假现象,危及质量。

做好计量工作,起码应做到:施工生产中所需的量具、器具及仪表配备齐全,完整无缺,能正确、合理地使用,达到使用灵活可靠。为了提高计量的准确性,还要改革计量器具和计量方法,实现检测手段的现代化。

3)做好质量信息工作

质量信息是反映产品质量的有关信息。质量信息根据来源,可分为以下3类:

①企业外部的质量反馈,这是属于外部信息。它是在产品使用过程中,通过对工程使用情况的回访调查或收集用户的意见得到的产品质量信息。

②企业内部的质量反馈,这是属于内部信息。它是通过各种原材料、半成品验收记录、试验记录、工时利用、材料、资金消耗的原始记录、施工操作记录、隐藏工程记录、分部分项工程验收记录等所搜集到的有关工程质量的信息。

③从国内外同行业搜集的有关质量信息,反映出质量发展的新水平、新技术和发展趋势。

质量信息工作必须要做到准确、及时、全面和系统,这样才能更好地为质量管理服务。

4)建立质量责任制

质量责任制是把质量管理各方面的质量要求落实到每个部门、每个工作岗位,把与质量有关的各项工作都组织起来,形成一个严密的质量管理工作体系。

完整的质量管理工作体系在组织上要合理,在规章制度上要健全,在责任制度上要严密,三者缺一不可。

质量责任制有企业各级人员的质量责任制和企业各部门的质量责任制。

5)开展质量教育,加强技术培训

统计质量管理的中心是数据,而全面质量管理的中心是人,TQC(全面质量管理)认为人的质量观念比什么都重要。

要培养人的质量意识,确立质量第一的概念,就要对员工进行质量教育,质量教育是全面质量管理的基础。质量教育的内容包括培养质量意识和学习质量管理方法。质量教育的对象首先是各级领导,其次是全体职工。质量教育的步骤是由初级到高级,长期地、反复地进行。随着不同时期的产品、任务和客观变化情况而变化教育内容。

一个企业的质量教育,要有长期规划和短期安排,应和企业推行全面质量管理的长期规划相协调,并要制订教育与考核制度。

企业要提供高产品质量,必须有一支生产技术好、管理好的职工队伍,没有这样一支队伍,即使有了新装备、新技术也不会造出质量好的产品。因此,在加强全面质量管理教育的同时,还必须加强业务技术培训工作。

2.2　园林企业物资管理

2.2.1　物资管理的任务

物资管理工作的任务,一方面既要保证生产的需要,另一方面又要采取有效的措施降低物资的消耗,加速资金的周转,提高经济效果,用少量的资金取得最大的效果。具体要做到:

①按期、按质、按量、适价、配套地供应施工生产所需的各种材料,保证生产正常进行。

②经济合理地组织材料供应,减少储备,改进保管,降低消耗。

③监督与促进材料的合理使用和节约使用。

2.2.2 物资定额管理

物资消耗包括产品有效消耗、工艺性消耗和非工艺性消耗。产品有效消耗应是产品的实体消耗,消耗水平与产品设计有直接关系;工艺性消耗是指物料在准备和加工过程中,因改变物理性质和化学成分所产生的消耗(如废料、废液、废渣、废气)产生得越多,其工艺性消耗也越大;非工艺性消耗是指产品有效消耗和工艺性消耗以外的物资消耗,如废品、损耗等。

物资消耗定额是编制材料计划的基础。按其作用可分为两大类:一是材料消耗定额;二是材料储备定额。

1)材料消耗定额

材料消耗定额是指在合理使用材料的条件下,生产单位合格产品所必须消耗的一定规格的材料的数量,它包括材料的净需用量和必要而合理的运输损耗量和工艺损耗量。

材料消耗定额制订的方法有以下4种:

(1)试验法 试验法是在实验室内用试验方法测定某些材料消耗量来制订定额的方法,它限于沥青、油漆、混凝土及砂浆等材料。

(2)计算法 计算法是利用图纸及其他技术资料通过公式计算出材料消耗量来制订定额的方法。它适用于容易用面积或体积计算的块状或片状材料,如砖、钢材、玻璃、油毡、木材及预制构件之类。

(3)统计法 统计法是利用典型施工工程的完成数量及材料使用的原始记录通过统计分析计算出材料消耗量来制订定额的方法。这种方法简便易行,但受具体工程和统计资料准确性的影响。

(4)测定法 测定法是对选定对象的材料消耗进行测定与观察,再通过整理计算出材料消耗定额的方法。这种方法有较客观的科学依据,但工作量较大,测定结果受测定对象和测定方法影响。

在实际制订物资消耗定额时,往往采用多种方法相互验证补充。

2)材料储备定额

材料储备定额是指在一定生产条件下,为保证生产正常进行而储备的材料标准量。按其定额的计算单位,可分为以实物量为计算的绝对定额和以储备时间为计算单位的相对定额;按其定额的综合程度,可分为单项定额和综合定额。一般来说,材料储备定额是由相对定额的经常储备和保险储备两部分组成。

经常储备也称周转储备,是指在正常情况下,在前后两批材料到达的供应期内,企业为满足施工生产连续进行而建立的材料储备量。其计算公式为

经常储备量 = 每日平均消耗量 × 供应间隔日数

保险储备是为预防材料运输抵达误期,或品种规格不符合需要等原因影响企业正常生产而建立的材料储备。其计算公式为

保险储备量 = 平均日消耗量 × 材料保险日数

保险日数既可根据过去的经验资料,也可按重新取得材料的日数来确定,对于随时能取得

补充或已建立季节性储备的材料,可以不建立保险储备。一般情况下,保险储备是不动用的,是一种固定不变的库存,如果在特殊情况下动用后,应尽快补足。

2.2.3　物资供应管理

物资供应计划是企业生产技术、财务计划的重要组成部分,是物资管理的首要环节,是进行订货、采购、储存、使用材料的依据。

物资计划的编制大致可分为 3 个程序,即计算物资需用量,确定物资的期末储存量,经过综合平衡后编制物资的申请供应计划。实质上,就是确定需用量、储备量和申请供应量这 3 项指标。其计算方法如下:

物资需用量按直接计算法为

　　　　材料需用量 = 计划工程量 × 材料消耗定额

物资需用量按间接计算法为

$$材料需用量 = \frac{上期实际消耗量}{上期完成工程量} × 材料消耗 × 本期计划工程量 × 增减系数$$

或

　　　　材料需用量 = 类似工程材料消耗定额(指标) × 计划工程量 × 调整系数

　　　　材料储备量 = 以天数表示的储备量 × 平均日消耗量

　　　　最高储备量 = 经常储备 + 保险储备

　　　　最小储备量 = 保险储备量

　　　　材料申请量 = 材料需要量 + 计划期末储备量 − 计划期可利用量 −
　　　　　　　　　　　代用材料及技术措施降低量

　　　　计划期可利用量 = 上期末库存量 − 计划期中不可用数量

计划类型可分为:

①年度材料计划。年度材料计划是材料的控制性计划,是对上申请、对外订货的依据。

②季度材料计划。它是根据季度施工计划编制的,它的实施性较强。

③月度材料计划。它是直接供应材料的依据,因计划期短,要求计划全面、及时、准确。

④旬材料计划。这是月度材料计划的补充与调整性计划,是直接送料的依据,对基层施工单位的作用更大。

⑤单位工程材料预算。它是单位工程一次性申请计划,是编制季、月、旬材料计划的依据。

材料供应计划编制好以后,要通过订货采购、组织运输、仓库保管、现场供应等工作来保证计划的实现。

订货采购实质上是组织货源问题,应考虑供货单位,在质量、价格、运费、数量、交货期、供应方式等方面是否对企业最为有利。

组织运输首先要选择合理运输方式,并要提高包装质量,讲求装卸方法。

2.2.4 活物管理

1)苗木进工地前的管理

（1）苗木装车 苗木装车前要进行验苗,即检查苗木的品种、规格、生长状况、掘苗质量及苗木数量。凡不符合要求的装车前要进行调换。

①裸根苗装车的要求。裸根苗装车时要注意4点:裸根乔木树根朝前,树梢向后,顺序排码;在后箱板上要垫上草袋蒲包等物,防止树木机械损伤;树梢不准拖地,用绳索吊起来;车装得不宜过高、过重,不宜压得过紧,以免压伤枝杈和树根。

②带土球苗木装车的要求。带土球苗木装车的要求有3个方面:2 m高以下的苗木直立装车,2 m高以上的倾斜装车,土球朝前,树梢向后;土球直径大于60 cm的排码一层,小于60 cm的(不包括60 cm)排码2～3层,土球要码紧,防止晃动;土球上不许堆放重物。

（2）苗木运输 苗木运输应注意以下3点:

①短途运输途中不休息,直接运到施工场地。

②司机和押运人员配合好,保证车辆行驶平稳。

③长途运输要往苗木上洒水。运输车超长、超宽、超高时要办好手续。

（3）苗木卸车 苗木卸车应注意以下两点:

①裸根苗从上到下、从后向前顺序取下,不许乱抽乱取或整车推下。

②带土球苗木用双手轻拖土球,不准提拉枝干。大土球苗木用起重机卸车。

2)施工现场的苗木管理

运到施工现场的苗木不能及时定植的要进行假植。

（1）裸根苗暂时假植的简易方法 裸根运到现场若很短时间就能定植完毕,可临时假植,其简易方法很多,如:

①卸车后用湿苫布、湿草袋等将树根盖严。

②苗木卸车后,在植树现场附近,选择合适地点,先挖一条一锹宽,一锹深,2～3 m长的小沟,将苗木紧密排码立置,将树根放入沟内,然后紧靠小沟,再挖一条小沟,并将挖出的土埋苗根,直到将苗木的根全部埋在土里。

（2）裸根苗一般假植方法 若施工时间长,苗木一时不能定植,必须做好假植工作,干旱的北方地区尤其重要。

①如能在正常的植树季节内栽完,可事先在施工现场附近且不过多影响植树施工位置的地方挖好假植沟,沟宽2 m左右,沟深30～40 cm,沟长根据苗木数量而定,然后将一时不能定植的苗木分门别类立置沟内,用细土将树根埋严,并适量浇水保证根部土壤潮湿。

②尽量在植树季节栽完;若已过植树季节,则应将苗木上盆,装筐,做假土球,待有条件时再行定植。

③植树期间对苗木要加强养护管理,如洒水、看管等。

（3）带土球苗木的假植与养护 带土球苗木运到施工现场后,一两天内若能定植完毕可不必假植;若时间较长,可将苗木集中,立置土球,用土稳牢,四周用草绳围拢树冠,适当加以叶面喷水。

若不能在正常季节定植完毕,则也应采取上盆、装筐等措施长期假植,假植期间要加强养护管理。

2.3 园林企业技术管理

园林生产活动离不开人力、设备、材料、资金和技术,这些构成为生产中的要素。所谓园林企业的生产要素管理,就是劳动管理、机械设备管理、材料管理、财务管理和技术管理,本节介绍技术管理。

2.3.1 园林技术及其发展

技术是指操作技能、劳动手段、生产工艺、管理程序和方法,其中技术装备、生产工具等是硬件,施工工艺、管理技术等是软件。技术是第一生产力,它融会于其他生产要素之中。

从生产到再生产的过程,是通过一定变换才能实现的(即生产→变换→再生产)。而这种变换,是由具有一定的技术能力的劳动者(体力和脑力)来完成的。

园林技术是指完成园林项目生产的操作技能、劳动手段、生产工艺、管理程序和方法。

我国历来被称为"世界园林之母",这是因为我国有种类繁多的植物资源,更主要的是我国有悠久的造园历史,有先进的造园技术。例如,中国历史上第一部专门叙述造园的杰作《园冶》是世界上最古老的造园名著,它从造园的艺术思想到景境的意匠手法,从园林的总体规划到个体建筑设计、从结构列架到细部装饰都有系统的论述。尤其是在造园的技术上论述更有见地。如在"掇山"篇中,关于掇山技术的论述有:"凡理块石,俱将四边或三边压掇,若压两边,恐石平中有损。如压一边,即鳞稍有丝缝,水不能注,虽做灰坚固,亦不能止,理当斟酌。"

关于植树技术方面的记载有:"种树以正月为上时,二月为中时,三月为下时。"《氾胜之书》记载:"凡种树,不要伤根须,阔掘勿去土,恐伤根。仍多以木扶之,恐风摇动其巅,则根摇,虽见许之木,根不摇,虽大可活,更茎上无使枝叶繁,则不招风。"《种树书》记载:"于叶零落时,其树之? 繁及散逸,大者斧铲,小者刀剪尽去。"

近年来,随着科学技术突飞猛进地发展,新材料、新施工工艺、新机械设备的出现,计算机在园林设计及管理中的广泛应用,园林生产技术也发生了日新月异的变化。如新型的塑山材料——玻璃纤维强化水泥(简称 GRC)在园林塑山的运用中取得了良好的效果:

①用 GRC 造假山石,石的造型、皱纹逼真、具岩石坚硬润泽的质感。

②用 GRC 造假山石,材料自身质量小,强度高,抗老化且耐水,易进行工厂化生产,施工方法简便、快捷、造价低,可在室内外及屋顶花园等处广泛使用。

③GRC 假山造型设计、施工工艺较好,与植物、水景等配合,可使景观更富于变化和表现力。

④GRC 造假山可利用计算机进行辅助设计,结束过去假山工艺无法做到的石块定位设计的历史,使假山不仅在制作技术而且在设计手段上取得了新突破。

2.3.2 园林技术引进

技术引进是指为发展自己的科学技术和经济,通过各种途径,从国外引进本国没有或尚未完全掌握的先进技术,它是企业促进经济和技术发展的主要战略和措施,也是技术管理的重要内容之一。国际间的技术引进可分为贸易形式和非贸易形式两种。

贸易形式是有偿的技术转移,也称技术贸易。它包括许可证贸易、咨询服务、合作生产、补偿贸易及合资经营等。

非贸易形式通常是无偿的技术转移,它包括科学技术的交流、聘请外国技术专家、参加国际学术会议、技术座谈、交流技术资料与情报、举办国际展览等。

1)技术引进的方式

技术引进的方式主要包括专利许可、专有技术许可和商标许可等许可证贸易。许可证贸易是卖方向买方转让技术时,买方要向卖方支付技术转让费用。许可证贸易只是技术使用权的转让而不是所有权的转让。

(1)专利 是指一项发明创新的首创者到专利机关申请并批准后在法律上取得的专利权。它分为发明专利、实用新型专利和外观设计专利3种。所谓购买专利,买的只是专利技术的使用权,并不是具体的技术内容。因为卖方(权利人)并不承担保证买方实施该项专利的责任,也不负责提供比公开出版的专利说明书中更多的资料和技术指导,因此,单纯的购买专利的合同,多数是在发达国家中的企业之间签订的,因为他们已具有实施专利所需要的技术能力,而对发展中国家来说,单纯购买专利并不一定能取得成功。

(2)专有技术 也称技术诀窍,它是指从事生产所必需的、未向社会公开的秘密技术知识、经验和技巧,包括各种设计资料、图纸、生产流程、加工工艺、材料配方、测试方法等技术资料;经营管理、产品销售、储存和运输等有关技术资料;技术人员、管理人员和工人所掌握的各种经验知识和技巧。专有技术有些属于不能获得专利的技术,有些则属于虽然可以获得专利而有意不去申请专利的技术。许多发达国家的企业家认为,有时为保守技术秘密而不去申请专利,从而控制技术扩散,这样对专有技术的拥有人更为有利。

(3)商标 是工商企业用来表明其商品与其他商品区别的标志,它可用文字、记号、图案或三者综合加以表示,往往代表商品的质量和信誉。商标经申请注册批准后,可获得注册商标权,受本国商标法的保护。发展中国家在引进某项专利和技术诀窍时,常常采用外国公司的商标,以便借助该商标的声誉帮助自己的产品打开国际市场的销路。在技术引进中签订专有技术和商标相结合的许可证是比较普遍和比较可行的一种方式。

2)技术引进的途径

技术引进可以通过各种不同的途径进行。其具体途径有:

(1)合资经营 是指两个或两个以上的法人共同举办某企业,双方共同投资经营、分享利润、共担风险的一种经营方式。一般来说,一方提供机器设备,专利技术、专有技术等先进的技术手段;另一方则可根据自身情况提供厂房、土地、劳动力和资金等。

(2)合作生产 是指一项产品或一个工程项目由双方或多方各自承担其中某些部分或部

件的生产来共同完成全部项目的一种合作方式。合作生产所采用的技术可以由一方提供，另一方就可在合作生产的过程中达到技术引进的目的。

（3）许可证贸易　是指技术转让方和技术引进方就某项技术转移问题进行商业性磋商，然后双方就磋商结果达成协议。按照协议规定，技术引进方有权使用技术转让方所拥有的技术，生产和销售利用这种技术所制造的产品，并按协议规定返回技术转让方一定的费用。

（4）成套设备引进　从国外购买生产某种产品或系列产品的全套设备，在引进设备的同时引进技术，引进的内容通常包括工艺技术、工程设计、成套设备，甚至包括厂房、生产管理、产品销售和培训技术人员等服务项目。

（5）技术咨询服务　技术引进方就引进项目的可行性研究，引进技术方案的设计，引进方案的审核等问题委托咨询机构进行专项或系列项目的帮助。

（6）补偿贸易　是指技术引进方用产品补偿技术转让方费用的贸易方式。

（7）租赁设备　是由租赁公司按用户承租人的要求垫付资金，向制造商购买设备，租给用户使用。用户一方面定期向租赁公司支付租金，另一方面又与制造商签订技术合同（如技术指导、人员培训、设备维修等）。

3）技术引进要考虑的因素

技术引进要考虑的因素有4个方面：技术的先进性、技术的生命力、技术的适用性及技术的配套条件。

2.3.3　园林企业技术创新

1）技术创新的类型

技术创新在经济学上的意义只是包括新产品、新过程、新系统及新装备等形式在内的技术通过商业化实现的首次转化。这一定义突出了技术创新在两方面的特殊含义：一是活动的非常规性，包括新颖性和非连续性；二是活动必须获得最终的实现。

技术创新基本上可归结为以下两类范畴：

（1）渐进性创新和根本性创新　根据技术创新过程中技术变化强度的不同，技术创新可分为渐进性创新和根本性创新。

①渐进性创新。渐进性创新也称改进型创新，是指对现有技术的改进引起的渐进的、连续的创新。

②根本性创新。根本性创新也称重大创新，是指技术有重大突破的创新。它常常伴随着一系列渐进性的产品创新和工艺创新，并在一段时间内引起产业结构的变化。

（2）产品创新和过程（工艺）创新　根据技术创新中创新对象的不同，技术创新可分为产品创新和过程创新。

①产品创新。产品创新是指技术上有变化的产品的商业化。按照技术变化量的大小，产品创新可分为重大（全新）的产品创新和渐进（改进）的产品创新。重大（全新）的产品创新是指产品用途以及应用原理有重大变化的创新。如园林生产中应用GRC材料等。渐进（改进）的产品创新是指在技术原理没有重大变化的情况下，基于市场需要对现有产品所做的功能上的扩展和技术上的

改进。如在火柴盒、包装箱基础上发展起来的集装箱,由收音机发展起来的组合音响等。

②过程创新。过程创新也称工艺创新,是指产品的生产技术的变革,它包括新工艺、新设备和新的组织管理方式。

过程(工艺)创新同样也有重大和渐进之分。例如,园林设计、园林管理的计算机控制和应用专家系统等,都是重大的过程创新。另外,也有很多渐进式的过程(工艺)创新,如对产品生产工艺的某些改进,提高生产效率的一些措施,或使生产成本降低的一些方式等。

2)技术创新的基本战略

技术创新有自主创新、模仿创新和合作创新3种基本战略思路。从中国国情出发,现阶段我国企业实施技术创新,应以在引进技术基础上的模仿创新为主,逐步增加自主创新的比重,同时采取适当形式积极进行合作创新。

(1)自主创新 是指企业主要依靠自身的技术力量进行研究开发,并在此基础上实现科技成果的商品化,最终获得市场的认可。自主创新具有率先性,因为一种新技术或一种新产品的率先创新者只能有一家,而其他采用这项技术、生产这种产品的企业都是创新的跟随者或模仿者。自主创新要求企业有雄厚的研究开发实力和研究成果积累,处于技术的领先地位,否则是做不到自主率先创新的。

(2)模仿创新 是指在率先创新的示范影响和利益诱导之下,企业通过合法手段(如通过购买专有技术或专利许可的方式)引进技术,并在率先创新者技术的基础上进行改进的一种创新形式。模仿创新并不是原样仿造,而是有所发展、有所改善。就我国园林企业的实力而言,模仿创新也并非易事,绝不能认为模仿创新"不够档次,不上台面"。

(3)合作创新 是指以企业为主体,企业与企业、企业与研究院所或高等院校合作推动的创新组织方式。合作的成员之间可以是供需关系,也可以是相互竞争的关系。一些较大规模的创新活动往往是一个单位难以独立实施的,多个单位进行合作创新,可以充分发挥各自优势,实现资源互补,从而缩短创新周期,降低创新风险,提高创新成功的可能性。合作创新的条件是合作各方共享成果、共同发展。借助合作创新,也能把有激烈竞争关系和利益冲突的企业联合起来,使各方都从合作中获得更大的利益。

3)技术创新过程

技术创新过程是一个将知识、技能和物质转化为顾客满意的产品的过程,也是企业提高技术产品附加价值和增强竞争优势的过程。自20世纪60年代以来,国际上出现了以下几个具有代表性的技术创新过程模式。

(1)技术推动创新过程模式 人们早期对创新过程的认识是:研究开发或科学发现是创新的主要来源,技术创新是由技术成果引发的一种线性过程。这一创新过程模式的基本顺序是基础研究、应用研究与开发、生产、销售和市场需求。

许多根本性创新是来自于技术的推动,对技术机会的认识会激发人们的创新努力,特别是新发现或新技术常常会引起人们的注意,并刺激人们为之寻找应用领域。如无线电和计算机这类根本性创新就是由技术发明推动的。

(2)需求拉动创新过程模式 研究表明,出现在各个领域的重要创新有60% ~80%是市场需求和生产需要所激发的。市场的扩展和原材料成本的上升都会刺激企业技术创新,于是有人提出了需求拉动(或市场拉动)的过程模式。在需求拉动创新过程模型中,强调市场是研究开发构思的来源,市场需求为产品和工艺创新创造了机会,并激发研究与开发活动。需求拉动创新过程模式的基本顺序是市场需要、销售信息反馈、研究与开发、生产。

（3）技术与市场交互作用创新过程模式　强调创新全过程中技术与市场这两大创新要素的有机结合,技术创新是技术与市场交互作用共同引发的,技术推动和需求拉动在产品生命周期及创新过程的不同阶段有着不同的作用,单纯的技术推动和需求拉动创新过程模式只是技术和市场交互作用创新过程模式的特例。

（4）一体化创新过程模式　是将创新过程看成同时涉及创新构思的产生、研究开发、设计制造和市场营销的并行的过程,它强调研究开发部门、设计生产部门、供应商和用户之间的联系沟通和密切合作。

（5）系统集成网络模式　最显著的特征是强调合作企业之间更密切的战略联系,更多地借助于专家系统进行研究开发,利用仿真模型替代实物原形,并采用创新过程一体化的计算机辅助设计与计算机集成制造系统。创新过程不仅是一体化的职能交叉过程,而且是多机构系统集成网络联结的过程。

【案例及分析】

案例

某园林企业绿化项目材料组于 2017 年 10 月 8 日电话报 277 t 草炭土进场计划（包括 20 kg 草种）,次日电话通知取消 20 kg 草种的计划,招标认价后,确定由某公司运送此批材料,20 kg 草种中标价为 400 元/kg。2017 年 10 月 15 日,项目再次电话报计划 20 kg 草种,且现场急需,物资部随即询价确定由另外一家草种商供应,单价为 420 元/kg,比 10 月 8 日招标价上调 20 元/kg。后经查实,该项目物资计划编制不准确主要原因是业主设计变更,给物资部采购招标工作带来一定的难度。最后尽管材料能够及时进场,没有影响现场正常施工,可因期间草种价格的上涨以及单独来招标,使物资成本增加。

分析讨论

以上述例子为契机,增补该企业绿化项目物资管理的执行规范条文。

【复习思考题】

1.关键概念解释

（1）质量　（2）全面质量管理

2.思考题

（1）什么是质量？如何全面理解质量的含义？

（2）什么是全面质量管理？它有何特点？

（3）什么是 PDCA 循环？

（4）什么是质量体系？企业建立质量体系有何意义？

（5）企业物资管理的任务是什么？

（6）简述施工现场的苗木管理。

（7）园林企业如何进行技术创新？

3 园林企业资产管理

3.1 资产管理的目标及其预算

资产是指企业拥有或控制的、能以货币计量的经济资源。它包括各种财产、债权和权利。按其变化或耗用时间的长短,可分为流动资产和固定资产。

3.1.1 资产管理的目标

资产管理的目标

关于企业资产管理的目标主要有 3 种观点:一是利润最大化,二是每股盈余最大化,三是企业价值最大化。目前,我国大部分的学者认为,企业资产管理目标的选择,始终不能偏离企业总目标的要求。同时,确立资产管理目标,要树立长期的观点,企业资产管理目标实现与否,不应局限于短期行为,也不应只考虑利润取得的多少,而要与质量、技术等其他管理目标联系起来加以考虑,以求实现企业价值最大化。因此,企业资产管理的目标就是追求企业价值的最大化。其具体要求如下:

①企业资产与企业实际的经营规模相匹配。

②尽可能减少营运资金占用量。

③可变现的资产应等于或大于即期应偿还的债务。

④调节好流动资产与流动负债的比例。

⑤加快资金周转,提高资金的利用效率。

3.1.2　企业预算

预算是一种以货币量表述收入、支出、资本运用的计划,它应在预算期之前编制完成并获得通过。

企业常用的预算有月度预算、年度预算和长期预算。其中,年度预算最常用。园林企业还有工程预算。

1)预算的概念和目标

预算的主要目的有:

(1)计划　编制执行预算可促使企业管理人员向前看,预测可能存在的问题,为企业的发展指明方向。预算是企业达到其总体目标的工具之一。

(2)控制　一旦预算编制完成,企业管理人员就可定期比较实际业绩与预算业绩,并在此基础上采取必要的措施,纠正不利的影响,对企业的业绩实施控制。

(3)沟通　编制和使用预算是高层经理人员与预算执行经理人员之间交流意见的好方法。预算,以易懂的词汇反映高层经理人员对企业预算期内经营业绩的期望,而保证预算目标的实现则是基层经理人员的责任。在预算编制过程中,如果能很好地交流意见,基层经理人员就能把他们自己的想法和预算执行中存在的问题传达到高层经理人员那里。

(4)协调　构成综合预算或总预算的所有分支预算必须相互配合协调,只有这样,才可能实现总预算目标。例如,要达到顺利生产的目标,原材料的采购预算必须满足生产预算的要求。同样,生产预算与销售预算要相衔接,才能满足预期的客户需求。因此,预算编制过程,就会迫使企业各个独立的部门及其经理人员配合协调起来,以求实现总预算的目标。

(5)激励　最后定稿的预算,是以某种书面形式表达对某一预算期某一领域和相关经理的业绩期望。这种计划对相关管理人员及其员工而言,是一种挑战,因此,会激励他们为完成预算而努力。

(6)评价　预算是一种"以货币表达的计划",它可以反映在什么程度上已经完成了计划,或者未完成计划。因此,预算可用于评价经理人员及其员工是否完成既定目标。

简单地说,预算的目的是将足够的额外资金固定下来,以保证工作能够完成,即使在最恶劣的情形下或企业陷入困境时,也能以有效的资金保护员工的利益和企业的运转机能。

2)预算的编制

编制预算方法各异,正误有别。错误的方法是影印一份上一年的预算,交上去以旧代新。正确的方法是从多种渠道搜集信息,检查、审核信息的准确性,然后再运用良好的判断力去预测未来的趋势,故有人说,预算是一种对未来的预测,事实上它就是用数据和判断来预测未来。

那么,如何编制一个预算呢?从哪儿搜集信息呢?与哪些人探讨呢?可能发生的事情随机性很大,可是,有经验的预算编制人员都知道,一旦了解了运作所需的成本费用以及费用的来源,那么预算过程就变得非常简单了。拨通几个电话,开几次会,大致看一看近来的会计报告,经济上紧缩一些数字,预算就编完了。另外,还有一点工作要做,那就是对编制预算过程中的基本步骤再核查一遍。

（1）细查预算文本和说明 仔细检查预算文本以及会计人员提供的每条说明,尽管企业以同样的程序运行了多年,但仍需谨慎,以防某一环节可能发生失误。

（2）广纳贤言,群策群力 当开始编制预算时,要让企业的相关人员输入信息。例如,需要了解销售人员下一年计划外出和分别去什么地方等。另外,编制预算时,还可征求一下员工的建议:有的员工可能希望将提高工资编入预算,有的员工会反映目前的电话系统已无法满足客户和企业员工的需要,购置新的电话系统应在预算之内。无论是何种情形,企业的员工们都会提供非常有用而又非常重要的预算信息。

（3）搜集数据 找出以前的预算复印件及会计报表,然后将其预算数字与实际数字相对比,以前的预算是超额完成任务还是低于预算? 超额或不足数是多少? 如果从以前的预算中找不到可利用的历史数据,那么就从其他信息渠道去找,这能对预算数字起指导作用。在下一个预算期内将开展多少商务活动? 需要花费多少钱? 考虑一下是否需要雇用更多的员工,是否需要租用新场所或购买设备和物资。另外还要考虑,在销售或支出上存在的大规模的上升或下降的可能性,以及会给预算带来什么样的影响。

（4）运用判断力 在编制预算过程中,严格准确的数据和不容置疑的事实至关重要。这些由数据和事实显示出的无任何偏见和感情色彩的信息是果断决定的基础,然而数据和事实并不代表一切。预算,部分是科学,部分是艺术。预算者的工作就是利用数据和事实,运用自己的判断力来决定最大可能的结果。

（5）填写数字,校改草稿 以企业如何运营为依据,填满预算表格将其交与预算人员去加工处理。结果形成了预算草案,在最后定稿之前,可以审查修改它。不必担心预算草案的粗糙或是信息上的遗漏。

（6）检查结果,核准预算 检查预算草案是否合理,是否漏掉了某项税款或其他某种开支,所列数字真实吗,用过去的观点看这个预算是否还讲得通,预算编得是否偏高或偏低,将预算案上交给上层主管后是否有能力完成。如果考虑了所有可能后,对各种结果非常满意,就可在预算草案上签字并且提交上去。

预算的准确程度与两个因素密切相关:预算使用数据的准确度和应用数据进行判断的能力高低。判断力的高低在某种程度上依赖个人经验,而数据的质量则与数据的来源紧密相连。

3.2 资金的筹集

企业筹资是企业针对自身生产经营现状及资金运用情况,根据企业总体经营战略和策略,充分考虑生产经营、对外投资和调整资本结构等方面的需要,经过科学的预测和决策,通过筹资渠道和资金市场,运用筹资方式向企业的投资者和债权人有效筹集所需资金的一项活动。

3.2.1 筹集资金的基本原则

资金筹集

1）合法性原则

合法性原则是指筹资主体要自觉遵守国家各种法律法规、方针和政策。

2）适度性原则

筹资的适度性原则是指企业筹集的资金一定要与企业对资金的需求规模相适应,这种适应是筹资金额、时机、期限和方式的适当性。

①筹资金额的适度性。是指企业筹资时应做到既保证合理供应,又不超过合理需要。

②筹资时机的适度性。是指企业应掌握好筹资的时间,因为筹资具有极强的时效性。只有在恰当的时间进行恰当的投资,才能获得高额的投资回报。

③筹资期限的适当性。是指对所筹资金的期限进行合理搭配,使其与生产经营或建设的周期相吻合。

④筹资方式的适当性。是指企业应根据自身具体情况和资金使用的要求,对各种筹资方式所能筹到资金的数量、期限、成本、风险及其所需办理手续的繁简程度等因素进行全面的考虑,以做出合适的选择。

3）负债经营担保原则

负债经营担保原则是指企业在筹集资金时,应对其负债提供相应的担保。这主要是为了杜绝企业因多头贷款而超重负债的现象出现,加强筹资的风险管理。负债经营中的担保,还可把许多负债经营中的风险转嫁给不想直接参加负债经营或为负债经营提供资金的第三人。

4）择优性原则

择优性原则就是要在多种备选筹资方案中选择最佳的筹集资金的方案。企业筹集资金的渠道和方式很多,各种筹资渠道和方式都有其不同的特点,各有所长,各有所短。因此,企业必须根据资金需要情况,从多种筹资的方案中,根据筹资成本、筹资条件和筹资时间的代价等方面进行比较,选择最佳方案。

5）风险和效益统一原则

风险和效益统一原则要求企业在筹集资金的过程中使用不同风险的筹资工具后,所得到的效益与之相对应。

3.2.2　筹集资金的渠道

企业筹资渠道

筹资渠道是指资金来源的方向与通道,体现着资金的来源与流量。我国现行的企业筹资渠道主要有以下6种:

①国家财政资金。国家对企业的直接投资是国有企业最主要的资金来源渠道。从产权关系上看,国家投资的财政资金,产权属国家所有。

②银行信贷资金。银行对企业的各种贷款,是我国现有各类企业最为重要的资金来源之一。

③非银行金融机构资金。非银行金融机构是指信托投资公司、保险公司、租赁公司、证券公司和财务公司等。它们所提供的各种金融服务包括信贷投放、物资融通、为企业承销证券等。

④其他企业资金。在市场经济条件下,企业间的商业信用和互相投资业务十分频繁,企业可通过联营、入股及商业信用等方式获得长期资金的使用或短期资金的调剂。

⑤居民个人资金。资金市场开放后,企业可通过发行企业债券、股票、可转债等形式获取职

工和居民个人的民间资金,这也是企业的重要资金来源。

⑥企业自留资金。企业自留资金是指计提折旧、提取公积金和未分配利润等企业内部形成的资金。这些资金无须企业通过特定的方式去筹集,而直接由企业内部自动生成或转移。

3.2.3　筹集资金的方式

筹集资金的方式是指企业筹措资金所采用的具体形式。目前,我国企业的筹资方式主要有以下6种:

①吸收直接投资。企业设立时,由投资者投入企业的资金构成企业的资本。

②发行股票。通过发行股票的方式而形成的资金,即股本。

③银行借款。从银行等金融机构借入的资金。

④商业信用。企业在购销活动中发生的应付而未付款项。

⑤发行债券。通过发行债券方式筹集的债务资金。

⑥融资租赁。通过融资租赁方式筹集的债务资金。

3.2.4　筹集资金的程序

1)吸收直接投资的程序

①确定吸收直接投资的资金数额,投资者出资金额是其分享权利、承担义务的确认依据,因此必须确定好各直接投资者的资金数额,据此确定各出资者所占权益资金比率。

②确定吸收直接投资的具体形式,即现金投资、实物投资或者无形资产投资。不同的出资方式都为企业所需,但必须做好估价工作,以确定各出资者的出资比率。

③签订合同或协议等文件,规定出资金额、方式、时间以及其他权利义务等。

④取得资金来源,按合同或协议的规定及时取得资金。

2)银行借款筹资程序

(1)选择借款银行　企业在借款时,除了重点考虑借款种类、借款利率、借款条件、管理等因素外,还必须对提供贷款的金融机构进行分析,择优选择。

(2)提出借款申请　企业需要向银行借入资金,必须向银行提出申请,提供以下申请资料:

①《借款申请书》。

②借款人及保证人的基本情况。

③抵押物清单及同意抵押的证明,保证人拟同意保证的有关证明文件。

④财政部门或会计师事务所核准的上年度财务报告。

⑤项目建议书和可行性报告。

⑥原有的不合理借款的纠正情况。

⑦贷款金融机构认为需要提交的其他资料。

(3)银行审查借款申请　银行对企业的申请进行审查,以确定是否对企业提供贷款。

（4）签订借款合同　贷款银行对借款申请审查后，认为各项条件均符合规定，并同意贷款的，应与借款企业签订借款合同。

（5）企业取得借款　双方签订借款合同后，贷款银行按合同的规定如期发放贷款，企业便可取得相应的资金。企业可根据借款合同办理提款手续，提款应在合同规定的期限内按计划一次或多次办理。如企业想变更提款计划，须提出申请，银行同意后方可变更。企业取得借款后，应按借款合同约定的用途使用借款。

3）股票筹资程序

①公司做出新股发行决议。公司应根据企业生产经营情况，在认真分析和研究的基础上，提出发行新股的计划，并提交董事会讨论表决。董事会应根据资本授权制度和新股发行计划做出发行新股的决议（根据资本授权制度，在授权限额内，股票发行可由董事会决定，但超过授权限额时应由股东大会表决）。

②做好前期准备工作。

③提出发行股票的申请。企业聘请会计师事务所、资产评估机构、律师事务所等专业机构，对其资信、资产、财力状况进行审定、评估和就有关事项出具法律意见书后，按照隶属关系，分别向省、自治区、直辖市、计划单列市人民政府或者中央企业主管部门提出公开发行股票的申请。

④有关机构的审核。政府证券管理部门根据有关法律规定对申请书进行逐项审查，确认是真实的、合理的，即可批准发行。被批准的发行申请送证监会复审。证监会应当自收到复审申请之日起 20 个工作日内出具复审意见书，并将复审意见书抄报证券委员会。

⑤签署承销协议。

⑥公布招股说明书。在获准公开发行股票之前，任何人不得以任何形式泄露招股说明书的内容，在获准公开发行股票后，发行人应当在承销期开始前 2～5 个工作日内公布招股说明书。

⑦向社会发出公告。

⑧向社会公开招股。

⑨认股人缴纳股款。

⑩承销机构向公司交付股款。

⑪向认股人交割股票。

⑫变更公司董事会与监事会。

⑬办理资本的变更登记。

4）发行债券筹资的程序

①企业权力机关做出发行债券决议。

②编制企业发行债券的章程。

③提出办理债券等级评定手续申请。

④报请国务院证券管理机关批准。

⑤与承销机构正式签订承销合同。

⑥发出募集债券。

⑦印制相应的文件和表格。

⑧登记认购申请。

⑨交付债券，收缴债券款。

5) 融资租赁的程序

①选择租赁公司。

②办理租赁委托。

③选择设备。

④签订购货协议。

⑤签订租赁合同。

⑥验货与投保。

⑦租赁期满后的设备处理。

3.3 流动资产管理

流动资产管理

流动资产是指可以在1年内或者超过1年的一个营业周期内运用或变为现金的资产,包括原材料、低值易耗品、在产品、产成品等各种存货,现金及各种存款、应收及预付款项等。流动资产在生产经营过程中不断流转,由货币形态转化为实物形态,再由实物形态转化为货币形态,其价值是一次性转移到产品中去的。流动资产管理的主要内容包括现金、短期有价证券、应收账款、存货、其他应收款等。

3.3.1 现金管理

现金管理

在企业内以货币形态存在的资金,统称为现金。现金可有效地立即用来购买商品、货物、劳务或偿还债务。现金是企业中流动性最强的资产。现金包括库存现金、银行存款、银行本票和银行汇票等。现金管理的目标,就是要在资产的流动性和盈利能力之间作出抉择。具体做到:合理配置,保持最优资产结构;加速流动资产周转,提高其使用效果;正确处理盈利和风险之间的关系。

(1)现金的使用范围 现金是专门用来预备支付企业日常零星开支的。现金只能用于支付职工工资和各种工资性津贴,支付个人劳务报酬,支付个人奖金,支付各种劳保、福利费用及符合国家规定的个人其他现金支出,收购单位向个人收购农副产品和其他物资支付的价款,出差人员携带差旅费,结算起点(1 000 元)以下的零星支出,确实需要现金支付的其他支出。

(2)库存现金限额 库存现金量大小,视企业一定时期实际支付的现金总额(不含工资及其他一次性支出),一般是3~5天的平均需要量,最高不得超过15天的日常开支、企业收入的现金应于当日送存银行。企业应建立健全的现金账目,逐笔记载现金支付,日清月结,账款相符。

(3)银行存款管理 企业除了限额持有现金以外,应将款项存入银行。还要通过银行进行货币资金的转账结算。货币资金存入银行利率很低,所以是一种非营利性的资产,尽量减少货币资金,把货币资金维持在某一特定水平上。维持一定量的货币资金,目的是支付和预防,保证生产经营活动顺利进行。货币资金的合理持有量是企业保证生产经营的最低资金需要和银行存款额。如图3.1所示为持有货币资金成本图。持有成本与货币资金持有量成正比;转换成本

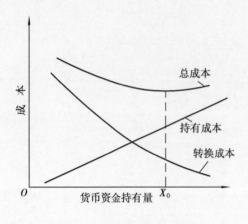

图3.1　持有货币资金成本图

（货币资金与有价证券之间的转换成本）与货币资金持有量成反比。两者相加,有一个总成本最低点,它所对应的 X_0 点,就是合理的货币资金持有量。

设 M 为货币资金合理持有量,F 为每次出售有价证券的固定成本,T 为某一时期内货币资金的总需求量,K 为有价证券在此期间高于银行存款的利率,若每天货币资金支出量不变,则求 M 的公式为

$$M = \sqrt{\frac{2FT}{K}}$$

（4）现金收支管理　现金收支管理的目的在于加速现金周转速度,提高现金的使用效率。为达到这一目的,可运用以下方法:

①加速收款。企业应在不影响销售收入的前提下,尽可能地加快现金的收回,即不仅要尽量使顾客早付款,而且要尽快使这些付款转化为可用现金。为此,企业应抓好以下环节:加速客户汇款的速度;减少收到客户开来支票与支票的兑现时间;加速资金存入开户银行的时间。

②调整现金流量,提高收支的匹配程度。如果企业能力使现金流入与现金流出发生的时间趋于一致,就可使企业持有的交易性现金余额降低到最低水平。

③使用现金浮游量。所谓现金浮游量,是指现金在从企业开出支票到银行将款项划出企业账户这段时间的占用。在使用现金浮游量时,要注意的事项是一定要控制好使用时间,否则会发生银行存款透支。

④延缓应付账款的支付。企业采取赊购方式购买原材料或其他商品,应尽量享受供应方给予的信用条件,将付款期推迟到信用期的最后一天。此外,在不影响企业商业信用的前提下,可延缓应付账款的支付,以缩短现金周转的周期。

短期有价证券管理

3.3.2　短期有价证券管理

短期有价证券是指企业能够随时变现或持有时间不超过1年的各种有价证券,是企业现金的一种转换形式。获取收益是持有有价证券的原因。

1）短期债券的种类

①政府债券。是由中央政府或地方政府发行的债券。投资政府债券的优点是:风险很小,流动性强,免交收益所得税;其缺点是投资收益相对较低。

②金融债券。是由金融机构发行的债券。投资这种债券的风险较小,流动性强,能获得比政府债券高、比企业债券低的收益。

③企业债券。又称公司债券,是由企业发行的债券。投资企业债券的优点是:能够获得比政府债券和金融债券高的收益;其缺点是本金和收益的风险稍大,一般都要交纳收益所得税。

2）影响债券价格的因素

影响债券价格的因素可分为内部因素和外部因素。

（1）内部因素　影响债券价格的内部因素主要有：

①票面利率。债券的票面利率越低，债券价格越容易变动。在货币市场利率提高时，票面利率较低的债券价格下降较快；当市场利率下降时，它的增值潜力较大。

②提前赎回规定。提前赎回条款是债券发行人所拥有的一种选择权。它允许债券发行者在债券发行一段时间以后，按约定的赎回价格在债券到期前部分或全部偿还债务。这种规定在财务上对发行者是有利的。因为发行者可在市场利率降低时发行较低利率的债券，取代原先发行的利率较高的债券，从而降低融资成本。而对投资者来说，他的再投资机会受到限制，再投资的利率也较低，这种风险是要从债券价格中补偿的。因此，具有提前赎回可能性的债券应具有较高的票面利率，也应具有较高的到期收益率，其内在价值也就较低。

③税收待遇。一般来说，免税债券的到期收益率比类似应纳税债券的到期收益率低。

④市场属性。市场属性是指债券可迅速出售而不会发生价格损失的能力。如果某种债券很难按市价卖出，持有者会因该债券的市场属性差而遭受损失，这种损失包括较高的交易成本以及资本损失。这种风险也必须在债券的价格中得到补偿。因此，市场属性好的债券与市场属性差的债券相比，具有较高的内在价值。

⑤违约风险。违约风险是指债券发行者不能按期履行合约规定义务，无力支付利息和本金的潜在可能性。一般来说，除政府债券外，其他债券都是有违约风险的。违约风险越大的债券，投资者要求的收益率就越高，债券的内在价值也就越低。

（2）外部因素　影响债券价格的外部因素主要有：

①银行利率。银行是信用度较高的一种金融机构，其存款的风险较低，因此，银行利率是决定债券价格时必须考虑的一个因素。一般来说，政府债券因没有风险，故其收益率要低于银行利率，而一般企业债券的收益率要高于银行利率。

②市场利率。利率风险是各种债券都面临的风险。在市场总体利率水平上升时，债券的收益率水平也应上升，从而使债券的内在价值降低；反之，在市场总体利率水平下降时，债券的收益率水平也应下降，从而使债券的内在价值提高。同时，市场利率风险与债券的期限相关，债券的期限越长，其价格的利率敏感度也就越大。

③通货膨胀。通货膨胀会使投资者从债券投资中实现的收益不足以抵补由于通货膨胀而造成的购买力损失，从而使债券的内在价值降低。

3）债券投资的风险

①违约风险。是指发行者无法按时支付债券利息和偿还本金的风险。回避违约风险的方法是不购买偿债能力较差的企业债券和金融债券。

②利率风险。是指因市场利率变动而使投资者遭受损失的风险。因债券价格会随市场利率变动，即使没有违约风险的政府债券，也会有利率风险。

③通货膨胀风险。是指因通货膨胀而使货币购买力下降的风险。一般来说，预期收益率不变的较会上升的资产的购买力风险大；利率固定的债券因收益率不变，故受到的影响更大。回避通货膨胀风险的方法是通货膨胀期间不买长期债券。

④变现风险。是指无法在短期内以合理价格出售债券的风险。回避变现风险的方法是不购买市场属性差的债券。

⑤再投资风险。是指债券变现后，难以找到比变现债券更高收益率的投资对象的风险。一般在预期市场利率处于上升通道时，不宜买入债券（特别是长期债券），以回避再投资风险。

应收账款管理

3.3.3　应收账款的管理

应收账款是指企业因销售产品、材料、提供劳务及其他原因,应向购货单位或接受劳务的单位收取的款项。企业在赊销条件下,才会产生应收账款。赊销是促进销售的一个重要手段。应收账款会给企业带来一定经济损失。其原因是:占用资金的利息,资金不能参加其他获利投资的机会成本;收款费用支出;坏账损失的可能性增大。所以企业应加强对应收账款的管理与控制。采用赊销时,应注意:

①根据自身情况,确定客户信用标准。信用标准定得过高,企业在赊销时遭受坏账损失的可能性就越小,应收账款的机会成本也越小,但会限制企业通过赊销扩大营业额的规模。如果信用标准过低,虽可扩大营业额,但坏账损失的可能性较大。要确定适当的信用标准。

②规定适宜的信用期。信用期过短,会影响营业额扩大,放大信用期限虽对扩大营业额有利,但企业得到的利益可能被增长的费用所抵消。因此,要确定适当的信用期,同时规定用户提前偿还货款的折扣率和折扣期限。

③建立健全的收款办法体系。企业对应收账款应按期催收。对逾期付款的客户可规定一个允许拖欠的时间,并加强催收。收款政策要宽严适度,当客户超过允许拖欠期限后,应先发函通知对方;如果无效,则打电话或登门催交货款;如果确有困难,可商谈延期付款办法;如果以上措施均无效,可诉诸法律。要注意收账费用与坏账损失的关系,一般来说,收账费用支出越大,坏账损失越小。

④建立坏账准备金。坏账是收不回来的应收款。下列情况属于坏账:因债务人死亡账款确实无法收回;因债务人破产,清偿后仍无法收回的款项;债务人逾期3年仍不能履行偿债义务。坏账会使企业减少盈利,影响投资者权益。因此,除在确认坏账时应十分慎重外,还要建立坏账准备金制度。

坏账准备金的作用是:有助于提高企业承担风险和参与市场竞争的能力;有助于准确反映企业经济效益及正确评价企业经营成果;有助于企业及时处理债务,防止亏损和三角债连续发生。

坏账准备金的提取应与潜在的坏账损失相一致。如施工类企业一般于年终按年末应收款余额的1%提取坏账准备金,计入管理费用内。其计算公式为

年末提取的坏账准备金 = 年末应收账款余额×1% - 坏账准备金年初金额

存货管理

3.3.4　存货的管理

存货是指企业在生产经营过程中为生产或销售而储备的物质。存货管理的内容包括:

1) 存货入账价值的确定

国内市场存货的实际成本包括买价(原价 + 销货单位手续费)、运杂费(包装费 + 运输费 + 装卸费)和采购保管费(企业材料物资供应部门及仓库为采购、验收、保管、收发存货所发生的各类费用)。

国外购入存货的实际成本包括进口存货装运港船上交货价(FOB)、国外运杂费(从国外装运港到国内抵达港的国外运费、保险费、银行手续费等)、税金(进口关税等)、国内运费和装卸费、采购保管费。

建设单位委托施工企业自行采购的存货成本包括双方签订的合同中确定的存货价值、企业负担的运杂费。

企业自制存货的成本包括直接材料费、直接工资和其他制造费用。

委托外单位加工的存货成本包括耗用存货的实际成本、加工费、加工存货发生的往返运杂费。

投资者投入的存货成本包括:国有企业投入的属于国有资产的存货,是国有资产管理部门评估确认的价值,其他企业投入的存货是双方合同或协议确定的价值。

接受捐赠的存货成本包括:有发票账单的是发票账单原价加企业负担的运杂费、保险费和税金等。对方无发票账单的,为同类存货市价。盘盈存货的实际成本为同类存货的实际成本或市价。

2) 存货发出的计价

采用实际成本作为入账价值的存货,发出时可采用先进先出法、加权平均法、移动平均法及后进先出法等方法确定其实际成本。现对5种方法简述如下:

(1)先进先出法　按先进库的货先发出确定发出的方法和发出存货的实际成本。其优点是在发出存货时,就可确定其实际成本,能把计价工作分配在平时进行;缺点是发出存货时要辨别批次,工作烦琐。

(2)加权平均法　该法以存货的月初结存数量加上本月各批收入数量加权数计算的平均单价作为本期发出存货的实际单价,即

$$发出某存货的平均单价 = \frac{月初结存金额 + 本月入库金额}{月初结存数量 + 本月入库数量}$$

采用上述方法计价只能在月末使用。

(3)移动加权平均法　该法的计算公式为

$$某项存货平均单价 = \frac{本批入库前结存金额 + 本批入库金额}{本批入库前结存数量 + 本批入库数量}$$

该法可在发货时立即算出发出存货的实际成本,但计算工作量大。

(4)后进先出法　该法即以后进库的货先发出的方法确定发出存货的实际成本。

(5)用计划成本核算存货　该法即先制订存货的计划成本,核算计划成本与实际成本的差异。发出存货时,按成本计算期将其计划成本调整为实际成本。

3) 低值易耗品和周转材料摊销

单位价值较低、耐用期限较短的低值易耗品和周转材料,采用一次摊销法,即在领用时将其价值一次计入有关成本。

4) 存货盘盈、盘亏、毁损、报废的处理

存货种类多、数量大、保管分散,容易造成盈、亏和毁损,所以要及时盘点、发现问题、查明原因及时处理,保证年度财务报告真实、准确。对于盘盈、盘亏、毁损、报废的存货,在扣除过失人或保险公司赔款及残料后的净损失,按下列原则处理:企业材料部门和仓库在采购过程中发生的,除由供货者、运输者负责赔偿外,计入采购保管费;属于企业生产、施工单位在生产施工过程

中发生的,计入管理费用;存货毁损计入营业外支出。

5) 经济订购批量(经济库存量)和经济保险储备

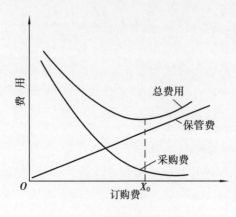

图 3.2　订购量与费用的关系

订购量与费用的关系如图 3.2 所示。经济订购批量是采购费与仓库保管费之和最低的合理订购量。其计算公式为

$$经济订购批量 = \sqrt{\frac{2 \times 一次采购费 \times 年需用量}{单位存货年保管费率}}$$

按经济订购批量订购,也应按此量进库保管,故称经济库存量。

经济保险储备量是指企业为预防材料供应出现异常而建立的储备。主要材料应有保险储备,在当地可随时取得补充或建立了季节性准备的材料,不建立保险储备。在需求不肯定的情况下,最佳保险储备量应使存货短缺造成的损失和保险储量的储存成本之和最小,即

年保险储备成本 = 年缺货损失 + 年保险储存成本

其中

年缺货损失 = 年订货次数 × 缺货数 × 短缺概率 × 短缺单位材料的损失

年保险储存成本 = 保险储备量 × 单位材料年储存费用

6) 流动资产清查

流动资产清查包括对货币资金、短期投资、应收款项及存货的清查。

(1)货币资金及短期投资的清查　货币资金和短期投资在清查时,着重进行数量上的核实。

(2)应收款的清查　首先要查实应收款是否能收回。如有希望收回,要切实加强催讨。当最后查实应收款无法收回,应将其列为坏账损失。特别是施工企业应收工程款数额巨大,一旦定为坏账所形成的损失,无论对投资者、企业还是职工来说,都是极为不利的。因此,企业在确认坏账时,应格外慎重。

(3)存货的清查　保持存货价值的准确性,对于准确反映企业资产、正确计算损益,有着重要的意义。由于企业存货种类多、数量大、存货分散、管理不当,极容易形成存货的盈、亏和毁损。因此,企业对存货应定期或不定期盘点,年度终了前必须进行一次全面的清查,发现问题应查明原因,及时处理,以保证年度财务报告的真实性和准确性。

对于盘盈、盘亏、毁损、报废的存货,在扣除过失人或保险公司赔款和残料价值后的企业净损失,按下列原则处理:

①企业材料物资供应部门和仓库在存货的采购、保管过程中发生的损失,除应由供货单位、运输单位负责赔偿的以外,计入采购保管费用。

②用于企业施工,生产单位在施工、生产过程中发生的以及企业行政管理部门发生的损失,计入管理费用。

③存货毁损和非常损失部分类似,计入营业外支。

固定资产管理

3.4 固定资产管理

固定资产是指其使用期限超过1年,单位价值在规定标准以上,并且在使用过程中保持原有物质形态的劳动资料,包括房屋及建筑物、机器、运输设备、仪器、工具、器具等。不同时具备以上3个条件的,称为低值易耗品。固定资产的财务特性是:第一,固定资金(固定资产的货币表现)的循环周期主要取决于固定资产的使用年限;第二,固定资产的价值补偿与实物更新在时间上是分离的,前者渐次进行,后者一次实现;第三,固定资产投资是一次性的,投资回收分次进行。

3.4.1 固定资产管理的基本要求

固定资产管理的基本要求如下:

①合理核定固定资产需用量,既要保证生产,又要节约资金,减少资金占用。

②正确提取与使用固定资产折旧基金,以保证固定资产更新的需要。

③加强固定资产日常管理,提高其利用效益。固定资产日常管理的内容包括固定资产的建账、记账和清查,实行固定资产的分级归口管理,进行固定资产的构成及利用效果分析等。通过加强日常管理,保证固定资产完整无缺,合理使用。

④科学进行固定资产投资的预测,在固定资产更新时,要搞好投资项目的必要性、可行性分析,保证投资决策的有效性。

3.4.2 固定资产管理的方法

1)固定资产分类

(1)按经济用途分类 固定资产按经济用途,可分为生产经营用固定资产和非生产经营用固定资产。前者直接参加生产经营过程或直接服务于生产经营过程;后者不直接服务于生产经营过程。

(2)按使用情况分类 固定资产按使用情况,可分为使用中、未使用和不需用的固定资产。使用中的固定资产是指正在使用过程中的生产经营用或非生产用的固定资产。因季节性和大修理等原因而停用的,在车间内替换使用的,也列作使用中的固定资产。未使用的固定资产是指尚未开始使用的新增固定资产、调入尚待安装的固定资产,正在进行改建、扩建的固定资产及长期停止使用的固定资产。不需用的固定资产是指不适合本企业生产需要的、目前和今后都不需用的、准备处理的各种固定资产。

(3)按所属关系分类 按所属关系分类,可分为自有固定资产和租入固定资产。

根据不同分类要求计算各类固定资产的比例关系、结合企业规模、生产特点,在本企业进行不同时期的比较,在同类企业中进行对比分析,有利于揭示固定资产配置和投资使用方面的情况和存在的问题,有利于调整投资方向、合理使用固定资产,提高利用率。

2)固定资产管理办法

固定资产管理办法由企业根据需要自定。例如,某园林公司固定资产管理办法如下:

(1)固定资产管理负责部门　一般管理部门为资产管理部。维修部门包括生产部门和总务部门,与业务有关的建筑设备、机械设备、储存设备、电仪设备及杂项设备等由生产部门负责,其他固定资产的维修由总务部门负责。

(2)固定资产的编号　为了便于登记和保管,应由资产管理部门根据固定资产的分类,结合本系统单位的实际情况,制订适合于本系统的《固定资产目录》,对每件固定资产进行编号,予以标记,实行管理。固定资产编号以若干位数字或数字加字母编组而成。例如,先是地区与部门编号(见表3.1),然后是房间、折旧年限、物资设备等编号。

表3.1　地区与部门编号

ST	园林工程和管理区域
SD	苗木生产线
SU	盆花生产线
A	共用
B	总务
C	财务
D	生产管理
E	品质管理
F	生产一科
J	生产二科
K	生产三科

例如,STB-204-5-1表示ST总务科在204事务室使用折旧5年的固定资产。

(3)固定资产铭牌　固定资产铭牌采用特制胶带。编号由财务科指定总务科按一定格式统一编制并打印,铭牌粘贴由使用和管理该设备的部门负责。

特制胶带颜色使用见表3.2。

固定资产铭牌的粘贴位置应统一,生产设备全部粘贴在控制左上角,其他设备粘贴在前部醒目位置,避免接触水和原料。除了生产设备以外的固定资产(如办公家具、计算机、文件柜等)粘贴的位置由总务部决定。

表3.2　特制胶带颜色使用

部门	胶带颜色
共用	蓝色
管理部	白色
生产部	黄色
品质管理部	绿色

(4)固定资产购置程序

①使用部门提出申请,填写《请购单》。编制预算后,要按预算执行。

②经核准人同意后,交由采购人员办理采购作业;反之,则取消请购。

③固定资产在购买原则上必须与供应商签立契约书,其程序按《合同管理规定》办理。

④填写《合同申请书》,并连同契约书一起交由财务,财务依据《合同管理规定》确认编号后,呈报总经理审核签约。

⑤固定资产购买后,必须填写入库单,写明编号。

⑥经办部门申请支付时须填写《付款申请书》,并写明合同编号和具体支付内容。

⑦固定资产验收确认后,验收单送交财务科,财务科记录固定资产台账。

(5)固定资产追加　固定资产追加时,使用部门书面通知财务科,财务科调整台账。

（6）固定资产的领用、调出

①固定资产的领用。领用固定资产应由使用部门主管人员和经办人员填制《财产物资领用单》，向财产管理部门申请领用；经单位领导人批准后，财产管理部门凭此发放财产物资，并在《财产物资领用单》上注明实发数量和财产编号，同时做财产分布记录。《财产物资领用单》格式见表3.3。

表3.3　财产物资领用单

领用部门：　　　　　　　　　　　　　　年　　月　　　　　　　　　　　　　编号第　　号

财产编号	财产名称	规　格	单　位	数　量		金　额		备　注
				申请数	实发数	单价	总价	

②固定资产的调出。因工作任务和计划变更，或因采购计划不同，或因机构缩小和人员减少，都可能使一部分固定资产闲置不用。对于闲置不用的固定资产，必须从整体利益出发，向上级主管部门主动提出调拨。凡调出固定资产，应凭上级签发的《固定资产调拨单》办理调拨手续。但是调出固定资产，不论无偿或有偿，原则上应报主管部门审查批准。未经过批准，不得随意处理。

向外借出的固定资产，借用单位必须出具借据，并按商定归还的日期如期归还。借出的固定资产，在借出和归还时，应由借出与借用单位共同检验有无损坏。如在借出期间，借用单位对借出的固定资产有损坏，应按损坏程度进行赔偿。

（7）固定资产的报损、报废　使用的固定资产由于正常使用磨损到一定程度，不能继续使用和修复，因此就应予以报废。如果因遭受非常事故，使固定资产受到严重破坏，不能修复使用，则需要进行清理报损。固定资产报损、报废，都要减少固定资产的数量，必须报经主管部门审查批准，然后填制《固定资产报损、报废单》，并送资产管理部门，凭此销账。《固定资产报损、报废单》的格式见表3.4。

表3.4　固定资产报损、报废单

年　　月　　日　　　　　　　　　　　　　　　　　　　　　　　编号第　　号

财产编号	财产名称	规　格	单　位	数　量		金　额		备　注
				申请数	实发数	单价	总价	

单位负责人：　　　　资产管理部门主管：　　　　使用部门主管：　　　　管理员：

对于固定资产的报损、报废，应分不同情况，按照下列要求加以妥善处理：

①固定资产的自然损耗，可由使用部门或个人填写《固定资产报损、报废单》，经主管人员审查并签注意见后，报领导或其授权人批准。对于特别贵重的财产，还应通过有关部门讨论、鉴定，再提出处理意见，报领导审批，并报上级备案。

②凡因使用人或管理人玩忽职守或保管不力，致使财产物资发生被窃、遗失等，应认真查清责任，分情节轻重给予应有的处分。

③损坏公共财物一般都要按价赔偿。

④凡经批准报损、报废的财产残品，应如数交由财产管理部门核对、验收，并加以利用或变

价处理。

（8）建立固定资产的账卡制度　单位的每一件固定资产,都必须根据其不同的特点,设立账、卡进行登记。

使用部门和财产管理部门,都要有按品名登记的固定资产明细账或卡片,记录所有使用和管理的固定资产,以便查对。《固定资产管理卡片》的格式见表3.5。

表 3.5　固定资产管理卡片

类别代号		财产编号		价　值
规　格:			型　号:	
用　途:				
附件名称及件数(包括零配件、备件):				
来　源:			确认时间:	
确认时新度:			预定使用年限:	
生产厂名:			出厂号:	
负责保管单位:			存放地点:	
				（反面）
折旧记录:				
转移记录:				
性能检查周期:				
附　记:				

（9）固定资产维护

①固定资产编号的内容变更。固定资产地址变更时,由负责变更的部门书面通知财务部,财务部调整台账。

②固定资产定期检查。为了维护固定资产的正常使用及公司资产的安全,固定资产每年至少检查一次,并作书面记录。检查组织由总务科负责,其他部门要积极参与。总务科汇总检查结果并对检查结果的处理后,如有变动,应书面通知财务部,财务部调整台账。

③固定资产日常的保管和保养,除公司有统一规定外,应由总务科委托各使用部门负责。

（10）固定资产台账管理　固定资产台账由财务部管理,并与相关部门协调。

3.5 成本费用控制

成本费用控制是指运用以成本会计为主的各种方法,预定成本费用限额,按限额开支成本和费用,用实际成本费用同限额比较,衡量经营活动的成绩和效果,并以例外管理原则纠正不利差异,以提高效率,实现甚至低于预期的成本费用限额。

3.5.1 成本费用的概念

成本和费用是既有联系又有区别的两个概念。成本是指用货币来计算的、在一段时间内企业正常情况下产生的与实际目标有关的价值消耗。费用是指以货币计算的一年中的价值消耗,前提条件是费用的产生使净资产减少。但二者的经济内容是一致的,都是劳动耗费。因此通常把二者连在一起称为成本费用。

成本费用是企业在一定时期内为了生产产品(劳务)所发生的各种耗费和垫支的总和。其内容包括生产费用和期间费用。生产成本的构成如图 3.3 所示。按照与产品生产的关系,可将生产经营费用分成两部分:一是与产品生产

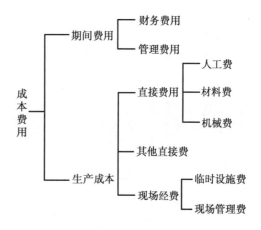

图3.3 成本费用的组成成分

有直接联系的生产费用,它形成产品成本;二是与产品生产没有直接联系的管理费用、财务费用,统称期间费用。因此,生产成本是针对一定产品而言的,是企业生产一定产品所支出的各种生产费用的总和。期间费用不针对一定产品,是从当期销售收入中进行补偿。

1)生产成本

生产成本即生产制造成本,也称产品成本,是企业为生产一定种类和数量的产品所支出的各种生产费用之和。它包括以下项目:

(1)直接费 直接费包括材料费、人工费和机械使用费等。

①材料费。是指企业生产中实际消耗并构成产品实体或有助于产品形成的原材料、辅助材料、备品配件、外购半成品、燃料动力、包装物以及其他直接材料的费用。

②人工费。是指直接从事产品生产人员的工资、奖金、津贴、补贴以及这些人员的福利费。

③机械使用费。是指在园林生产中使用机械所产生的各种费用。它包括折旧费、大修费、经常修理费、安拆费及场外运输费、燃料动力运输费及人工费等。

(2)其他直接费 其他直接费包括冬、雨季施工增加费、夜间施工增加费、材料二次搬运费、仪器仪表使用费、生产工具用具使用费、检验试验费、特殊工程培训费、工程定位复测及点交费。

(3)临时设施费 临时设施费是指施工企业为施工所必需的生活和生产用的建、构筑物和

其他临时设施费用。

（4）现场管理费　现场管理费包括以下一些费用：

①现场管理人员的基本工资、工资性质补贴、职工福利费及劳动保护费等。

②办公费。是指现场管理办公用的文具、纸张、账表、印刷、邮电、书报、会议、水、电、饮用热水及集体取暖（包括现场临时宿舍取暖）用煤等费用。

③差旅交通费。是指职工因公出差期间差旅费、住勤补助费,市内交通费和午餐补贴费,职工探亲路费,劳动力招募费,职工离退休、退职一次性路费,工伤人员就医路费,工地转移费,以及现场管理使用的交通工具的油料、燃料、养路费及牌照费。

④固定资产使用费。是指现场管理及试验部门使用的属于固定资产的设备、仪器等的折旧、大修理、维修费或租赁费等。

⑤工具用具使用费。是指现场管理使用的不属于固定资产的工具、器具、家具、交通工具和检验、试验、测绘、消防用具等的购置、维修和摊销费。

⑥保险费。是指施工管理用财产,车辆保险,高空、井下、水上作业等特殊工种安全保险等。

⑦工程排污费。是指施工现场按规定交纳的排污（包括吸声污染）费用。

2）期间费用构成

期间费用是企业在生产经营中为获得收益而发生的,不能直接归于某个特定产品负担的费用。它不受产品产量变化的影响,而是随着生产经营期的结束而结转,故它不计入产品成本,而是从当期销售收入中一次性扣除,不应递延到下一个生产经营期间。分清产品成本和期间费用,可减少成本计算的工作量,正确反映企业生产经营成果。期间费用包括：

①管理费用。是指企业行政管理干部为管理和组织全部生产经营活动而发生的各项费用,如公司经费、职工教育费、工会经费、管理人员工资、固定资产折旧、养老保险、广告费、审计费等。

②财务费用。是指企业为筹集资金而发生的各项费用支出,如利息支出、汇兑损失、银行手续费等。

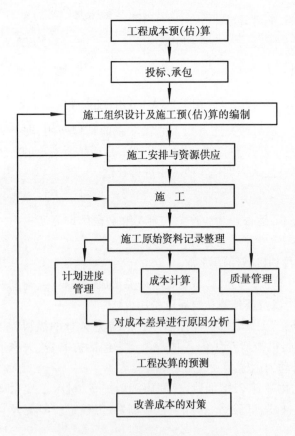

图3.4　成本费用控制的一般程序

3.5.2　成本费用控制程序

成本费用控制的程序是从工程成本的估算开始,经采取改善成本的对策,直到贯彻为止的一系列成本管理工作。如图3.4所示为成本费用控制的一般程序。

【案例及分析】

案例1

　　某园林公司苗圃每月需用特种商品营养粉1 000 kg。供应商就在附近，而且交货很可靠，所以该苗圃一般一次进货1 000 kg，当库存减少到500 kg时再订购。以通常的使用率和交货时间来看，在库存降到最低保险库存200 kg之前，就会收到新的订货。

　　供应商现在宣布改变价格政策：以前的价格为1元/kg，新价格调整见表3.6。

表3.6　调整后的新价格

购买量/kg	价格/（元·kg^{-1}）
0～499	1.2
500～999	1.1
1 000～1 999	0.95
＞2 000	0.9

分析讨论

　　该苗圃要不要改变订货政策？（注意，这是一道开放题，讨论时要引入各种可能的限制条件）

案例2

　　1）日本成本管理的显著特征

　　日本公司同欧美公司相比，其成本体系的显著特征是在新产品的设计之前就制订出目标成本，而这一目标成本成为产品从设计到推向市场的各阶段所有成本确定的基础。负责将一项新产品的设想变为现实的成本计划人员在制订目标成本时，是以最有可能吸引潜在消费者的水平为基础，其他一切环节都以这一关键判断为中心。

　　从预测销售价格中扣除期望利润后，成本计划人员开始预测构成产品成本的每一个因素，包括设计、工程、制造、销售等环节的成本，然后将这些因素又进一步分解，以便估算每一个部件的成本。目标成本的确定，只是"成本核算战役的开始"，这一战役就是公司同外部供应商之间，以及负责产品不同方面的各部门之间的紧张谈判过程。最初的成本预算结果也许高出目标成本20%左右或者更高。通过成本计划人员、工程设计人员以及营销专家之间的利益权衡后，最终产生出与最初制订的目标成本最为接近的计划成本。

　　日本公司的这种做法与欧美国家的习惯做法大相径庭。美国公司在设计一项新产品之前从不规定目标成本，而是一开始就由工程师设计图纸，设计阶段结束时，产品成本的85%已确定，然后设计部门将详细成本报告交给公司财务部门，财务人员再根据劳动成本、原材料价格和现行的生产水准计算出该产品的最终成本。若成本过高，要么将图纸返回设计部门重新设计，要么在微薄利润条件下将新产品投入生产。这种成本核算和管理体系所缺少的是一项新产品应该耗费多少人力、财力、物力的目标，而这一目标恰恰是激发和支持工程设计人员以最低成本设计一种新产品的关键因素。

　　实际上，以固定标准为基础的欧美成本管理体系只考虑保持现有的产品价格水平，而日本的这一体系是一种动态体系，不断推动产品设计人员去改进产品，降低成本。

　　日本公司还采用目标成本去降低已经上市产品的物耗，对其竞争对手的产品进行详细的比较与研究。某公司一旦发现某个竞争对手减少了某个零部件的成本，就会紧跟着削减同类部件的成本。

　　日本公司在制订目标的过程中，最为巧妙的是将其目标放在未来的市场，而非今天的市场。NEC的财务预算专家"深知竞争对手也在准备以较低的价格推出更好的产品"，因此，NEC制订目标成本不仅考虑到现行的零售价格水平和竞争对手同类产品的成本，而且还考虑到今后半年至 1 年内竞争对手在产品和成本上可能发生的变化。

日本成本管理体系的另一个突出特点是采用随时可做某些改进的简单的经营指标来规划和核算产品成本。一般来说，日本公司一开始就使其员工明确认识到他们的工作是如何转化为表明本公司经营状况的数据的，公司经理们主要使用的直接经营指标有：新建一条生产线并生产一定数量产品所需的时间；由员工的失误造成原材料报废的数量，从外部购进的零部件因不合格而废弃的比率等。明确应该考虑哪些指标和不应测算哪些指标，就意味着公司能对下述问题得出正确的答案：是否应该推广某种新产品？是否应该收缩某种传统产品？某个部件由公司自己生产还是从外部购进较为合算？

2）日本成本管理的成功之本

从理论上讲，采用目标成本进行成本管理，在所有市场经济国家的企业都是同样有效的，但欧美企业和日本企业采取这种方式的有效性却大不相同。日本公司的成功主要取决于以下因素：

①企业之间长期稳固的协作关系。在日本，大公司都与其承包企业建立了一种独特的长期合作关系，并同某些大公司组成了自己的企业集团，通过这种长期稳固的协作关系，大公司能采取某种强制手段使承包企业达到难度极大的降低成本的目标。

②以全部产品的经营状况作为投资和新产品开发的决策基础，欧美公司的成本核算以全部产品的各种费用的分摊为基础，并十分注重考察每种产品利润率的高低。它们进行成本管理所采取的经营指标不是员工们能随时掌握并能随时做出改进的直接指标，而是在员工们看来高深莫测且无能为力的投资收益率、销售利润率等经营指标。而对于日本公司来说，至关重要的显然不是某一项产品是否盈利，而是公司所经营的全部产品的最终结果如何。索尼及其他日本公司的做法是，根据各种产品在产品寿命周期中所处的不同阶段，或某项产品在一类产品中所处的地位，公司要求有些产品获得高额利润，而另一些产品则可能获得微薄的利润，甚至可以暂时亏本经营。他们认为只要某种产品具有竞争能力，就应毫不犹豫地去生产，因为整个公司的经营好坏并不取决于某一特定产品的盈亏状况。

为了在 21 世纪生存发展，日本公司的经营目标就是鼓励经理人员少为成本问题操心，多在市场占有率上下功夫。这正是日本公司频繁研制出美国公司因成本较高而放弃努力的新产品的重要原因。

分析讨论

(1)日本企业的成本管理与美国企业有什么不同？

(2)日美企业的成本管理对我国的园林企业有借鉴作用吗？请说明理由。

【复习思考题】

1.关键概念解释

(1)资产　(2)流动资产　(3)短期有价证券　(4)固定资产　(5)成本　(6)费用

2.思考题

(1)简述企业资产管理的目标和要求。

(2)企业筹集资金有哪些方式？在筹资决策中应遵循什么原则？

(3)流动资产有何特点？其管理有哪些要求？

(4)简述有价证券的主要种类和特点。

（5）投资债券可能会有哪些风险？

（6）固定资产管理有哪些基本要求？

（7）如何进行固定资产管理？

（8）什么是成本和费用？它们分别包括哪些内容？

（9）成本管理有何要求？

（10）简述成本控制的程序。

3. 实训题

请制作一份企业现金管理的规定。

4 园林企业内部控制

4.1 园林企业内部控制目标与过程

4.1.1 内部控制的概念及其作用

人类社会的各方面活动均需要进行调节与控制,大到一个国家的社会活动及经济活动,小到一个企事业单位的业务活动和经营管理。所谓控制,即操作、管理、指挥、调节的意思。任何企业都非常希望在一种有条不紊的高效率的方式下开展业务活动,提供可靠的财务会计信息和各项管理信息供自身和其他方面使用,它们需要一些控制来减少决策失误和工作中的缺陷。当这种控制在企业系统内部实施时,通常称其为内部控制。园林企业的内部控制,是指园林企业为了提高经营效率和充分有效地获取和使用各种资源,达到既定的管理目标,而在内部实施的各种制约和调节的组织、计划、方法和程序。恰当地运用内部控制,有利于减少疏忽、错误与违纪违法行为;有利于改善经营活动,以提高工作效率与经济效益;有利于安定人心,激励进取,使单位健康发展。内部控制是否健全,能否严格执行,是企业经营成败的一个关键,其主要作用有以下3个方面:

1)统合作用

内部控制并非以企业中的个别活动、个别机构为控制对象,而是涉及企业中所有机构和所有活动及其具体环节,由点到线到面,逐次结合、统揽整体。

在一个经营企业中,虽有不同的企业单位,但要达到经营目标,必须全面统筹,以发挥整体作用。内部控制正是基于这种指导思想,利用会计、统计、审计业务及审计部门的制度、规定及有关信息报告等作为基本依据,以实现统合与控制的双重目的。也就是说,园林企业的内部控制应该把企业的计划、生产及管理工作结合在一起,同时又对它们进行必要的控制。各部门的业务虽有单独的系统,但其个别作业与整体业务是相联系的,必然要受其他部门作业的牵制和监督。因此,内部控制具有统揽全局的作用。

2)制约和激励作用

管理一般是指各种作业的规划与施行,依据彼此之间的一定关系,层层节制,从计划到执行至考核,周而复始、循环不断。内部控制着眼于各项业务的执行是否符合单位企业及既定的规范标准,而予以督察评价及适当的控制,使单位的各项经营活动做到活而有序,获得预期效果。由此可见,内部控制对管理活动能发挥制约作用;严格的监督考核,能真实地反映工作实绩,并可以稳定员工的工作情绪,激发他们的工作热情及潜能,从而提高工作效率。

3)促进作用

无论是管理还是控制,执行者必须依据单位的既定目标或政策目标,按照一定的规律,对其全部活动加以注意,了解其职能与各部门之间的关系,并对其各项业务进行公正的检查和合理评估。换句话说,就是要重视制度设计、控制原则的应用,了解企业各部门的实际工作动态,及时发挥控制的影响力,使之扬长避短,如期达到管理目标。

4.1.2 内部控制目标

内部控制目标是决定内部控制运行方式和方向的关键,也是认识内部控制基本理论的出发点。园林企业的内部控制目标主要有以下4点:

1)确保企业目标的有效实现

任何园林企业都有其特定的目标,要有效实现企业的目标,就必须及时对那些构成组织的资源(财产、人力、知识、信息等)进行合理的组织、整合与利用,这就意味着这些资源要处于控制之下或在一定的控制之中运营。如果一个企业未能实现其目标,那么,该组织在从事自身活动时,一定是忽视了资源的整合作用,忽视了经济性和效率性的重要性。某园林企业有很好的技术人才、能干的工作人员和先进的机器设备,但如果这些条件没有充分用于企业的管理生产和市场开发,则这家企业就是没有效率的。企业会因为不良的管理而不能实现其生产任务,这家企业就没有实现其目标。因此,所有的企业活动和控制行为必须以促进实现企业的最高目标为依据。

2)服从政策、程序、规则和法律法规

为了协调企业的资源和行为以实现企业的目标,一方面,管理者将制订政策、计划和程序,并以此来监督运行并适时做出必要的调整;另一方面,组织还必须服从由社会通过政府制定的法律法规、职业道德规则以及利益集团之间的竞争因素等所施加的外部控制。内部控制如果不能充分考虑这些外部限制因素,就会威胁组织的生存。因此,内部控制系统必须保证遵循各项相关的法律法规和规则。

3)经济有效地利用企业资源

所有的企业都是在一个资源有限的环境中运作,一个企业实现其目标的能力取决于能否充分地利用现有的资源,制订和设计内部控制必须根据能否保证以最低廉的成本取得高质量的资

源(经济性)和防止不必要的多余的工作和浪费(效率)。例如,一个园林企业能够经济地取得人力资源,但可能因缺乏必要的训练和不合适的生产计划而使得工作效率很低。管理者必须制定政策和程序来提高运作的经济性和效率,并建立运作标准来对行动进行监督。

4)确保信息的质量

除了建立企业的目标并沟通政策、计划和方法外,管理者还需利用相关、可靠和及时的信息来控制企业的行为。事实上,控制和信息是密不可分的,决策导向的信息受制于内部控制,没有完备的内部控制便不能保证信息的质量。也就是说,管理者需要利用信息来监督和控制企业行为,否则,管理者的决策就有可能给企业造成不可弥补的损失。因此,内部控制系统必须与确保数据搜集、处理和报告的正确性的控制相联系。

在现代社会,信息作为一种特殊的资源,其遗失、损坏和失窃也会影响组织的竞争力和运作能力。因此,一个组织的数据库必须防止非授权的接触和使用。

人力资源是企业获得竞争力的根本性财富,高素质的员工队伍是一个企业行动能力的"放大器"。一个企业的员工队伍代表了企业在培训、技能和知识上的大量投资,其作用是难以替代的。因此,工作环境,尤其是内部控制环境不仅要有助于他们的身心健康,而且要培养其对组织的忠诚。

4.1.3　内部控制的重点内容

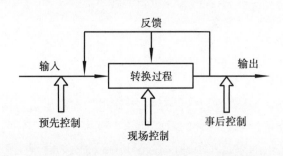

图4.1　控制示意图

任何系统的运行均为输入—转换—输出。根据控制点的不同,控制可分为预先控制、现场控制和事后控制(见图4.1)。

1)预先控制

预先控制也称前馈控制,是指在企业生产经营活动开始之前进行的控制。其目的是防止问题的发生而不是在问题出现的时候再进行补救。这种控制需要及时准确的信息,并进行仔细和反复的预测,把预测和预期目标相比较,以便修订计划。为了保证经营过程的顺利进行,管理人员必须在经营开始之前就检查企业是否已经或将能够筹措到在质和量上符合计划要求的各类资源(如引种问题)。如果预先检查的结果是资源的数量或质量无法得到保证,必须修改活动计划和目标,改变企业生产和施工的方式或内容。前馈控制的另一个内容是检查已经或将筹措到的资源经过生产实践后是否符合需要,如果预测的结果符合企业的需要,企业的活动就可以按照原来的计划进行,如果不符合,则需要改变企业经营的运行过程及投入。例如,企业在完成某一工程项目时可根据本企业的技术、管理和施工水平等制订合理的施工组织设计,预先对工程的资金、人力、物力以及所占用的时间等进行合理控制,并在工程的施工过程中加以严格的监督,以确保工程按质、按量、按标准、按时完成,以最少的人力、物力、财力投入获取最大的经济利益。

2) 现场控制

现场控制也称事中控制或同期控制,是指企业经营过程开始后,主管人员通过深入现场亲自监督、检查、指导和控制下属人员的活动。它包括以下 3 点:

①向下级指示恰当的工作方法和工作过程。

②监督下级的工作以保证计划目标的实现。

③发现不符合标准的偏差,立即采取纠正措施。

在计划的实施过程中,企业管理人员深入企业生产的第一线对直接影响工程和服务质量的各个因素进行有效控制,以确保产品和服务质量符合规定的要求。

3) 事后控制

事后控制是指在一个生产经营活动已经结束之后,对建造出来的产品及其资源的利用状况或结果进行检查和总结,将其与预先控制相比较,发现偏差与原因,拟订纠正措施防止偏差发展或继续存在。例如,通过对园林绿化工程施工结果和绿化养护管理质量和苗木生产质量进行检查和评价,发现存在的问题及时解决,从而不断提高园林绿化工程质量。但事后控制的主要缺点是管理者获得信息时损失已经造成,但因预测方法受各种条件的限制,这种方法仍然被广泛应用。

事后控制有一个致命的弱点,即滞后性,从衡量结果、比较分析到制订纠偏措施及实施,都需要时间,很容易耽误时机,增加控制的难度,而且损失往往已经发生了。但与事前控制相比,事后控制有以下两个方面的优势:

①事后控制为管理者提供了关于计划执行效果的真实信息。如果反馈显示标准与现实之间只有很小的偏差,总的计划目标就达到了;如果偏差很大,管理者应利用这一信息,使计划制订得更有效。

②事后控制可发挥员工的积极性,因为人们希望获得评价他们绩效的信息,而反馈正好提供了这样的信息。

4.1.4 内部控制过程

控制是根据计划的要求,设立衡量绩效的标准,然后把实际工作结果与预定标准相比较,以确保企业活动中出现的偏差及严重程度;在此基础上,有针对性地采取必要的纠正措施,以确保企业资源的有效利用和组织目标的圆满实现。不论控制对象是新施工技术的使用、新设计方案的提出、企业的人力条件,还是物质条件、物质要素,或是财务资源,控制的过程都包括以下 3 个基本环节(见图 4.2):

1) 确立标准

标准是人们检查和衡量工作及其结果(包括阶段结果与最终结果)的规范。制订标准是进行控制的基础。没有一套完整的标准,衡量绩效或纠正偏差就失去客观依据。对于园林企业来说,高起点设计、高标准施工、高效能管理,是促进园林企业发展和为客户提供优质的产品和服务的基础。因此,企业应制订质量方针,任命管理者代表,设立组织机构,从而明确企业各部门的职责。质量标准的制订包括企业的质量目标和对客户的承诺。而这个标准是根据国家的有

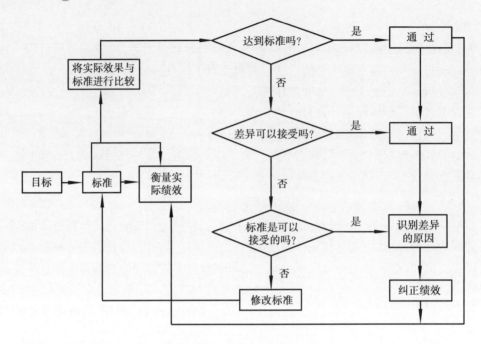

图 4.2　控制过程示意图

关技术经济管理文件或企业招投标文件或自己进行施工生产所确定的,如某园林绿化企业的绿化工程要求设计和施工合格率达到 100%。绿化养护管理,乔木、灌木、花坛、小品、绿篱、垂直绿化完好率达到 98% 以上,苗木、花卉合格出圃率达到 90% 以上。企业生产施工的目标和一切管理活动都是围绕上述目标进行的。

2）衡量成效

　　将实际工作成绩和控制标准相比较,对工作做出客观的评价,从中发现二者之间的差异,为进一步采取措施提供全面准确的信息。

　　园林企业通过确定公司所需运用的统计技术来有效地控制生产和服务质量。相关部门负责确定企业统计技术的具体实施,企业的行政技术部门负责确定公司所需的统计技术,并对其进行汇总和对结果进行验证和分析。企业采用相应的合格控制图,如绿化管理完好率、园林工程合格率、苗木生产合格率控制图等统计技术,以便能更好地了解生产或服务质量,并为在必要时能及时采取纠正和预防措施提供信息。

3）纠正偏差

　　利用科学的方法,依据客观的标准,对工作绩效的衡量,可发现计划执行中出现的偏差。纠正偏差就是在此基础上,分析偏差产生的原因,制订并实施必要的纠正措施。这项工作使得控制过程得以完善,并将控制与管理的其他职能相互联结,通过纠偏,使组织计划得以遵循,使组织结构和人事安排得到调整。

4.2 园林企业内部控制的方法

4.2.1 预算控制

为了有效地从预期收入和费用两个方面对企业经营进行全面控制,不仅需要对各个部门的各项活动制订分预算,而且要对企业整体编制全面预算,分预算是按照部门和项目来编制的,它们详细说明了相应部门的收入目标或费用支出的水平,规定了他们在生产活动、销售活动、采购活动、研究活动、研究开发活动或财务活动中的措施和利用劳动力、资金等生产要素的标准。例如,完成某一项建设项目,我们必须预先制订可行性预算、设计预算和施工预算,以便对整个企业的经营建设活动进行控制;全面预算则是在对所有部门或项目分预算进行综合平衡的基础上编制而成的,它概括了企业的各个方面在未来时期的总目标。只有编制了总体预算,才能进一步明确组织的任务、目标、制约条件以及各部门在活动中的相互关系,从而为正确评价各控制部门的工作提供客观的依据。

4.2.2 比率控制

单个地去考虑反映经营结果的某个数据,往往不能说明任何问题。例如某园林企业年度盈利 100 万元,某部门本期生产了 5 000 个单位产品,或本期人工支出费用为 85 万元,这些数据本身没有任何意义。只有根据他们之间的内在关系,相互对照分析才能说明某个问题。比率分析就是将企业资产负债表和收益表上的相关项目进行对比,形成一个比率,从中分析和评价企业的经营成果和财务状况。

利用财务报表提供的数据,可列出许多比率,常用的有两种类型:财务比率和经营比率。前者是说明企业财务状况,后者主要用于说明企业经营活动状况。

(1)财务比率 财务比率及其分析可帮助我们了解企业的偿债能力和盈利能力等财务状况。

①流动比率。是指企业的流动资产与流动负债之比。它反映了企业偿还需要付现的流动债务的能力。一般来说,企业资产的流动性越大,偿债能力就越强;反之,偿债能力则越弱,这样会影响企业的信誉和短期偿债能力。因此,企业资产应具有足够的流动性。资产若以现金形式表现,其流动性最强。但要防止为追求过高的流动性而导致财务资源的闲置,以避免使企业失去本应得到的收益。

②负债比率。是指企业总负债与总资产之比。它反映了企业所有者提供的资金与外部债权人提供的资金的比率关系。只要企业全部资金的利润率高于借入资金的利息,且外部资金不再根本上威胁企业所有权的行使,企业就可充分地向债权人借入资金以获取额外的利润。一般来说,在经济迅速发展时期,债务比率可以很高。

③盈利比率。是指企业利润与销售额或全部资金等相关因素的比率关系。它反映了企业在 定时期内从事某种经营活动的盈利程度及其变化情况。

（2）经营比率　经营比率包括库存周转率、固定资产周转率、建设收入与施工费用的比率。

4.2.3　审计控制

审计是对反映企业资金运动过程及其结果的会计记录及财务报表进行审核、鉴定,以判断其真实性和可靠性,从而为控制和决策提供依据。根据审查主体和内容的不同,可将审计划分为以下 3 种主要类型:

①由外部审计机构的审计人员进行的外部审计。

②由内部专职人员对企业财务控制系统进行全面评估的内部审计。

③由外部或内部的审计人员对管理政策及其绩效进行评估的管理审计。

【案例及分析】

案例

随着企业体制改革的不断深入,市场的不断规范,特别是加入世界贸易组织(WTO)以后,建设市场竞争激烈的局面将是园林企业面临的主要矛盾,在带来新的机遇的同时,也带来了新的挑战。为了适应社会主义市场经济的导向,建立和完善现代企业控制制度,正确认识企业在市场中的定位,强化竞争意识,推进思想观念的创新,发挥集团优势,扩大经营空间,推进运作方式的创新,调整组织结构,优化资源配置,推进机制体制的创新,某园林企业制订了坚持以项目管理为重点,抓好过程控制,推进管理创新的管理方针,内容如下:

①实行两层分离和优化组合,完善工程项目的动态管理体制。工程项目部实行管理层与作业层两层分开。集团对所有工程项目实行内部招标,通过招标选聘等竞争方法建立项目经理部。项目经理部实行由开工到竣工、验收全过程的管理机制。项目经理通过招聘、选举、指派、自荐等竞争方式,择优上岗;项目经理部实行"经理负责、全员管理、集体承包、风险抵押"体制,认真兑现合同承诺的各项指标,保证工期、质量、安全、成本始终处于受控状态。

②抓好工程质量,多创优质工程。一是增强法制观念,强化创优意识。要认真贯彻《建筑法》《合同法》《招标投标法》《园林工程质量管理条例》和国家有关质量标准、质量监察的一系列法规条例。二是坚持依法办事、按标准办事,把创优质工程作为企业自下而上发展的重要前提。三是建立质量责任体系,强化全员责任。工程项目部要建立以项目经理为首的全体人员参加的质量责任保证体系和责任追究制度。四是贯彻 ISO 9000 标准,强化过程控制。要根据工程项目的构成情况、难易程度、施工合同要求,确定创优目标,明确创优标准,编制创优计划,分解好岗位创优和工序创优责任。从激励和约束两个方面增强项目创优责任感和紧迫感。

③加强成本管理,努力挖潜增效。一是要从实际出发,在项目认真评估的基础上,编制好工程项目的目标成本、确定合理的上交指标,并签订项目责任承包合同,强化责任风险。要建立健全工程项目成本分析、成本核算、成本责任体系,使目标成本有据可依、有序可循、层层分解、人人明白。二是加强作业层的责任成本包干定额,防止效益流失。三是要优化施工方案,合理配置生产要素,强化项目运作过程中的实际成本管理,挖掘内部潜力、开源节流、降低物耗,减少非生产性开支,努力实现工程项目的最佳效益。四是加强机械设备的管理,提高设备的营运能力。要遵循优化配置的原则,按照工程项目需要、结构情况、合同要求、施工周期,以市场运作的方

式,合理配置项目机械设备,增强机构设备的有效运营,实现投入产出的最佳结合。

④加强资金管理,严格财经制度。工程项目部要实行财务会计委派制。财务管理要以资金管理为中心,加强工程项目部各个环节资金的预算编制,分析了解资金运作和执行情况,严格财政纪律;要加大工程款的回收力度,及时清理和处理工程项目部债权债务,力求做到竣工决算到位,工程款拨付到位;要坚持项目经理在大额资金运转的集体研究的前提下"一支笔"签字制度,杜绝政出多门、资金流失、账外循环等不良现象;要认真做好工程项目的跟踪审计和竣工审计,确保工程项目最终效益的事实可靠,并据此兑现项目承包合同。

⑤抓好现场标准化管理,确保安全"零事故"目标的实现。要抓好安全教育,增强全员安全意识和防护能力,建立健全工程项目安全责任体系,签订安全责任状。真正做到层层有安全目标,级级有安全措施,人人有安全责任;抓好安全标准化检查和监控,实现安全"零事故"目标;要抓好安全文明卫生标准化工地建设,做到因地制宜、布局合理、整洁一致、操作方便、安全卫生,保护环境。从整体上提高工程项目安全文明施工水平,树立工程项目的良好形象。

分析讨论

(1)这家园林企业在公司的管理中应用了哪些内部控制制度?

(2)这家园林企业为了加强施工管理采用了哪些内部控制方法?

(3)如果你是这家企业的管理人员,你还将采用哪些好的控制内容和方法?

【复习思考题】

1.关键概念解释

(1)内部控制 (2)控制过程 (3)预先控制 (4)现场控制 (5)事后控制 (6)预算控制 (7)比率控制 (8)审计控制

2.思考题

(1)什么是园林企业的内部控制? 在园林企业管理中控制的作用是什么?

(2)控制过程包括哪些内容? 如何进行有效的控制?

(3)描述园林企业内部控制的重点内容。

(4)如何在园林企业中建立合理正确的内部控制制度?

(5)浅谈内部控制制度在我国现代园林企业中的应用和发展。

3.实训题

调查某一园林企业的管理现状,并为其建立合理的内部控制制度。

5 园林企业文化管理

5.1 企业文化的构成

5.1.1 文化与企业文化的含义

1)文化的含义

文化一词涵盖的意思很广。有物质文化,也有精神文化;有历史文化,也有现实文化。据学者统计,其定义已达1万种以上。比较有代表性的有关文化的定义是在《美国传统词典》中进行规范阐释的:"人类群体或民族世代相传的行为模式、艺术、宗教信仰、群体组织和其他一切人类生产活动、思维活动的本质特征的总和。"

2)企业文化的含义

文化概念的多样性导致了人们对企业文化的多重理解。美国学者太伦斯·迪尔认为,每一个企业都有一种文化,而且文化有力地影响整个组织,甚至每一件事。企业文化对该公司工作的人们来说,是一种含义深远的价值观、神话、英雄人物的标志的凝聚。美国加州大学管理学教授威廉·大内认为,企业文化是由其传统和风气所构成,同时,文化意味着一个公司的价值观,诸如进取、守势或是灵活——这些价值观构成公司职工活力、意见和行为的规范。管理人员应身体力行,把这些规范灌输给职工并代代相传。

美国哈佛大学教育研究院的教授泰伦斯·迪尔和麦表齐咨询公司顾问爱伦·肯尼迪在长期的企业管理研究中积累了丰富的资料。他们集中对80家企业进行了详尽的调查,写成了《企业文化——企业生存的习俗和礼仪》一书。该书用丰富的例证指出,杰出而成功的企业都有强大的企业文化,即为全体员工共同遵守,但往往是自然地约定俗成而非书面的行为规范;并有各种各样用来宣传、强化这些价值观念的习俗。真是企业文化——这一非技术、非经济的因素,导致了这些企业的成功。企业文化影响着企业中的每一件事,大至企业决策的产生、企业中的人事任免,小至员工们的行为举止、衣着爱好、生活习惯。在两个其他条件都相差无几的企业中,由于文化的强弱不同,因此,对企业发展所产生的后果就完全不同。

我们认为,园林企业文化是指园林企业在长期的实践活动中所形成的,并且为组织成员普遍认可和遵循的,具有园林行业特色的价值观念、团体意识、行为规范和思维模式的总和。园林企业文化是以无形的"软约束"力量构成园林企业有效的驱动力,在某种意义上说,这种力量是企业的管理之魂。

5.1.2 企业文化的特征

企业文化在本质上属于"软文化"管理范畴,是企业自我意识所构成的精神文化体系。它的基本特征包括以下4个方面:

1)企业文化的核心是企业价值观

企业理念即企业的价值观,是企业文化的集中概括,不同的理念体系代表了企业的不同文化追求,代表了企业个性。任何一个企业,如果没有具有特色的企业理念,没有独特的企业文化精神,是不会取得巨大成功的。例如,杭州蓝天园林的理念就是"创造人类美好家园"。

2)企业文化的中心是人本主义

人是整个企业中最宝贵的资源和财富,也是企业活动的中心和主旋律。因此,企业只有充分重视人的价值,最大限度地尊重人、关心人、依靠人、理解人、凝聚人、培养人和造就人,充分调动人的积极性,发挥人的主观能动性,努力提高企业的全体成员的社会责任感和使命感,使组织和成员成为真正的命运共同体,才能不断增强企业的内在活力,实现企业的既定目标。例如,从事园林行业的人大都知道,"景观设计师的终生目标和工作就是帮助人类,使人、建筑物、社区、城市以及他们的生活同生活的地球相和谐"。人类社会赋予景观工作者这样一个责任,让他们创造人类美好的生活家园。20世纪以来,城市化及城市工业化带来的后果,使得这个责任更加艰巨和迫切,景观工作者的工作范围已扩大到城乡和原野,关心的是全人类的生存环境。这使得园林企业不仅要具有深厚的文化内涵和雄厚的科技力量,而且要使其员工有着对人类、对社会的高度责任心。这也是企业文化的价值观,以使命感和历史感引导员工确立自己的人生观和价值观。当企业文化的价值观被企业成员接受后,就会形成巨大的向心力和凝聚力,职工把自己的思想感情和命运同企业的兴衰联系起来,产生了对企业的强烈的归属感,与企业同呼吸,共命运;它的激励功能满足了人的精神需要,使人产生自尊感和成就感,调动了人的积极性;它的辐射功能使得企业文化不仅在企业内部起作用,还通过各种渠道对社会产生积极的影响。

3)企业文化的管理方式是以软性管理为主

企业文化是以一种文化的形式出现的现代方式,也就是说,它通过柔性的而非刚性的文化引导,建立起企业内部合作、友爱、奋进的文化心理环境,以及协调和谐的人群氛围,自动调节组织成员的心态和行动,并通过对这种文化氛围的心理认同,逐渐地内化为组织成员的主体文化,使组织的共同目标转化为自觉行动,使群体产生最大的协同合力。事实证明,这种由软性管理所产生的协同力比组织的刚性管理制度有着更为强烈的控制力和持久力。

4)企业文化的重要任务是增强群体凝聚力

企业中的成员来自五湖四海,不同的风俗习惯、文化传统、工作态度、行为方式、目的愿望等都会导致成员之间摩擦、排斥、对立、冲突乃至对抗,这不利于企业目标的顺利实现。而企业文化通过建立共同的价值观和寻找共同点,不断强化组织成员之间的合作、信任和团结,使之产生亲近感、信任感和归属感,实现文化的认同和融合,在达成共识的基础上,使组织具有一种巨大的向心力和凝聚力,这样才有利于组织共同行动、齐心协力和整齐划一。

5.1.3　企业文化的构成要素

从最能体现企业文化特征的内容来看,企业文化包括企业哲学、企业价值观、企业精神及企业伦理规范等。

1)企业哲学

企业哲学是组织理论化、系统化的世界观和方法论。它是一个企业全体成员所共有的对事物最一般的看法,用于指导企业的生产、经营、管理等活动。从一定意义上讲,企业哲学是企业最高层次的文化,主导、制约着企业文化其他内容的发展方向。从根本上说,企业哲学是对企业进行总体设计、总体信息选择的综合方法,是企业一切行为的逻辑起点。企业哲学在管理史上已经经历了"以物为中心"到"以人为中心"的转变。

2)企业价值观

企业的价值观就是企业内部管理层和全体员工对企业的生产、经营、服务等活动以及指导这些活动的一般看法或基本观点。它包括企业存在的意义和目的、企业中各项规章制度的必要性和作用,组织中各层级和各部门的各种不同岗位上的人们的行为与企业利益之间的关系等。每一个企业的价值观都会有不同的层次和内容,成功的企业总是会不断创造和更新企业的信念,不断地追求新的、更高的目标。

3)企业精神

企业精神是指企业经过共同努力奋斗和长期培养所逐步形成的、认识和看待事物的共同心理趋势、价值取向和主导意识。企业精神是一个企业的精神支柱,是企业文化的核心,它反映了企业成员对企业的特征、形象、地位等的理解和认同,也包含了对组织未来发展和命运所抱有的理想和希望。企业精神反映了一个企业的基本素养和精神风貌,是凝聚企业成员的精神源泉。

4)企业伦理规范

企业伦理规范是指从道德意义上考虑的、由社会向人们提出并应当遵守的行为准则。它通过社会公众舆论规范人们的行为。企业文化内容结构中的伦理规范既体现了社会对企业自上而下环境的一般性要求,又体现着本企业各项管理的特殊需求。

5.1.4　企业文化的功能

企业文化在企业管理中发挥着重要的功能,主要表现在:

1）整合功能

　　企业文化通过成员的认同感和归属感,建立起成员与企业之间的相互信任和依存关系,使个人的行动、思想、信念、习惯以及沟通方式与整个企业有机地整合在一起,形成相对稳固的文化氛围,凝聚成一种无形的合力,以及激发企业员工的主观能动性,并为企业的共同目标而努力。

2）适应功能

　　企业文化从根本上改变员工的旧有价值观念,建立起新的价值观念,使之适应企业外部环境的变化要求。一旦企业文化所提倡的价值观念和行为规范被员工接受和认同,员工就会自觉或不自觉地做出符合企业要求的行为选择,倘若违反,则会感到内疚、不安或自责,从而自动修正自己的行为。因此,企业文化具有一定程度的强制性和改造性,其作用是帮助企业指导员工的日常活动,使其能快速地适应外部环境因素的变化。

3）导向功能

　　企业文化作为团体共同价值观,与企业员工必须强行遵守的、以文字形式表述的明文规定不同。它只是一种软性的理智约束,通过企业的共同价值观不断地向个人价值观渗透和内化,使组织自动生成一套自我调控机制,以一种适应性文化引导着企业的行为和活动。

4）发展功能

　　企业在不断发展的过程中形成的文化沉淀,通过无数次的辐射、反馈和强化,会随着实践的发展而不断地更新和优化,推动企业文化从一个高度向另一个高度迈进。

5）持续功能

　　企业文化的形成是一个复杂的过程,往往会受到政治、社会、人文和自然环境等诸多因素的影响。因此,它的形成需要经过长期的倡导和培育。正如任何文化都有历史继承性一样,企业文化一经形成,便会具有持续性,并不会因为企业战略或领导层的人事变动而立即消失。

5.2　园林企业文化的塑造

5.2.1　企业文化建设的一般步骤

　　企业文化的塑造是个长期的过程,同时也是企业发展过程中一项艰巨的、细致的系统工程。从路径上讲,企业文化的塑造需要经过以下5个过程:

1）选择合理的企业价值标准

　　企业价值观是整个企业文化的核心,选择正确的企业价值观是塑造良好企业文化的首要战略问题。选择企业价值观要立足于本企业的具体特点,根据自己的目的、环境要求和组成方式等选择适合企业自身发展的企业文化模式。其次要把握企业价值观与企业文化各要素之间的相互协调,因为各要素只有经过科学的组合与匹配才能实现系统整体优化。

　　在此基础上,选择正确的企业价值标准要注意以下4点:

　　①企业价值标准要具有正确、明晰、科学、鲜明的特点。

②企业价值观和企业文化要体现企业的宗旨、管理战略和发展方向。

③要切实调查本企业员工的认可程度和接纳程度,使之与企业员工的基本素质相和谐,过高或过低的标准都很难奏效。

④选择企业价值观要发挥员工的创造精神,认真听取员工的各种意见,并经过自上而下和自下而上的多次反复,审慎地筛选出既符合本组织特点又符合员工心态的企业价值观和企业文化模式。

2)强化员工的认同感

在选择并确立了企业价值观和企业文化模式之后,就应该把基本认可的方案通过一定的强化灌输方法使其深入人心。具体做法可以是:

①利用一切宣传媒体,宣传企业文化的内容和精要,使之家喻户晓,创造浓厚的环境氛围。

②培养和树立典型。榜样和英雄人物是企业精神和企业文化的人格化身与形象缩影,能够以其特有的感召力和影响力为组织成员提供可以仿效的具体榜样。

③加强相关培训教育。有目的的培训与教育,能够使组织成员系统地接受企业的价值并强化员工的认同感。

3)提炼定格

企业价值观的形成并不是一蹴而就的,必须经过分析、归纳和提炼方能定格。

(1)精心分析 在经过群众性的初步认同实践之后,应将反馈回来的意见加以剖析和评价,详细分析和比较实践结果与规划方案的差距,必要时可吸收有关专家和员工的合理意见。

(2)全面归纳 在系统分析的基础上,进行综合化的整理、归纳、总结和反思,去除那些落后或不合时宜的内容与形式,保留积极进步的形式与内容。

(3)精炼定格 把经过科学论证和实践检验的企业精神、企业价值观、企业伦理与行为予以条理化、完善化、格式化,再经过必要的理论加工和文字处理,用精练的语言表述出来。

4)巩固落实

在企业文化演变为全体员工的习惯行为之前,要使每一位成员在一开始就能自觉主动地按照企业文化和企业精神的标准去行动是比较困难的,即使在企业文化已成熟的企业中也是如此,故个别成员背离组织宗旨的行为也是经常发生的。因此,建立某种奖优罚劣的规章制度十分必要。领导在塑造企业文化的过程中起着决定性的作用——率先垂范作用。领导者必须更新观念并能组织员工为建设优秀企业文化而共同努力。

5)在发展中不断丰富和完善

任何一种企业文化都是特定历史的产物,当组织的内外条件发生变化时,企业必须不失时机地丰富、完善和发展企业文化。这既是一个不断淘汰旧文化、生成新文化的过程,也是一个认识与实践不断深化的过程。企业文化由此经过不断的循环往复达到更高的层次。

5.2.2 企业文化建设的误区

改革开放以来,我国的园林企业文化建设有了很大的发展,对园林事业的发展起了积极的促进作用,涌现出一批拥有优秀企业文化的园林企业。但是,因园林企业文化建设起步相对较晚,对企业文化的研究有待进一步深入,相当一部分企业对企业文化的本质缺乏科学的、理性的认识,导致企业文化建设出现了一些误区,束缚了企业的发展。要深入发展企业文化,就必须认清企业文化建设的种种误区。影响我国园林企业文化建设和发展的主要误区表现在以下4个方面:

①企业文化建设脱离员工独立存在。员工是企业文化的载体,企业文化不能在员工中体现出来,不能算是真正的企业文化。

②企业文化建设脱离企业而独立存在。依据这种思想所制订的是不切合实际的企业文化,它会令企业的发展目标违背市场规律,使企业误入歧途。

③企业文化建设存在着短期行为。往往是说起来重要、忙起来次要、经营效益好时就搞一点所谓的企业文化活动,效益差时就少搞,甚至不搞,缺乏一种常抓不懈的机制,缺乏一种持久的动力和发展后劲。

④企业文化建设缺乏特色。企业文化旺盛的生命力和独特的魅力,来源于其自身独创性。然而,现实中不少园林企业所搞的企业文化建设往往是大同小异,缺少园林行业特色,缺乏商业自身个性,缺乏本单位、本地区的创意,陷于低水平重复怪圈。

5.2.3 企业文化重塑

企业文化的重塑对企业制度、技术、管理的创新具有很重要的作用。

1)要按规范的程序塑造企业文化

企业文化的重塑一般分为以下3个阶段:

①调研与诊断阶段。包括调研访谈、深入现场、召开研讨会听取意见、设想,分析、整理、调查资料,对企业文化进行诊断,以及产生前期诊断报告等。

②定位与方案设计阶段。包括确定各项目方案计划,举办研讨会,提交解决方案文本,以及举办企业文化营(导训)等。

③方案推广实施阶段。包括方案实施指导、方案实施跟踪等。

2)要注重企业精神、企业价值观的人格化

价值观是企业文化的核心,而"英雄人物"则是企业价值观、企业精神文化的人格化。在"英雄人物"中要强调"共生英雄",即"他的心在企业中,企业在他的心中"。这样的人,与企业同呼吸、同成长、同发展、同命运。从优秀的企业文化建设来看,就是培养越来越多的"同生英雄",实现"人企合一"的境界。创造、构建这样的文化氛围,对于发挥员工的主动性、积极性、创造性极为重要。

3)要注意企业文化与企业战略和管理制度的匹配

企业文化是企业的灵魂,是企业优秀员工的心声,重塑企业文化必须要达成企业文化与企业战略和管理制度的和谐。当企业战略作调整的时候,企业文化要跟着调整。而当企业文化突出质量第一的时候,企业就要与之和谐一致。当企业战略要向"西"前进的时候,企业文化就不能向"东",这样才能有效避免企业文化重塑走过场或者徒有虚名。

【案例及分析】

案例

　　文化是企业之魂,企业理念和文化品牌是企业文化的核心。文化是人类发展的基础;企业文化是企业发展的灵魂。它是企业理念、形态文化、物质文化和制度文化的总和。它包括企业最高目标、企业哲学、企业风气、企业道德和企业宗旨等方面。良好的企业文化把企业员工的个人目标引导到企业目标上来,使企业风气和道德健康向上,在激烈的市场竞争中形成强大的竞争力。现以杭州新天地园林公司为例,简述企业文化塑造在企业中的作用。

　　杭州新天地园林公司多年来一直致力于企业文化内涵的丰富和拓延上,在内,加大企业的科技含量、科研攻关;在外,创造出一个个园林精品以及通过一系列的出报、出刊、出书、各种社会活动的组织和参与,已经在杭州园林界形成了较高的声誉和地位,这对新天地园林公司实施品牌经营打下了良好的基础。此外,新天地园林公司对联合的对象挑选也很严格,对他们的企业素质、增长潜力都有考察和研究,在联合后,对他们进行制度管理、技术指导、质量把关,使新天地园林的企业文化和精神逐步渗透到他们的企业文化之中,使他们在杭州新天地园林这个文化品牌引领下,在园林行业的竞争中立于不败之地。新天地园林公司总部则更多投入企业文化的培养中,为整个企业乃至园林行业的可持续发展做工作。企业发展要靠两条腿走路,一个是同党和政府紧密联系,一个是依靠科技发展自身。为此,杭州新天地园林公司塑造了自己独特的企业文化。

　　新天地园林公司的企业文化是集全体人员的群体力量,在企业的共同信念下所形成的价值观、行为规范,组织观念的总和,能起到激发员工积极性、提升企业形象、促进企业发展的巨大作用,主要有以下内容:

　　企业精神:团结拼搏、追求卓越。

　　经营理念:以人为本、创新求市场、质量求生存、财务求发展、管理求效益。

　　发展战略:以户外木艺为基础,以"珠三角"为中心往全国全面发展,做名牌企业。

　　经营宗旨:以环保为己任,服务社会。

　　员工教育:采取完整的岗前与在岗培训,不断学习,不断进步。

　　广告用语:大师级的设计,鲁班式的施工。

　　基本元素:新天地英文名"NEW WORLD"的首写字母"N,W"。

　　形象诉求手法:强烈刚硬化。

图5.1　字母 N,W 连为一体

　　象征意义:字母 N,W 连为一体,仿佛连成一片的树林,表达了新天地在园林行业将成为一棵稳健的大树,如图 5.1 所示。

　　整体效果:具有信赖感、稳定感,目标明确,对外传达识别性强,有利于各媒体在传播中使用。

　　企业色:绿色代表园艺,蓝色代表产品的高技术性。

　　吉祥图形:啄木鸟"天天"。

　　啄木鸟代表树木的医生,专门清理树木中的虫害,可使树木少受侵蚀。取"天天"作名字,意为每天都在履行自己的职责。

　　2001 年是中国极具纪念意义的一年,也是杭州新天地园林公司发展历程中重要的一年。北京申奥成功为古都带来新的绿色革命,杭州新天地园林公司积极支持北京绿色奥运,在当地领导带领下赴京,在怀柔滨湖景观带设计中先行做出自己的成绩。生态建设是西部大开发很重要的一个方面,在贵阳"136工程"中的桂花园等设计中,杭州新天地园林公司也为贵阳的绿化建设添上一笔。2001年年底,由杭州新天地园林公司牵头,在杭州市工商联的主持下筹建了杭州市园林花木商会,蓝天园林公司作为发起单位,投入大量的人力、物力,在商会的成立和运作中起到了主导和关键作用,成为杭州园林花木商会的会长单位。

杭州新天地园林公司拥有设计院、工程公司、种苗公司、监理公司,并设置科学研究院,从事花木引种驯化和园林应用科学的研究,并设有编辑部,出版花卉报、园林杂志以及园林专业丛书,设计院与杭州职业技术学院联合设立环境艺术设计专业。杭州新天地园林公司是以园林为中心一条龙式的全面发展,在技术配合、科研攻关上可以相互协助、相互融合。2001年,杭州新天地园林公司实施了一系列的科学研究活动,与浙江大学生命科学院联合培养景观生态专业博士;与浙江大学园艺系、同济大学城市规划学院等高校教授举行过多次座谈;与上海市绿化管理局、杭州市园林局等领导专家座谈;杭州新天地园林总经理、总工程师、种苗公司经理、编辑部副主编等多人授聘为杭州职业技术学院的客座教授。依靠科技发展企业已成为蓝天园林人的共识和持之以恒的信念,整个企业的学术研究气氛极为浓厚,科技创新观念也颇为强烈。因此,蓝天园林创造出像贵阳桂花园、怀柔滨湖景观带、昆山中山路等一系列的园林精品,创造出辉煌的业绩。

分析讨论

(1)分析杭州新天地园林公司是如何塑造自己的企业文化的。

(2)杭州新天地园林公司塑造的企业文化有哪些内容?

(3)杭州新天地园林公司企业文化的核心是什么?

【复习思考题】

1.关键概念解释

(1)文化 (2)企业文化 (3)企业精神 (4)企业哲学 (5)企业价值观 (6)企业文化功能 (7)企业文化误区 (8)企业文化重塑

2.思考题

(1)什么是企业文化?它是如何对管理产生影响力的?

(2)成功的园林企业文化的基本特征有哪些?

(3)成功的企业文化由哪些部分组成?它们各自又包括哪些具体内容?

(4)企业文化的功能有哪些?

(5)论述当前园林企业文化建设的误区。

(6)如何重塑现代园林企业文化?

3.实训题

调查某一园林企业管理的现状,并分析其企业文化的内在特征,就其出现的误区提出重塑的方法和内容。

园林企业经营诊断

6.1 经营诊断

6.1.1 经营诊断的概念

诊断是医学上常用的术语。其含义是以观察、把脉的方法判断病人的病情和病因,并开出治疗处方。诊断借用到企业经营管理上就形成了企业诊断。

企业经营诊断就是给企业看病。它是由经营管理专家根据企业的要求,与企业有关人员密切配合,深入企业现场,运用科学的方法对企业经营战略和经营管理存在的问题进行调查分析,分析产生问题的原因,提出改进方案(建议);当受诊企业接受改进方案(建议)后,则负责培训人员,帮助并指导企业实施改进方案,以改善企业的经营管理,提高生产效率,达到企业的经营目标。企业诊断可使企业知己知彼,针对存在的问题及时调整经营战略和采取对策措施。因此,企业诊断是一项关系企业生存和发展的重要活动,特别是对处于改革深化、市场经济体制不断健全的中国园林企业,更有其特殊的重要意义。它的根本目的在于挖掘企业的潜力,改善企业素质,提高经济效率。通过诊断,可加强企业的基础工作,改善企业素质,提高科学管理水平,促进管理现代化(见图6.1)。

综上所述,企业诊断任务可概括为以下3个方面:

①帮助企业找出或判断生产经营上的主要问题,找出主要原因,提出切实可行的改进方案。

②指导实施改进方案。

③传授经营管理理论和科学方法,培训各级管理干部,从根本上提高企业素质。

经营诊断这种管理形式的出现,是现代经济发展的结果,也是社会大生产向专业化发展的一种客观需要和必然趋势。经营诊断是工业发达国家改进企业经营管理、增强竞争能力、提高经济效果的一种重要手段。随着近几年来我国园林企业的迅速发展和相互之间竞争的扩大,企

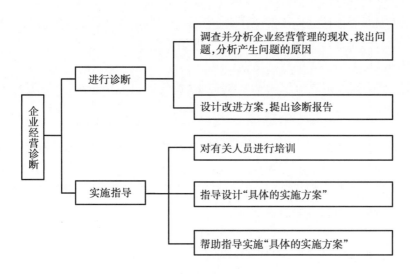

图6.1　企业诊断含义示意图

业经营诊断这种经营管理方法也慢慢地出现在我国园林企业中,并在一些企业中进行了诊断实践,取得了明显的经济效果。综上所述,企业诊断在园林企业中具有以下意义:

①进行企业经营诊断,对增强企业实力有着重要的意义。通过经营诊断,可加强企业的基础工作,改善企业素质。经营诊断是以现代化管理理论为指导,以科学管理为尺度,规定合理的工艺流程,建立健全的各项管理制度。这样可促进科学管理和现代化管理方法的推广应用,能提高企业的科学管理水平。

②经营诊断有助于挖掘企业内部的潜力,提高经济效益。经营诊断坚持以内涵为主的原则,充分利用企业内部现有的人、财、物条件,用最少的消耗建设出更多的园林工程产品。

③经营诊断可促使企业管理人员较快地掌握科学管理方法。诊断过程是诊断人员与企业管理人员共同探讨问题的过程。一方面可看到存在的问题,另一方面可研究解决问题的方法。同时,在诊断报告会以后,诊断人员举办有针对性的管理方法讲座,可指导改善方案的实施。这样,可从根本上提高企业管理人员的素质。

6.1.2　企业经营诊断的程序

下面以企业经营组织诊断为例来说明企业经营诊断的程序。按照科学合理的诊断程序对园林企业进行经营组织诊断,有助于提高诊断工作的质量和效率。

1)了解企业经营组织状况

经营组织诊断既然是对整个经营组织进行的,则首先要对组织概况进行调查。

(1)现行组织机构图的调查　这是对全体构成人员的图表进行调查。调查对象包括经营者、从业人员的组织机构图。例如,现行机构图、旧机构图、组织机构图、建立组织的特点等。在调查过程中,要画出现在的职能组织图,按照组织图通过访问调查法听取对机构的意见。

(2)职务状况调查　调查对象是对各个经营层、各部门或同级各职务是否都明确地规定了权责范围。进行调查时,要针对以下项目展开:

①各职务人员是否能清楚地理解他在整个组织中所起的作用,以及他与组织的关系。

②是否能准确客观地对各职务人员的能力、业绩进行考评。

③是否有考评各职务人员的指标依据。

(3)职权控制调查　调查对象是从整个企业出发,对组织中各业务活动方式进行控制调查。这种控制调查要对某些业务活动进行控制的各单位的职能、职责和关系进行了解。同时,还要了解各经营层权限的来源和限度,以及在评价其成果时采用的方法。

(4)组织规定及分工规定的调查　调查对象是对董事会、全面经营层、部门经营层、现场管理层及其他主要职务所规定的性质和种类。制订和贯彻这些规定,是为了密切配合经营负责人在参谋部门的工作。因此,对制订这些规定的部门进行调查也是非常重要的。在调查过程中,一定要将调查深入同一组织过程的最下层。

(5)公司业务程序的调查　调查对象是有关职务分析、管理规定、业务程序规定、董事会制度、常务会制度、预算控制制度、传阅审批制度、授权手续规定、企业内部规定、内部报告制度及组织监察规定等方面的程序。

(6)组织机构的调查　关于执行业务部门的调查,要调查最高经营管理层的组织,特别是要调查董事会制度的责任和权限。此外,关于支持业务部门的调查则以参谋组织、委员会制度为调查对象。对科室设立方针的调查方法,其对象为各功能组织、各产品组织、各区域市场组织的种类和设立原因。调查所使用的基本方法包括以下方面:

①分发组织状况调查表,由企业各级经营人员填写。

②与各级经营者、职员进行个别谈话。

③阅读职位说明书。

④查阅企业组织图。

⑤查阅企业系统图。

⑥查阅职员考核表。

⑦阅读企业会议记录。

2)确定经营组织问题,分析产生的原因

了解组织现状的目的,是为了发现问题,并分析产生问题的原因,寻找解决问题的途径。这里就有现状、标准和差距的概念,三者之间的关系是:差距 = 标准 - 现状。根据这一公式,用经营组织的现状同组织理论进行比较,同诊断人员根据企业任务所设想出的"标准组织"进行比较,从而,确定企业经营组织在哪些方面存在问题。找出存在的问题后,就要分析问题产生的原因。在确定问题和分析原因时,可从以下方面进行:

(1)任务分析　任务分析即对企业任务的分解过程和分解的结果进行逻辑分析,对企业任务分解的合理性做出判断。如果企业任务的分解是不合理的,那么,以此建立起来的组织机构也就不可能是合理的。如果企业任务的分解基本合理,那么,就要研究企业的组织机构和职位是否与任务相适应,有无负荷过重或过轻的部门和职位。

(2)权力分析　权力分析即对企业内部各级各部门的主要管理者的决策权力进行分析判断,也就是对整个企业组织权力分配情况进行分析,看各个管理者是否拥有同他所承担任务、所需做出决策相适应的权力。就整个企业而言,是否有权力过分集中或过分分散的问题;就经营者个人而言,是否存在权力过大或过小的问题。

(3)关系分析　关系分析即从企业经营组织全局的角度对各个局部组织之间的分工、协作关系及协调情况进行分析,对各个管理性职位之间的相互关系进行分析。看有无权力交叉、权力分裂和权力空当的情况,重点分析企业经营组织内部权力是否协调。

(4)人力分析 人力分析即根据企业任务、企业职位标准和企业诊断人员提出的标准,对企业内部所有现职经营者担任现职工作的能力和发展前途进行分析判断。看有无不胜任本职工作的经营者和其能力特点与本职工作不相适应的经营者。同时,也要考虑职位标准是否应修改。

经过上述分析后,企业经营组织存在的问题及产生的原因即可基本搞清。

3)确立诊断经营组织的标准

在对企业经营组织诊断时,必须有明确的诊断标准,即理想的组织结构。常用的诊断经营组织的标准多采用美国管理协会(A. M. A)的标准,具体内容如下:

(1)有效度的测定 有效度是指经营组织对企业目的的完成程度。它是衡量企业经营成果的尺度,包括利润额、资金利润率、市场占有率等指标。衡量各单项功能的有效度的尺度则用各从业人员人均产量或销售额,或者用从事该项功能的从业人员人均数额与全体从业人员人均数额之比来计算。

(2)讲求效率 判断效率的标准是着眼于经营组织中有关个人达到什么目的的程度。例如,对于经营负责人来说,效率标准应包括:

①什么是适当的经营组织机构?

②是否有责权明确的制度?

③参与制订经营方针的情况如何?

④是否有提出意见的权利?

⑤是否有充分发挥潜力的机会?

⑥能否使个人需求得到最大限度的满足?

在确立效率标准时,标准的内容因人而异,因不同的经营组织层次而不同。

(3)工作划分 一个经营组织的业务要尽量划分成少数不同的功能。必须明确地做出决定使这些功能分离。基本功能的性质和数量要按它们各自对企业的目的所做出的贡献大小来决定。

(4)按责权明确功能 为了达到经营目的,必须使功能或职务的内容明确起来。这一点应该按照以下两条规则来确定:

①明确规定任务。

②个人的职务应只限于完成单一的指导功能。

(5)明确指挥系统 这是指从经营组织中最高层组织到最基层自上而下的指挥系统。所谓权限系统,就是通过系统中的所有接口从最高权限者向基层传达的途径,或者从基层向最高权限者上报的途径。

(6)明确信息沟通的途径 为推动工作而决定最优的接触途径时,组织计划允许各阶层按常识作适当的选择。这种接触途径表现在企业经营组织图上,由组织机构的责权系统表现出来。接触途径是没有什么限制的。当发生离开组织图上的责权系统进行信息沟通的情况时,企业经营组织中的各级人员都必须向上级报告。一般来说,应该向上级报告的事项包括:

①对于有层层上报义务的事项,必须向上报告。

②当一个组织单位内部或与其他单位出现意见不一致时,应向上报告。

③对于需吸取上级意见或需要上级与其他单位协商的事项,应该向上报告。

④对于因改变既定方针甚至偏离既定方针而需要听取上级意见的事项,应该向上级报告。

⑤对于上述事项,必须在组织制度中明确加以规定。

(7)力求平衡　经营组织进行改组时的一项工作,就是要保持组织间的平衡,也就是在各部门之间合理地保持相对的力量分配。所谓平衡,就是集权与分权、人员集中与分散都要适度,要保持组织的弹性。

(8)实行控制,应明确控制标准　控制标准的运用应包含下列事项:

①要有比较。规定的工作量标准要与过去的具体实绩进行比较。

②要进行报告。控制经营组织使用的各种信息,无论是信息源还是信息传递媒体,都必须有严格而规范的规定。在受理报告时,要遵守论证的原则。

③保证命令的执行。控制是命令的辅助手段,为保证命令正确地得以贯彻,要向领导人员提供必要的信息。

④确保统一性。为控制而采用的报告,都要注意责任的一致性。

⑤坚持例外原则。向经营者提供的报告,都必须简明扼要。要能加以比较,同时必须包括经营上所有必要的要素。报告从过去的平均看或从规定的标准看属于例外情况的,都要不遗漏地加以报告。

⑥注意效用。控制中用的数字或报告的价值,是与事件发生后经过的时间长短成比例变化的。报告不仅要为现在的决定服务,而且要考虑到避免将来的浪费。要注意报告不应只是停留在纸面上。

⑦防止繁文缛节。必须注意消除官僚主义、形式主义文牍泛滥成灾的现象。

(9)要有继承性　经营组织计划在职责、权限和报告义务上是由人员的地位自上而下形成的"阶梯",必须考虑到各级间由下而上的接替人员的培养。最高经营组织层的一项重要任务,就是留意将来发展所需要的有能力的人才,以求企业的长远发展。要符合这一要求,必须有在各种经营岗位上取得广泛的经验并在特殊的经营方面受到严格训练的人员。

4)提出经营组织改革方案

改善经营组织是进行诊断的目的,因此,在经营组织问题的分析的基础上,提出组织改进方案是组织诊断中非常重要的一环。

企业经营组织是个多变量的系统,主要由环境、任务、技术、结构及人员5个方面的因素决定。因此,在进行新的经营组织方案设计时,应以系统论的思想作指导,综合考虑各方面的因素对经营组织的要求,防止片面性,提高组织的整体效能。通常,组织变革的方向有以下3个:

(1)人员导向型变革　这是以人们的知识变化而改变人的工作态度、作风和工作方法的技术方法。因此,必须了解人们的要求,提高人的认识机能,改变人们的工作方法,从而达到改革的目的。

(2)组织导向型变革　以组织为中心的变革,是在人们改革不足以达到有效的目的时,只有从客观环境加以变动,即通过改变组织结构,强制组织成员更新知识结构,转换观念,才能达到变革组织的目的。组织导向型变革的内容,包括组织层次改革和作业方式改革两个方面。

(3)系统导向型变革　实际上,所有的经营组织都是建立在一个彼此联系、互相依存的系统之中。因此,在实际经营组织机构改革中,既不能完全以人为中心作为唯一方向,也不能完全以经营组织机构为中心作为唯一方向,而应该以人和机构两方面构成的多因素系统为基础。这样,改革才能使机构的集权和分权、职责与权限、管理层次与幅度、程序与空间、分工与协作、集体和个人、方法与标准等各种机能获得最佳效果。

经营组织变革的方式有以下3种:

①全新式。一举打破原来的经营组织结构,完全抛弃旧的经营而建立全新的组织。这种方式风险大,会产生极大的震荡与阻力,代价非常高,一般很少采用。

②改良式。在原有组织的基础上,做小的局部改动,以期逐渐改变、过渡为较完善的组织。这种方式风险小,但改革时间非常长,不能解决经营组织存在的根本性问题。

③计划式。有计划、有步骤地实现经营组织的根本性改变。具体来说,就是对企业经营组织存在的问题统筹考虑,在此基础上制订全面的改革方案。这种方式着眼于全局,步步为营,不急于求成,是比较理想的经营组织改革方案。诊断人员应尽量为企业提供这种类型的经营组织改革方案。

5)改进方案的实施指导

实施经营组织改进方案,一般要经过以下3个阶段:

(1)思想准备阶段　这个阶段要进行舆论宣传工作,通过说服教育使经营组织中的人员认识到改进旧经营组织的必要性,使人们对旧经营组织中存在的问题形成一致的看法,以减少改进的阻力。在这个阶段中,要广泛发动群众,培养群众的参与意识。

(2)经营组织改进阶段　这一阶段要根据既定方案,对原经营组织进行制度调整、人事调整和机构调整。但是,这一阶段面临的问题最多,冲突最激烈,压力也最大。因此,诊断人员要使经营者树立以下3个观念:

①坚定不移的观念。经营组织改革方案一经确定,就要坚定不移地推行下去,绝不能在阻力或困难面前动摇。

②稳扎稳打的观念。经营组织改革一定要有计划、有步骤地进行,要谨慎、周密地指定各部分的工作计划,以避免因疏忽而造成不必要的阻力。

③灵活应变的观念。由于企业所面临的环境因素很难预测,改革方案也不可能是一成不变的。因此,在具体实施过程中,要对改革中出现的偏差及时纠正,对意外事件要灵活处理,这样才能处于主动地位。

(3)巩固强化阶段　由于原有的企业经营组织行为规范、价值观念等都是在过去长时间形成的,不可能在一朝一夕之间就可以得到根本改变。因此,在经营组织改革方案实施以后,还应该采取多种方式方法,不断强化新的价值观念和行为规范,使新的经营组织的运行机制逐步稳定下来;否则,稍遇挫折,仍会反复,使经营组织改革前功尽弃。

在经营组织改革方案的实施过程中,最大的困难是如何克服各种抗拒组织改革的阻力。影响经营组织变革的阻力主要来自个人和组织两个方面。

①个人对经营组织变革的阻力产生的主要原因有:

a.在经营组织变革中,有些人的既得利益会受到损失。造成损失的原因:一部分是变革的代价,这是必然的;另一部分是因工作失误而造成的。无论哪种原因造成的损失,损失主体都会本能地加以反对,阻挠变革。

b.在平静的工作中,人们已养成了均衡的环境心理,包括职业用语、工作方式、工作环境等。一旦这种均衡被破坏,对环境的不适应性就会使人们产生抵触情绪。人们的工作方式越稳定,职业习惯越持久,对变化的心理抵制就越强。

②经营组织本身对变革的阻力,主要原因有:

a.任何团体都有一定的规范,并对其成员的行为有比较强的约束力,这种约束力使团体保持基本一致的行动。当组织变革的意义尚未被团体成员认同,或本团体的目标与变革的目标有较大差距时,团体规范就会对其成员形成一种压力,使之采取一致的行动抵制经营组织变革,以保持原有的状况。

b.原有组织的权力机构、制度规定、办事惯例的影响不易消除。这些影响都会阻碍组织变革的实施,特别是那些权力受到削弱的部门,更会产生一种"部门反抗"。

c.经营组织变革会使原有的组织内人际关系解体而重新结合。在新旧人际关系结构交替的过程中,难免会发生局部的关系紧张,进而反对组织变革。

在个人阻力和组织阻力发挥作用的情况下,变革取得成功的关键是采取适当措施,将这些阻力的作用压缩在最小限度,确保变革的顺利进行。在经营组织变革中,为减少阻力,通常采用以下措施:

①尽量让有关人员参与变革计划的制订,使他们认识到变革方案与自己息息相关,以减少阻力。

②变革方案应力求得到最高领导层的全力支持,不因个别领导层人员的不同意见而影响有关人员,导致阻力加大。

③使参加变革者认识到受损是暂时的,受益则是长久的。

④变革取得的微小成绩都要及时大力宣传。

⑤组织变革的赞成者与反对者相互交换意见,充分了解反对者的正当理由,并适当加以处理。

⑥对经营组织成员进行系统的教育,以适应变革的要求。

6.1.3　园林企业经营诊断的内容

园林企业经营诊断的内容与园林企业生产经营活动的内容相一致,通常有以下问题:

1)经营战略诊断

企业经营战略诊断,是对企业的经营环境、经营目标和经营方针策略的分析、调查、研究。其目的在于使企业能够适应国民经济发展的要求、国内外市场的变化和科学技术的进步,制订出一个能够使企业长期稳定发展的经营决策方案,并落实到企业经营管理活动中去。

2)经营组织诊断

经营组织诊断着重考察现行组织结构是否合理,部门划分是否适当,是否适应企业规模的扩张,以及应作如何变革等。这要从是否符合经营战略的要求来分析。组织机构诊断包括对组织机构领导成员状况的诊断。要分析领导是否明确领导任务,即上级战略方针和整体规划的落实程度,计划决议的执行情况,各种责任制、奖罚制度、福利待遇的建立和落实情况等。另外,还要分析领导成员的工作作风、领导能力、领导艺术等。

3)生产管理诊断

生产管理诊断一般围绕3个基本目标进行,即提高生产效率、保证交工期、保证产品的质量

和降低成本。根据这 3 个基本目标的要求,生产管理诊断的主要内容有:

①施工和生产现场状况诊断。

②建设产品本身状况的诊断。具体内容包括企业的主要建设成果、工程类型、工程质量、工期的保证程度等。

③生产管理工作保证程度的诊断。这主要是指生产计划和现场管理的水平,反映了现场指挥、调度和管理的状况、质量管理状况、物质的供应和消耗状况。

4)财务管理诊断

财务管理诊断主要包括投资效果、成本管理、财务状况分析等。

①投资效果一般采用"资金回收期""盈亏平衡点"和"最小费用点"等方法进行分析评价。

②对成本状况主要是通过实际成本与计划成本(或历史成本水平)以及同行业成本进行比较,掌握成本差异。

③对财务状况的诊断主要是通过资金流动性分析和资金收益性分析来判断企业财务收支活动和资金使用效果。

5)人事劳动管理诊断

人事劳动管理诊断主要围绕是否重视调动人的积极性,是否重视处理好人与人的关系和职工与企业的关系等方面进行的。具体内容有:

①对人事政策的人事管理组织的分析。主要看人事工作是否有正确的指导思想,能否激发职工的劳动积极性和发挥职工的特长,是否注意发现、选择和培养各类优秀人才。

②对人事考核的分析。看职工的考核标准是否明确,奖励办法是否得当,考核的结果是否能反映人的真实能力和工作成绩。

③对劳动待遇与劳动保护的分析。看企业的工资水平、奖励支付能力、安全卫生条件、作业环境等是否符合要求,职工休息的保证程度如何等。

④对劳动时间的分析。分析职工的出勤情况、考勤制度、工时利用、劳动纪律等。

⑤对职工教育的分析。

⑥对职工积极性的分析。着重分析职工与领导、职工与职工之间的关系,思想交流的情况和职工的精神面貌以及思想政治工作的开展与效果。

6)经营管理信息系统的诊断

经营管理信息系统的诊断,主要是对信息情报系统的设计和信息满足能力的诊断。主要分析信息情报系统的组织机构层次,信息的搜集、加工、传递、处理、存储及检索等。

7)企业经营管理综合诊断

经营管理综合诊断是对企业经营管理活动的全面诊断。它是在对企业各项经营管理内容诊断的基础上,与企业的外部环境,特别是市场环境以及产品在市场上的吸引力、竞争力产品的利润率以及经营安全程度等联系起来分析诊断。通常是通过企业内部某个或几个环节所反映出来的问题,从企业经营方针、经营目标、经营决策等方面来寻找原因,从而达到从企业总体上解决问题的目的。

企业经营诊断不限于以上 7 个方面的内容,还可再分成一些具体的内容,如企业实力诊断、设备状况诊断、业务工作保证程度诊断、产品成本诊断及企业资金效率诊断。

6.2　企业经营成果的分析方法

6.2.1　企业经营成果分析的具体内容

企业经营成果是指一定经营期间的企业经营效益和经营者业绩。企业经营效益水平主要表现在赢利能力、资产运营水平、偿债能力及后续发展能力等方面。经营者业绩主要通过经营者在经营管理企业的过程中,企业经营、成长、发展所取得的成果和所作的贡献来体现。

企业经营成果的分析是指运用数理统计和运筹学方法,采用特定的指标体系,对照统一的评价标准,按照一定的程序,通过将企业一定经营期间的资产运营、财务效益、盈利能力、发展潜力等进行定量和定性对比分析,对企业经营成果和经营风险做出真实、客观、公正的综合评判。

现行企业经营成果分析的主要内容如下:

1)净资产收益率

净资产收益率是现行企业经营成果分析指标体系中的主体指标(突出"以效益为中心"的理念)。它对企业的评价结果影响最大。

(1)基本概念　净资产收益率是指企业一定时期内的净利润同平均净资产的比率。净资产收益率充分体现了投资者投入企业的自有资本获取净收益的能力,突出反映了投资与报酬的关系。在当前市场经济体制下,以股份制形式来做大企业、增强实力,所有权与经营权分离的情况下,效益是投资者关心的问题。因此,净资产收益率成了评价企业资本经营效益的核心指标。

(2)计算公式　净资产收益率的计算公式为

$$净资产收益率 = \frac{净利润}{平均净资产} \times 100\%$$

(3)内容解释

①净利润。是指企业的税后利润,即利润总额扣除应交所得税后的净额,是未作任何分配的数额,受各种政策或其他人为因素的影响较少,能够比较客观、综合地反映企业的经济效益,准确体现投资者投入资本的获利能力。

②平均净资产。是指企业年初所有者权益同年末所有者权益的平均数,即

$$平均净资产 = \frac{所有者权益年初数 + 所有者权益年末数}{2}$$

净资产包括实收资本、资本公积、盈余公积及未分配利润。

(4)指标说明　净资产收益率是评价企业自有资本及其积累获取报酬水平的最具综合性与代表性的指标,又称权益净利率。它反映了企业资本运营的综合效益。该指标通用性强,适应范围广,不受行业的局限。通过对该指标的综合对比分析,可以看出企业获利能力在同行业中所处的地位,以及与同类企业的差异水平。通常,企业的净资产收益率越高,表明企业自有资本获取收益的能力越强,运营效益越好,对企业投资人、债权人的保证程度越高。

2)企业经营成果指标体系的内容

现行企业绩效评价指标体系由基本指标、修正指标和评议指标3个层次共32项指标构成,3个层次的指标实现了多因素互补和逐级递进修正,基本上解决了以往评价指标单一、分析简

单的问题。在评价中,可较为全面地考虑影响企业经营和发展的因素。各项指标具体内容如下:

(1)基本指标 基本指标是评价企业效绩的核心指标,由反映企业财务效益状况、资产营运状况、偿债能力状况、发展能力状况的4类8项计量指标构成,用以产生企业绩效评价的初步结果。其主要内容如下:

①财务效益状况,包括

$$净资产收益率 = \frac{净利润}{平均净资产} \times 100\%$$

$$总资产报酬率 = \frac{利润总额 + 利息支出}{平均资产总额} \times 100\%$$

②资产营运状况,包括

$$总资产周转率(次) = \frac{销售(营业)收入净额}{平均资产总额}$$

$$流动资产周转率(次) = \frac{销售(营业)收入净额}{平均流动资产总额}$$

③偿债能力状况,包括

$$资产负债率 = \frac{负债总额}{资产总额} \times 100\%$$

$$已获利息倍数 = \frac{息税前利润}{利息支出}$$

④发展能力状况,包括

$$销售(营业)增长率 = \frac{本年销售(营业)增长额}{上年销售(营业)总额} \times 100\%$$

$$资本积累率 = \frac{本年所有者权益增长额}{年初所有者权益} \times 100\%$$

(2)修正指标 修正指标用以对基本指标评价形成的财务效益状况、资产营运状况、偿债能力状况和发展能力状况的初步评价结果进行修正,以产生较为全面的企业绩效评价的基本结果,它具体由16项计量指标构成。其主要内容如下:

①财务效益状况,具体包括

$$资产保值增值率 = \frac{扣除客观因素后的年末所有者权益}{年初所有者权益} \times 100\%$$

$$销售(营业)利润率 = \frac{销售(营业)利润}{销售(营业)收入净额} \times 100\%$$

$$成本费用利润率 = \frac{利润总额}{成本费用总额} \times 100\%$$

②资产营运状况,具体包括

$$存货周转率(次) = \frac{销售成本}{平均存货}$$

$$应收账款周转率(次) = \frac{销售(营业)收入净额}{平均应收账款余额}$$

$$不良资产比率 = \frac{年末不良资产总额}{年末资产总额} \times 100\%$$

$$资产损失比率 = \frac{待处理资产损失净额}{年末资产总额} \times 100\%$$

③偿债能力状况，具体包括

$$流动比率 = \frac{流动资产}{流动负债} \times 100\%$$

$$速动比率 = \frac{速动资产}{流动负债} \times 100\%$$

$$现金流动负债比率 = \frac{年经营现金净流入}{流动负债} \times 100\%$$

$$长期资产适合率 = \frac{所有者权益 + 长期负债}{固定资产 + 长期投资} \times 100\%$$

$$经营亏损挂账比率 = \frac{经营亏损挂账}{年末所有者权益} \times 100\%$$

④发展能力状况，具体包括

$$总资产增长率 = \frac{本年总资产增长额}{年初资产总额} \times 100\%$$

$$固定资产成新率 = \frac{平均固定资产净值}{平均固定资产原价} \times 100\%$$

$$3 年利润平均增长率 = \left[\left(\frac{考核期末当年利润总额}{三年前年末利润总额} \right)^{\frac{1}{3}} - 1 \right] \times 100\%$$

$$3 年资本平均增长率 = \left[\left(\frac{年末所有者权益总额}{三年前年末所有者权益总额} \right)^{\frac{1}{3}} - 1 \right] \times 100\%$$

（3）评议指标　是用于对基本指标和修正指标评价形成的基本结果进行定性分析验证，以进一步补充和完善基本评价结果。评议指标由 8 项非计量指标构成，具体包括：

①领导班子基本素质。

②产品市场占有能力（服务满意度）。

③基础管理比较水平。

④在岗员工素质状况。

⑤技术装备更新水平（服务硬环境）。

⑥行业或区域影响力。

⑦企业经营发展策略。

⑧长期发展能力预测。

6.2.2　经营成果分析的常用方法

1）财务比率分析

财务比率分析是所有分析方法中最常见也是最传统的分析方法。通过对如毛利率、净利率、流动比率、速动比率等企业对外披露的财务数据为基础的分析，可比较容易地获得企业的财务状况、营业情况和现金流量等基本信息。因此，该方法使用最为广泛。

2）变动分析

变动分析是把分析对象同某一可比较的目标进行变动角度的分析。例如,期初与期末余额变动分析、本期与上年同期发生额波动分析等。通过分析这些变动或波动的原因、性质、幅度,可协助识别企业的相关风险。

3）同比项目分析

该分析是以某一项目为固定参照物,其他各项皆以此参照物为准,计算出其占该参照物的比例,该分析可同变动分析相结合使用。例如,可分析某企业两年间损益表中销售费用、管理费用占收入的比重,详细了解企业的获利情况。

4）直接进行估计值测试

估计值测试是指对那些容易识别出计算关系的项目,按通用公式直接进行估算,然后将估算结果同企业的实际数据进行比较,分析原因所在。例如,使用平均固定资产成本的综合折旧率作为参数,可进行固定资产折旧估算。

5）现金流量分析

对企业的现金流量相关指标进行分析,不仅可考察企业某一时期现金流量的状况,也可通过现金流量与资产负债及损益项目的关系识别出潜在错报风险。

6）分析管理层对相关指标的预测

通过了解、分析管理层的预测数据,如分析企业编制的现金流量和盈利预测,不仅可了解到企业现行营业数据的可靠性,也可了解企业的未来发展计划,从而识别出潜在的经营与财务风险,因为有些风险不仅仅产生自企业的现行经营和商业决策,更有可能源自企业的行动目标和下一步行动计划。

7）分析企业经营性考核指标

企业的经营行为最终是体现在企业的财务报表中,因此,财务指标的真实依据应该是经营性指标。很难想象不良的经营性指标能得到良好的财务指标。例如,某企业在一定期间内客户流失率增加,产品返修率大大提升,在此种情况下,企业财务报表上仍然呈现出销售收入的高速增长,以及净利润的持续增加,这种现象不得不令人怀疑。因此,对经营指标的分析同样有助于评价企业财务指标的可信度。此外,通过了解经营指标,审计师不仅加强了对企业经营行为的了解,还可了解企业是如何考核其经营行为的。同时,审计师也可评价这些指标的合理性、相关性和充分性,从而提出管理建议书。

6.3 园林项目可行性研究

6.3.1 可行性研究的概念

可行性研究是一种在自然科学和社会科学领域里广泛使用的,具有分析、论证性质的科学方法。可行性研究是随着近代技术进步和经济管理科学的发展而兴起的一整套科学工作方法,目前已经日趋完善,并广泛地运用在各种科学管理的实际工作中。国外的实践经验证明,凡是经过可行性研究的建设项目,成功者多,失误者少,为此,世界各国把可行性研究作为项目建设必不可少的一项工程程序。可行性研究在现代园林企业管理中同样具有举足轻重的地位。

6.3.2　可行性研究报告的写作

1)可行性研究报告概述

把可行性研究论证的过程和结论用书面文字的形式表述出来,则称为可行性研究报告。它是指在从事一种经济活动(投资)之前,要从经济、技术、生产、供销直到社会各种环境、法律等各种因素进行具体调查、研究、分析,确定有利和不利的因素、项目是否可行,估计成功率大小、经济效益和社会效果程度,是决策者和主管机关审批的上报文件。可行性研究报告的基本任务是为技术改造、技术开发、基本建设、科学研究、技术引进和设备进口等项目进行方案规划、技术论证、经济核算和分析比较,为项目的决策提供可靠的依据和建议。可行性研究报告有以下的特点:

(1)预测性　可行性研究报告中的分析、论证是在方案实施之前进行的,它主要运用预测的方法,借助对过去的探讨、对目前的研究,得到对未来的了解。预测可通过召开座谈会和书面调查等方式进行调查研究,搜集有关信息和资料,并在此基础上提出各种因果关系的预测,即在某一种前提下会产生什么结果,在另一种前提下又会产生什么结果,并做出对项目(事情)的定性分析。预测还可通过数学模型法来进行,即在全面搜集统计资料的基础上,用正确的经济理论为指导建立数学模型,据以推算经济发展趋势,做出对项目(事情)的定量分析。在实际运用中,各种预测方法也可结合使用,为可行性研究的准确性和可靠性提供保证。

(2)最满意决策　在可行性研究报告最终确定前,要对研究对象进行全面系统的分析,找出有利与不利因素,分析成功与失败的可能性,权衡所得与所失的各种情况,并在此基础上提出若干种可相互替代的方案和措施,经过反复比较和精确的分析推算,最后选择出最满意的方案,为项目(事情)的最终实施提供科学依据。这种最满意方案可以是优中选优的方案之一,也可以是选择各个方案中的合理部分组合而成,无论是哪种情况,这个最满意方案都应该是最切合该项目(事情)现有的实际情况的,其方案的期望结果与实际收益之间差距也应该是最小的。

(3)实证性　凡要进行可行性研究的项目,各种资源消耗都很大,如果不做局部试验,则很难保证最佳方案不会出现遗漏和偏差,因此,在选定了最佳方案以后,方案的制订者要先进行局部试验,即投入少量资本和装备,持续地进行试验,直到盈利情况已经清楚为止。唯有这样,可行性研究报告才具有实际应用的价值。

(4)综合性　可行性研究是一种多学科、跨部门、跨行业、多层次的综合性研究。它必须在广泛调查研究和充分占有资料的基础上,利用先进的计算技术,对研究对象进行分析和论证。作为可行性研究书面形式的可行性研究报告,它也不可避免地具有综合性这一特征。

2)可行性研究报告的写作

(1)可行性研究报告写作的步骤　可行性研究报告是可行性研究结果的书面形式,可行性研究是可行性研究报告的先导。因此,撰写可行性研究报告,依赖于可行性研究的进行与开展。可行性研究包括一整套由浅入深的社会、经济、技术的调查研究程序。其主要工作有:

①机会研究。机会研究是对项目(事情)的设想、概念和费用所做的粗略研究,即通过对该项目的资料分析,鉴别该项目是否有进一步研究的价值和必要。如果有价值,就进入下一步的研究,如果没有价值或价值不大,就重新提出设想,另找他途。机会研究所需要的费用要用大指标匡算,或用已有的类似项目(事情)进行推算。

②初步可行性研究。机会研究阶段所提出的设想,经研究认为可行,就进入此阶段。其目的在于摸清所投资项目(事情)的产品规模和原料来源、可供选择的技术、工程范围、大致的组织机构、建设时间等情况,并要对项目(事情)的投资提出概算。它的研究重点是资源、市场、工艺、经济、政治、社会、生态等一系列制约条件,并提出总概算。如果上述内容可行,就进入下一个研究阶段,如果不可行,就停止研究。

③可行性研究。这一步研究的目的是为项目的投资决策提供技术、经济方面的依据,即提供一个完整的项目方案,包括项目(事情)中的各个环节,对项目(事情)的风险与机会做出初步评价,并在此基础上编制可行性研究的报告,提出投资总造价。

④评价和决定。在可行性研究的基础上,对所研究项目(事情)的优势和劣势进行比较,做出最后评价和可行或不可行的最终决定。最后评价的内容还包括对财务和盈利的评价。在我国,现在一般采用资金利税率(利税和总投资费用之比)和税后利润率来评价企业的经济效果。

(2)方法　可行性研究报告的内容尽管因行业的不同、企业性质的不同而各有差别和侧重,但总的说来大同小异。现以园林企业的专题性可行性研究报告为例,扼要介绍如下:

①标题。标题由进行可行性研究的项目名称和文种两部分组成。例如,《某公园建设投资可行性研究报告》,其中,"某公园建设投资"是项目名称,"可行性研究报告"是文种。有的可行性研究报告也可把论证得来的结论作为题目,如《某动物园工程宜早日兴建》就是一种变通形式的标题。有时,为了进一步表述清楚,可在主标题下面加副标题。

②正文。正文的写作,是可行性研究报告的主体部分。它一般包括以下内容:

● 总论:对项目作的总说明,主要内容包括项目摘要、可行性研究的依据、主要技术经济指标。

● 项目背景:项目由来、项目准备过程、项目建设的理由、项目法人基本情况。

● 项目区基本情况:项目位置、自然人文条件、生产经营现状与分析、基础设施现状与分析等。

● 市场分析:市场分析、预测与评价,市场营销计划与策略。

● 项目选址:选址原则、场址条件分析与评价、场址比选。

● 工程技术方案项目:项目建设方针、项目建设基本目标、项目建设内容与规模、项目建设方案比选、生产技术与设备、工程规划、项目实施计划。

● 设备物资采购与供应:工程建设设备与物资、生产原材料与能源、采购与供应计划。

● 组织与管理:项目管理与监督机构、管理培训与技术培训研究、开发与咨询、管理制度。

● 投资估算与资金筹措:投资估算、资金筹措、资金使用计划、资本金。

● 财务估算:效益收入估算、建设成本估算、应纳税金估算、投资评价、效益能力分析、清偿能力分析、不确定性分析。

● 经济评估:国民经济评价参数、国民经济评价、不确定性分析。

● 社会评价:社会评价参数、社会评价。

● 环境评价:环境对项目的影响分析、项目对环境的影响分析。

● 结论与建议:研究结论、建议,需要深入研究的问题。

● 招投标方案(根据国家计委〔2001〕第 9 号令要求增加):招标范围、招标组织形式、招标方式、其他有关内容。

(3)注意事项

①要客观全面。客观是就资料而言的,撰写可行性研究报告,应尽量搜集和利用已有的资料,诸如近年来单位内、地区内、行业内的生产规模、经济指标、生产标准、建设情报、专利项目、统计计量水平、能源交通状况等,还要到实地去作重点考察,了解建设项目的实际情况。

全面是就研究而言的,参加可行性论证的人员要有代表性,兼顾各方面,尤其是要有权威咨询机构的协助和健全的预审、审查制度。分析要从全局出发,研究手段要完备,力避片面性和主观性,坚决杜绝分析研究中的"马后炮式"(先列入计划,然后再找人作技术、经济分析)、"秘书式"(写作班子仅是为了贯彻某些领导的意图,闭门造车,与实际相去甚远)和"橡皮式"(没有确定的结论,或所得结论不可靠,模棱两可)。

②分析论证要准、深、远。所谓"准",即计算数字要准确,情况要真实,结论要正确;所谓"深",即分析要深入,要透过现象看本质,不能就事论事;所谓"远",即要用发展的眼光看问题,有预见性,预测今后一段时间将会出现的、随着客观环境发展变化的一种可能性或必然性。

【案例及分析】

案例

1)项目背景

××园林企业成立于 1998 年,是具有中国城市园林绿化一级资质的高新技术企业。随着业务的不断拓展,公司产值连年实现 150% 的增长,员工人数也从 20 多人猛增到 300 多人。但与此同时,在该市,竞争对手从 2 家增加到现在的 15 家。现在,公司一方面业务忙不过来,一方面,客户每天都给总经理打电话,请他"帮帮忙",把工期管理严一点,质量控制好一点。而原来很有把握的投标项目,现在也常有失手的时候。交代给以前的几员"大将"的事情,总经理总是有"杀不到底"的感觉。当年的销售额看来只能跟去年持平,没法再增长了。本来已经在跟荷兰的一家公司谈引进先进的园林成套技术设备,现在也不得不停下来再看一下。

2)关键问题

①公司已形成了较强的核心竞争优势,但可持续发展的能力没有得到提升,新业务没有得到足够的重视和支持。

②企业经营管理与内部管理都没有跟上公司的发展速度。

③公司目前的管理不能适应企业的迅速扩张与发展的需要,各项管理机制与运营机制没有建立起来,无法充分调动和发挥员工的积极性,工程成本没有得到有效控制,工程回款率不高的问题没有得到有效解决。

3)解决方案

①建立战略管理组织和战略决策流程。

②制订公司战略,建立战略联盟,确立公司的赢利模式。

③调整组织架构,健全各项管理制度和培训机制,规范绩效评估指标,完善激励机制。

④建立市场营销体系,规范项目运作系统,整合核心业务流程,建立客户管理制度。

4)项目成果

①通过制订公司经营战略,形成企业远景,根据远景确定了公司最优先发展的产品和服务,明确了目标市场并设立了公司经营目标,形成了公司使命。

②通过建立战略联盟,增强了市场开发能力和招投标能力,扩大了利润渠道,提高了市场竞争力。

③通过运用主业精专、生态依存、客户再造3个赢利模式,从不同角度切入市场,从不同途径取得多样化的利润。

④通过确定 KPI 指标,建立以激励为导向的薪酬体系,创造了员工与企业共同成长的双赢局面,推动了企业文化的建设,增强了企业凝聚力。

⑤通过完善营销体系和客户服务体系,建立合理的激励政策,提高了营销人员的主动性,全面提升了组织营销水平,大大提高了客户忠诚度和满意度。

分析讨论

(1)你认为除了上述所说的内容,这家企业的关键问题还有什么?

(2)你认为这家园林企业的诊断方案有什么可取之处?

(3)如果是你在对这家企业进行诊断,你还有好的解决方案吗?

【复习思考题】

1.关键概念解释

(1)企业经营诊断 (2)企业经营成果 (3)企业经营成果分析 (4)可行性报告

(5)可行性研究

2.思考题

(1)什么是园林企业的经营诊断?

(2)园林企业经营诊断的内容和方法有哪些?

(3)什么是园林企业的经营成果以及经营成果分析的内容和方法?

(4)什么是园林工程项目可行性研究报告?

(5)简述可行性研究报告的写作方法。

3.实训题

对某一园林企业进行调查并对其进行经营成果分析。

7 大数据技术在园林企业管理中的应用

7.1 大数据技术

7.1.1 大数据的含义

2015 年 9 月,国务院印发《促进大数据发展行动纲要》,部署了 3 个方面主要任务:一要加快政府数据开放共享,推动资源整合,提升治理能力。大力推动政府部门数据共享,稳步推动公共数据资源开放,统筹规划大数据基础设施建设,支持宏观调控科学化,推动政府治理精准化,推进商事服务便捷化,促进安全保障高效化,加快民生服务普惠化。二要推动产业创新发展,培育新兴业态,助力经济转型。发展大数据在工业、新兴产业、农业农村等行业领域应用,推动大数据发展与科研创新有机结合,推进基础研究和核心技术攻关,形成大数据产品体系,完善大数据产业链。三要强化安全保障,提高管理水平,促进健康发展。健全大数据安全保障体系,强化安全支撑。

大数据一般是指不用随机分析法(抽样调查)这样的捷径,而采用所有数据进行分析处理。它具有 4 个基本特征:一是数据体量巨大;二是数据类型多样;三是处理速度快;四是真实性。

大数据不仅是指数据量大,更是指这些数据包含的信息量巨大。从企业管理的角度理解,大数据是指可以被现代先进媒体记录、采集和开发利用的数据集、数据流和数据体。

就企业经营管理而言,大数据可帮助企业在一定的合理时间内将所搜集数据通过认真仔细的选择,并对其进行一定的管理处理,从而来帮助企业更快、更好地经营。它的价值体现在以下 3 个方面:

①对大量消费者提供产品或服务的企业可利用大数据进行精准营销。

②做小而美模式的中小微企业可利用大数据做服务转型。

③面临互联网压力之下必须转型的传统企业需要充分利用大数据的价值。

7.1.2　大数据的基本特点

IBM 在高德纳分析员道格·莱尼的理论基础上,提出大数据的 4V 特征,得到了业界的广泛认可。第一,数量(Volume),即数据巨大,从 TB 级别跃升到 PB 级别;第二,多样性(Variety),即数据类型繁多,不仅包括传统的格式化数据,还包括来自互联网的网络日志、视频、图片、地理位置信息等;第三,速度(Velocity),即处理速度快;第四,真实性(Veracity),即追求高质量的数据。

7.1.3　大数据技术

大数据技术主要包括数据采集、数据存储、数据清洗、数据分析及数据可视化等。

(1)数据采集　大数据采集技术就是对数据进行 ETL 操作,通过对数据进行提取、转换、加载,最终挖掘数据的潜在价值。然后提供给用户解决方案或者决策参考。ETL 是英文 Extract-Transform-Load 的缩写,数据从数据来源端经过抽取(extract)、转换(transform)、加载(load)到目的端,然后进行处理分析的过程。

(2)数据存储　数据存储即用存储器把采集到的数据存储起来,建立相应的数据库,以便管理和调用。存储器有分布式文件系统 HDFS、分布式键值系统 Amazon Dynamo、NoSQL 数据库、云数据库等。

(3)数据清洗　数据清洗就是对数据进行重新审查和校验的过程。其目的在于删除重复信息、纠正存在的错误,并提供数据一致性。它主要包括缺失值清洗、格式内容清洗、逻辑错误清洗、非需求数据清洗。

(4)数据分析　数据分析即对清洗后的数据利用统计分析方法对数据使用目的进行挖掘、建模、预测等的过程。除方差分析、简单回归等传统统计分析方法外,大数据更多地使用 ElasticNet回归、决策树、随机森林、XGBoost 及深度学习等机器学习方法进行处理。

(5)数据可视化　数据可视化即借助于图形化手段,清晰、有效地传达与沟通信息。比较常用的软件包括 Jupyter,Tableau,Google Chart,D3. js 等。

7.2　大数据技术在园林企业经营管理中的应用

我国已进入了数字经济社会,园林绿化类企业的同行竞争不仅仅以价格作为关键要素,而且现已转变为包括品牌、质量、规模及服务能力的综合指标。园林绿化类企业要做大做强,实现现代化管理,已离不开大数据技术的支持。

1) 大数据可帮助各企业仔细地了解所属用户情况

在企业的实际运营操作中,我们不再传统的采用市场调研的陈旧方式,而是可通过大量的数据信息来从中发现一种能够切实推动自身企业快速发展的具体社会形态,并通过具体数据来了解所属客户对企业所研发产品的真实态度,以此从中获取客户对产品的诸多要求和建设性意见,并根据这些反馈性意见来重新定位出企业所生产产品的新特征。

2)大数据可帮助各企业来发展潜在资源

在企业的实际操作中,企业一定要在实现对资源的准确控制的基础上,进一步对潜在的数据资源进行有效的发掘和利用。这些则可通过大数据的信息处理技术来实现,我们首先可通过对企业的基本资源进行一个大概的整理规划,然后将潜在的资源信息进行简单的数据处理并以图像呈现的基本方式向大众展示,使得信息利用实现最大化。

3)大数据可帮助企业更好地对产品生产进行规划

大数据作为一种有效的信息处理技术,通过它,可预知企业未来发展的大概趋势,并且能在此基础上对企业的基本生产结构和具体的产品生产流程做一个前期的大概规划。以此帮助企业能够在传统的模式之上稳步发展,并为企业的实际问题提供行之有效的解决方案和措施,最终为企业的生产提供一份保障。

4)大数据可帮助企业更好地进行经营

由于大数据之间具有关联性,因此,通过大数据可使企业中不同产品之间的交叉重合之处更容易被辨识,并能以此为基础,在产品品牌的运营推广、企业战略规划、产品展示区位的选择上更有把握。

5)大数据可切实有效地帮助企业开展业务

在企业运营操作中,可通过大数据的计算来对大量的社交信息数据量以及有关的客户之间的数据量进行一个统计分析,以此帮助企业的产品品牌进行合理的水平设计。此外,还要通过大量的数据来对获取到的信息进行交叉验证分析,并将分析所得结果面向社会化用户开展精细化服务。

7.2.1　大数据技术在人力资源管理方面的应用

目前,企业人力资源管理的主要业务环节均已有了大数据技术的应用,包括招聘管理、绩效评估、培训开发、职业生涯规划等。

(1)招聘管理　有了大数据,背景调查就轻松多了。例如,个人的信用、求职者以往表现等。

(2)绩效评估　应用人力资源大数据,评估不同背景的人在公司的表现,可预判出怎么样的人有可能带来好的业绩,可有效促进合理使用人才,或者招聘的时候就按照某种被证明的成功因素的组合来筛选。

(3)培训开发　大数据的做法可以是统计公司和人才库的个人发展经历中的各种技能、培训的记录,可以预判,某种职位的或者某种教育背景的人,应该选择什么样的技能培训、管理培训,以保证培训的效果。

(4)职业生涯规划　如果公司和人才网的简历按专业、职位、级别、公司及行业进行统计,以此为基础,公司和个人在做职业规划时可根据自己的专业、职位、级别、公司及行业方向来对比参考,以选择最有可能的职业发展之路。

7.2.2　大数据技术在园林绿化工程管理方面的应用

大数据技术在园林绿化工程管理方面的应用,主要包括园林绿化工程的投标、园林绿化工程施工质量管理、产品质量管理等方面。

1)园林绿化工程的投标

通过大数据的高效性,结合工程建设项目的招投标中的公开、公平、公正理念,以及诚实守信的原则,企业以最低成本实现工程建设项目更高效率的投标。

(1)节省工程建设项目成本　通过大数据进行需求和市场之间的平衡,对于工程建设项目,可通过先进的技术模型对结构复杂、交叉学科多的建设项目进行指导,结合市场的人工、设备、材料的具体情况,设计最佳的项目建设方案,使得招投标更为合理,在保障质量的前提条件下,减少资源的浪费并大大节省工期。

(2)提高招投标决策效率　大数据和云平台技术的运用,对于招标评审工作的提升也是质的飞跃。招标决策过程,目前一般需要评审专家的主观意见,这难免存在一定的偏颇,而对于投标人履行工程建设项目合同的能力也只能通过一些片面文件进行预判,不能做到全盘的把控。大数据与云平台的运用,可减少评审专家与工程建设项目不匹配的问题,并能有效地解决评标过程中的信息不对等。在工程建设项目的招投标过程中,通过数据分析,对投标人的具体履约能力进行全方位的评判,给评审专家提供可以依靠的数据支持,分析各个招标人的信誉情况和履约记录,实现招投标过程中的合理有效的评审机制。

(3)协助构建招投标诚信体系　大数据的应用,在工程建设项目的招投标诚信体系建设上作用巨大。一方面,它可降低监督成本,将资金、材料等流动要素记录在库并进行管理,提升了其可追踪性,并杜绝了偷工减料等不法行为;另一方面,它可大大增加失信成本,在大数据的笼罩下,失信行为会通过互联网分享,为失信的投标方带来巨大损失。

2)园林绿化工程施工质量管理

在工程施工设计阶段,大数据技术有助于分析工程造价数据,保证工程预算合理;分析工程造价数据,提高工程造价评估准确性和效率。在施工阶段,根据大数据技术更有效地找准施工现场工期延误原因,挖掘、分析施工质量检测数据,监管提高施工质量,分析处理施工安全管理信息,保证施工安全。

3)产品质量管理

(1)数据收集　在大数据理念下,要想形成比较有价值的产品质量报告,前期各种质量信息资料的搜集是必不可少的。对于质量信息数据搜集需注意两个方面:第一,质量信息的全过程采集。现代的质量管理以产品长时间的良好性能和最佳寿命期为基础,对产品的综合性能给予了高度重视,对其存在的缺陷也会采取措施进行防御。不但对于生产的整个过程,要实现有效控制,而且在产品设计过程、物料采购过程、进料过程、生产过程、出货过程,以及不合格品控制和售后服务即产品全生产周期中都要有所体现,以有效保证产品质量。投射到质量信息的全过程采集方面,就意味着需要对所有各离散的生产阶段的质量信息进行全面、精细采集,以期得到尽可能完整的数据云,为后续统计分析工作提供足够的材料。第二,质量信息的有效采集。

不断更新产品测试工具和提高产品测试技术,对产品质量信息采用(采集)—(验证)—(判定)—(存储或重采)的方法进行生产,以期得到尽可能正确有效的数据云,为后续统计分析工作提供高质量的材料。

(2)数据清洗　并不是所有搜集到的数据信息资料都是可用的、有用的,大数据一个重要的特点就是数据量庞大,数据价值密度偏低。如何在巨量的数据中根据目的判断挖掘,是大数据技术的一个重要枝权。在产品质量管理中引入大数据后,大大地增加了产品的非结构化数据。因此,针对这方面的问题,就要将在产品全生产周上显示,并将处理结果返回到客户手中。

7.2.3　大数据技术在园林产品营销管理方面的应用

大数据技术应用于园林产品营销管理方面,目前企业最为热衷。其应用的广度和深度也最为突出,几乎涉及了营销管理的方方面面。

1)定价策略:大数据分析让差别定价、优化定价变得可能

麦肯锡的分析发现,可以利用大数据分析更好地做定价决策,在每年成百上千种产品定价的决策中,30%的时候公司无法定出最好的价格。假定销售量没有减少,1%的价格提高可以带来经营利润8.7%的增加,定价具有显著的提高盈利能力的潜力空间。

2)客户运营:大数据提升客户回应率,挖掘更深层次的客户信息

B2C的市场营销人员使用大数据提高客户的回应率,营销人员运用数据分析和数据挖掘,获取更多的深层客户信息,从而策划更多的关系驱动的市场策略。

3)客户分析:大数据分析可运用在客户分析中

根据大数据联盟的数据,客户分析是大数据在市场营销部门应用最多的。它主要用于以下4个关键策略:增加潜在客户、减少客户流失、增加每个客户的投入及改进现有产品。

4)情境销售:大数据将分析数据可嵌入情境营销中

许多公司的营销平台面临着不断变化的客户、销售、服务和与现有系统不匹配的问题,这造成了许多营销部门在数据和处理上无法集成。大数据分析可创建可扩展的系统分析,在一定程度上解决了这个问题。

5)客户关系:大数据分析可完善客户关系使得营销方案更成功

通过大数据分析,定义和指导客户发展,营销人员可获得更大的客户忠诚度。

6)渠道营销:大数据分析能优化渠道营销

大部分首席营销官表示,在搜索引擎优化及营销、邮件市场营销和手机营销方面,大数据发挥着最大的影响力。

7)商业效益:大数据分析提升企业效益

增加收益、减少成本和减少运营成本,如今,大数据正在这3个关键领域里发挥它的效用,将其转化成实际的商业价值。

8)基于大数据的客户价值分析:客户价值分析最近正在成为新兴的热门话题

一系列基于大数据的技术在维护客户关系的过程中能大大缩短销售周期。

7.2.4 大数据技术在园林企业资产管理方面的应用

1）拓宽筹资渠道，提高市场的活跃度

企业财务管理的根本职能即是要有效利用信息共享性的优势，改变过分依赖借贷资金进行筹资的较为单一的筹资模式，丰富筹资渠道，利用资本市场的数据信息平台，收集资本市场的信息，采用企业重组合并、债转股等多种形式拓宽筹资渠道，降低筹资成本，提高企业的经营效益。大数据环境下的信息优势为此提供了实现路径，更加广泛的数据共享性、大量的数据信息等都进一步减少了信息不对称的风险影响，为企业提供了更加丰富的财务决策选择机会，也提高了资本市场的活跃性。

2）综合市场信息，提升投资回报收益

大数据技术通过周密的市场调查，能为企业确定最优化的生产和销售规模，使生产和销售计划更加严密，避免企业产生不必要的生产投入。在大数据时代，使信息准确度和数量都得到很大的提升，也推动了内部财务管理对产品、成本、服务、销售等数据的挖掘范围不断扩大，从而能对产品生产、销售、运输及储存等进行更为严密的规划，为企业运营提供数据支持。大数据技术的应用，使得财务管理不仅能帮助企业强化规划控制，同时也能提高管理效率。

3）发现市场变化，调整内部控制制度

大数据技术能为企业提供更多的数据分析力，对于深挖企业经营漏洞和缺陷的作用重大。因此，大数据技术的合理应用不仅能通过对经营财务数据的分析，找出其中变化差异与异常情况，从而分析差异的原因，以此判断是否有重大漏洞和重大控制缺陷的存在；还能借此利用技术创新和管理流程再造等手段，及时调整企业内部控制制度，逐步完善内部经营活动的控制方法和手段，从而切实提升财务的内部控制管理效果和水平。

【案例及分析】

案例

相宜本草红景天防晒——高原级防晒，让城市无惧阳光

背景与目标：引导用户使用手机贴脸测试"高原指数"并综合所在城市指数及测试结果给出防晒建议。通过移动广告网络的女性类、生活类、影音娱乐类、阅读类等媒体资源，实现对年轻女性群体的广泛覆盖，达到精准传播。

策略与执行：后台融合多项数据接口（整合天气指数、紫外线指数、污染指数、海拔高度等多项指标）进行综合运算，给出防晒建议，促使消费者对产品产生兴趣并购买。趣味脸部扫描，测试"高原指数"。通过移动广告网络的女性类、生活类、影音娱乐类、阅读类等媒体资源，实现对年轻女性群体的广泛覆盖，从而达到精准传播的目标。

营销效果：曝光量为228 534 066，点击量为1 417 478。"相宜本草红景天"作为定位偏中高端的女性护肤品牌，在PC端已拥有了众多的用户，快速实现了对移动市场的拉动，此次的投放策略还是可圈可点的，以公益科普的视角着力，取得良好效果。

分析讨论

上述营销活动中,在哪个环节采用了大数据技术? 同时,是如何抓住目标顾客的?

【复习思考题】

1. 关键概念解释

(1)大数据 　(2)数据采集 　(3)数据清洗 　(4)数据分析

2. 思考题

(1)简述大数据的特点。

(2)在企业经营管理中大数据有哪些作用?

(3)在园林企业人力资源管理中,大数据技术能发挥哪些作用?

(4)简述大数据技术在园林绿化工程管理方面的应用。

(5)在园林产品营销管理中,大数据技术能发挥哪些作用?

参考文献

[1] 何秀荣. 市场营销[M]. 北京:经济科学出版社,1997.

[2] 曼昆. 经济学原理[M]. 梁小民,译. 北京:北京大学出版社,2001.

[3] 黄凯. 园林经济管理[M]. 北京:气象出版社,2004.

[4] 尹伯成. 西方经济学简明教程[M]. 上海:上海人民出版社,1995.

[5] 高岚. 林业经济管理学[M]. 北京:中国林业出版社,2005.

[6] 朱明德. 商业园艺[M]. 北京:中国农业出版社,2002.

[7] 董新春. 林业经济管理[M]. 北京:高等教育出版社,2002.

[8] 高立法,盛骏飞. 经营管理与领导艺术[M]. 北京:中国审计出版社,1999.

[9] 杭中茂,霍澜平. 现代企业经营管理[M]. 大连:东北财经大学出版社,2002.

[10] 李义超,通烨. 现代企业经营管理[M]. 北京:中国农业科技出版社,1998.

[11] 赵恒海. 现代企业经营管理[M]. 北京:华文出版社,1999.

[12] 马国柱. 企业经营管理学[M]. 北京:机械工业出版社,1993.

[13] 翟以平. 现代企业经营管理[M]. 南京:南京大学出版社,2000.

[14] 倪成伟,张秀君. 经济管理基础[M]. 北京:高等教育出版社,2003.

[15] 郑明身. 企业经营管理概论[M]. 北京:中国城市出版社,2001.

[16] 刘春勤,彭好荣. 企业经营管理[M]. 北京:经济科学出版社,1998.

[17] 杨凤敏. 管理学基础与应用[M]. 北京:中国农业出版社,2005.

[18] 郑继超. 人事主管实务全书[M]. 北京:航空工业出版社,2001.

[19] 吴君辰,郑绍濂. 人力资源开发与管理[M]. 上海:复旦大学出版社,2004.

[20] 张兵. 人力资源管理学[M]. 南京:南京大学出版社,2000.

[21] 朱成钢. 市场营销学[M]. 上海:立信会计出版社,1996.

[22] 孙杭生. 市场营销学[M]. 南京:南京大学出版社,2004.

[23] 崔坤. 园艺产品营销[M]. 北京:中国农业出版社,2006.

[24] 韦三立. 花卉贮藏保鲜[M]. 北京:中国林业出版社,2001.

[25] 徐文峰. 项目总监[M]. 北京:北京大学出版社,2005.

[26] 何增勤. 工程项目投标策略[M]. 天津:天津大学出版社,2004.

[27] 吴明礼. 财务管理及学习指导书[M]. 南京:东南大学出版社,2000.

[28] 财政部注册会计师考试委员会办公室. 财务成本管理[M]. 北京:经济科学出版社,2003.

[29] 邬适融. 现代企业管理——理念、方法、技术[M]. 北京:清华大学出版社,2005.

[30] 关柯,王宝仁,丛培经. 建筑工程经济与企业管理[M]. 北京:中国建筑工业出版社,1997.

[31] 赫尔穆特·施马伦. 企业管理学[M]. 史世伟,等译. 北京:中信出版社,2004.

[32] 刘晓欢. 现代企业管理[M]. 武汉:华中科技大学出版社,2001.

[33] 中国建设监理协会组织. 工程建设投资控制[M]. 北京:中国建筑工业出版社,2006.

[34] 俞文青. 施工企业财务管理[M]. 上海:立信会计出版社,1998.

[35] 赵光忠. 企业财务管理模板与操作流程[M]. 北京:中国经济出版社,2004.

[36] 徐正初. 当前企业文化建设中存在的几个误区[J]. 泸天化科技,2005(3):9-10.

[37] 庄朝霞,吴俊明. 对21世纪企业文化塑造的几点思考[J]. 浙江工商职业技术学院学报,2002,1(4):24-26.

[38] 刘聚梅,陈步峰. 走出企业文化的误区[J]. 施工企业管理,2005(11):76-77.

[39] 徐超. 工业企业经营管理[M]. 济南:山东人民出版社,1986.

[40] 钟小军. 现代管理理论与方法[M]. 北京:国防工业出版社,2000.

[41]《可行性研究的内容和方法》编辑小组. 可行性研究的内容和方法[M]. 北京:中国社会科学出版社,1982.

[42] 杨宝宏,杜红平. 管理学教学案例选编[M]. 北京:中国社会科学出版社,2005.

[43] 崔卫国,刘学虎. 管理学故事会[M]. 北京:中华工商联合出版社,2005.

[44] MBA必修核心课程编译组. MBA情景案例[M]. 北京:中国国际广播出版社,1999.

[45] 陈敏. 就业指南[M]. 上海:立新会计出版社,2003.